U0566107

最高人民检察院
第三十五批指导性案例
适用指引

—— 未成年人保护检察公益诉讼 ——

最高人民检察院第九检察厅　编著

中国检察出版社

图书在版编目（CIP）数据

最高人民检察院第三十五批指导性案例适用指引：未成年人保护检察公益诉讼／最高人民检察院第九检察厅编著．—北京：中国检察出版社，2023.4
ISBN 978-7-5102-2848-3

Ⅰ.①最… Ⅱ.①最… Ⅲ.①案例-汇编-中国
Ⅳ.①D920.5

中国国家版本馆CIP数据核字（2023）第039442号

最高人民检察院第三十五批指导性案例适用指引（未成年人保护检察公益诉讼）
最高人民检察院第九检察厅　编著

责任编辑：	杜英琴
技术编辑：	王英英
美术编辑：	曹　晓

出版发行	中国检察出版社
社　　址	北京市石景山区香山南路109号（100144）
网　　址	中国检察出版社 www．zgjccbs．com
编辑电话	（010）86423766
发行电话	（010）86423726　86423727　86423728
	（010）86423730　86423732
经　　销	新华书店
印　　刷	河北宝昌佳彩印刷有限公司
开　　本	710 mm×960 mm　16开
印　　张	19.75
字　　数	227千字
版　　次	2023年4月第一版　2023年4月第一次印刷
书　　号	ISBN 978-7-5102-2848-3
定　　价	66.00元

检察版图书，版权所有，侵权必究
如遇图书印装质量问题本社负责调换

《最高人民检察院第三十五批指导性案例适用指引》编委会

主　　任：童建明
副 主 任：那艳芳　李　峰　陈　晓
编　　委：王广聪　张寒玉　李　薇　郭斐飞　宋　丹
　　　　　隆　赟　范向利
主　　编：那艳芳
副 主 编：李　峰　陈　晓
执行编辑：隆　赟
参编人员：余晓敏　胡　涛　吴文迪　余波涛　毛建忠
　　　　　吴秀玲　刘兆东　叶　梅　叶　婷　乙福康
　　　　　赵俊峰　王　明　谢　靖　王　曦　郑小波
　　　　　陈　文　陈　晨　王东丽　何　缓　邱　桢
　　　　　杜　涛　任　维

目 录
CONTENTS

第一部分 最高人民检察院第三十五批指导性案例

关于印发最高人民检察院第三十五批指导性案例的通知 / 3

浙江省杭州市余杭区人民检察院对北京某公司侵犯儿童个人信息权益提起民事公益诉讼、北京市人民检察院督促保护儿童个人信息权益行政公益诉讼案（检例第141号） / 4
    杭州互联网法院民事调解书 / 16

江苏省宿迁市人民检察院对章某为未成年人文身提起民事公益诉讼案（检例第142号） / 26
    江苏省宿迁市中级人民法院民事判决书 / 35

福建省福清市人民检察院督促消除幼儿园安全隐患行政公益诉讼案（检例第143号） / 54
    福建省福清市人民检察院检察建议书 / 60
    福清市教育局关于对福清市人民检察院检察建议书的反馈 / 64

贵州省沿河土家族自治县人民检察院督促履行食品
安全监管职责行政公益诉讼案（检例第 144 号） / 68
贵州省思南县人民法院行政判决书 / 78
江苏省溧阳市人民检察院督促整治网吧违规接纳
未成年人行政公益诉讼案（检例第 145 号） / 88
江苏省溧阳市人民检察院检察建议书 / 94
关于《检察建议书》的答复 / 97

第二部分　最高人民检察院第三十五批指导性案例权威解读

"积极履行公益诉讼检察职责　依法保护未成
年人合法权益"新闻发布会实录 / 103
积极履行公益诉讼检察职责　依法保护未成年人合法权益
——最高人民检察院第三十五批指导性案例解读
　　　　　　　　　　　　　那艳芳　陈　晓　隆　赟 / 120

第三部分　最高人民检察院第三十五批指导性案例适用指引

专家解读

公益诉讼助推未成年人综合保护　　　　　宋英辉 / 139
未成年人公益诉讼的检察担当　　　　　　汤维建 / 143
通过公益诉讼构建未成年人友好型的网络空间
　　　　　　　　　　　　　　　　　　　林　维 / 150

理解和适用最有利于未成年人原则的经典示范

姚建龙 / 154

以发展视角和组合手段实现涉及未成年人公共
利益社会问题的溯源治理　　　　　　何　挺 / 157

检察公益诉讼促进构筑未成年人身边的安全防火墙

王贞会 / 160

以公益诉讼助力营造有利于未成年人的社会环境

苑宁宁 / 163

承办检察官解读

深入践行司法为民宗旨　强化未成年人网络保护

吴文迪 / 170

用检察实践擦亮未成年人保护的法治底色　　俞波涛 / 188

坚持依法能动履职　探索未成年人文身公益诉讼
监督路径　　　　　　　　　　　　　　叶　梅 / 191

凝聚合力，共护未来，为幼儿营造良好成长环境

陈　文 / 209

行政公益诉讼破解"都管"难题　持续监督共护
未成年人权益　　　　　　　　　　　　邱　桢 / 226

守护"舌尖上的安全"护航未成年人成长　　杜　涛 / 240

净化未成年人成长环境　公益诉讼推进未成年人
网络保护　　　　　　　　　　　　　　谢　靖 / 243

附 录

系列节目

少年"网事" /263

校园内外的安全隐患 /274

被"刺痛"的青春 /284

主流媒体报道

2021年检方办理新类型未成年人保护公益诉讼
　　案件占比超七成涉密室剧本杀等 /294

最高检：2021年未成年人保护公益诉讼立案6633件 /295

未成年人利益作为首要考量　最高检发布一批
　　未成年人保护公益诉讼案例 /297

最高检：2021年未成年人保护公益诉讼立案6633件 /298

最高检：提升未成年人公益诉讼精准性　保护未成年人
　　网络权益 /300

首例未成年人网络保护公益诉讼案：知名短视频
　　App整改道歉 /303

第一部分

最高人民检察院第三十五批指导性案例

关于印发最高人民检察院
第三十五批指导性案例的通知

（高检发办字〔2022〕33号）

各省、自治区、直辖市人民检察院，解放军军事检察院，新疆生产建设兵团人民检察院：

经2022年2月9日最高人民检察院第十三届检察委员会第八十九次会议决定，现将浙江省杭州市余杭区人民检察院对北京某公司侵犯儿童个人信息权益提起民事公益诉讼、北京市人民检察院督促保护儿童个人信息权益行政公益诉讼案等五件案例（检例第141—145号）作为第三十五批指导性案例（未成年人保护检察公益诉讼主题）发布，供参照适用。

最高人民检察院

2022年3月2日

浙江省杭州市余杭区人民检察院对北京某公司侵犯儿童个人信息权益提起民事公益诉讼、北京市人民检察院督促保护儿童个人信息权益行政公益诉讼案

（检例第141号）

关键词

民事公益诉讼　行政公益诉讼　侵犯儿童个人信息权益　综合司法保护　案件管辖

要旨

检察机关在办理涉未成年人刑事案件时，应当注意发现公益诉讼案件线索，通过综合发挥未成年人检察职能，促推未成年人保护社会治理。网络运营者未依法履行网络保护义务，相关行政机关监管不到位，侵犯儿童个人信息权益的，检察机关可以依法综合开展民事公益诉讼和行政公益诉讼。网络保护公益诉讼案件，在多个检察机关均具有管辖权时，民事公益诉讼应当层报共同的上级检察机关指定管辖，行政公益诉讼一般由互联网企业注册地检察机关管辖。

基本案情

某 App 是北京某公司开发运营的一款知名短视频应用类软件。该 App 在未以显著、清晰的方式告知并征得儿童监护人明示同意的情况下，允许儿童注册账号，并收集、存储儿童网络账户、位置、联系方式，以及儿童面部识别特征、声音识别特征等个人敏感信息。在未再次征得儿童监护人明示同意的情况下，运用后台算法，向具有浏览儿童内容视频喜好的用户直接推送含有儿童个人信息的短视频。该 App 未对儿童账号采取区分管理措施，默认用户点击"关注"后即可与儿童账号私信联系，并能获取其地理位置、面部特征等个人信息。2018 年 1 月至 2019 年 5 月，徐某某收到该 App 后台推送的含有儿童个人信息的短视频，通过其私信功能联系多名儿童，并对其中 3 名儿童实施猥亵犯罪。

检察机关履职过程

（一）民事公益诉讼案件办理

2020 年 7 月，浙江省杭州市余杭区人民检察院在办理徐某某猥亵儿童案时发现北京某公司侵犯儿童个人信息民事公益诉讼案件线索，遂依托互联网技术开展初步调查。检察机关综合 App 收集处理的个人信息数量、App 用户言词证据等证据材料，以证明 App 收集处理儿童个人信息的事实。对该 App 用户服务协议、隐私权保护政策、应用界面等内容进行手机截图，收集儿童用户未经监护人同意即可注册使用 App 的言词证据；使用"区块链"取证设备证明 App 采取监护人默示同意、一次性授权概括同意等方式收集处理儿童个人信息等，以证明 App 收集处理儿童个人信息行为的侵权性质。收集固定数百名儿童个人信息权益受到侵犯的证据，以证明危害后果。提取固定徐某某供述等，以证明 App 侵权行为与实害后果具有因果关系。

经调查并听取当地网信、公安、法院意见，组织互联网领域法律专家、技术专家进行论证，余杭区人民检察院认为，北京某公司运营的短视频 App 在收集、存储、使用儿童个人信息过程中，未遵循正当必要、知情同意、目的明确、安全保障、依法利用原则，其行为违反了民法总则、未成年人保护法、网络安全法关于未成年人民事行为能力、个人信息保护、对未成年人给予特殊优先保护、网络经营者应当依法收集使用个人信息等相关规定，违反了国家互联网信息办公室《儿童个人信息网络保护规定》中"网络运营者收集、使用、转移、披露儿童个人信息的，应当以显著、清晰的方式告知儿童监护人，并应当征得儿童监护人的同意""网络运营者因业务需要，确需超出约定的目的、范围使用儿童个人信息的，应当再次征得儿童监护人的同意"等相关规定，属于违法违规收集、使用儿童个人信息、侵犯儿童个人信息的行为。

据该公司提供数据显示，2020 年，平台 14 岁以下实名注册用户数量约为 7.8 万，14 至 18 岁实名注册用户数量约为 62 万，18 岁以下未实名注册未成年人用户数量以头像、简介、背景等基础维度模型测算约为 1000 余万。该 App 的行为致使众多儿童个人信息权益被侵犯，相关信息面临被泄露、违法使用的风险，给儿童人身、财产安全造成威胁，严重损害了社会公共利益。

该案为涉互联网案件，北京、浙江等地相关检察机关均具有管辖权。余杭区为徐某某猥亵儿童案发生地，杭州市为杭州互联网法院所在地，考虑到调查取证、诉讼便利等因素，经浙江省检察机关层报最高人民检察院指定管辖，2020年9月，余杭区人民检察院对该线索以民事公益诉讼案件立案。9月15日，余杭区人民检察院发布诉前公告，公告期满，没有其他适格主体提起民事公益诉讼。12月2日，余杭区人民检察院向杭州互联网法院提起民事公益诉讼，请求判令：北京某公司立即停止实施利用App侵犯儿童个人信息权益的行为，赔礼道歉、消除影响、赔偿损失。

检察机关发布诉前公告的同时，将公告送达北京某公司。该公司表达积极整改并希望调解结案的意愿。检察机关依据相关法律法规，推动公司完善管理，提出具体要求。北京某公司积极配合，对所运营App中儿童用户注册环节、儿童个人信息储存、使用和共享环节、儿童网络安全主动性保护等方面细化出34项整改措施，突出落实"监护人明示同意"等规则，重点制定单独的儿童个人信息保护规则、用户协议，建立专门儿童信息保护池、创建推送涉未成年人内容的独立算法等制度机制，并明确落实整改措施时间表。同时，该公司表示将结合整改，完善管理制度，自愿接受网信等部门审查，并愿意公开赔礼道歉、赔偿损失。

2021年2月7日，杭州互联网法院公开开庭审理此案。北京某公司对公益诉讼诉求均予认可，对检察机关依法履行公益诉讼职责、促进企业完善管理表示感谢。在法庭组织下，双方在确认相关事实证据的基础上达成调解协议：一是被告停止对儿童个人信息权益的侵权行为，对涉案App按照双方确认的整改方案、时间推进表执行整改；二是被告完成整改后，对整改情况及效果进行评估，并向公益诉讼起诉人、人民法院出具报告书；三是被告将整改方案及整改完成情况报送网信部门，接受审查；四是被告在《法治日报》及涉案 App 首页公开赔礼道歉。经 30 日公告，3 月 11 日，杭州互联网法院出具调解书结案。

（二）行政公益诉讼案件办理

鉴于该案同时反映出相关行政主管机关对北京某公司监管不到位的行政公益诉讼案件线索，经浙江省检察机关请示，2020 年 10 月，最高人民检察院将该线索交北京市人民检察院办理。

10 月 22 日，北京市人民检察院对该案以行政公益诉讼立案，经调查向北京市互联网信息办公室提出依法履行监管职责，全面排查、发现和处置违法情形，推动完善儿童个人信息权益网络保护的特殊条款，落实监护人同意的法律规定等相关建议。

12 月 4 日，北京市网信办将其约谈北京某公司负责人、推进该公司严格落实网络保护责任及提升优化软件等履职监管情况函复北京市人民检察院。根据检察机关工作建议，北京市网信办制定了《关于开展未成年人信息安全保护专项整治的工作方案》，对属地重点直播和短视频平台逐一梳理，压实网站主体责任，并将此次专项整治工作与未成年人网络环境治理等专项工作有效衔接，形成保障未成年人用网安全管理合力。

2021 年 4 月 16 日，最高人民检察院向国家互联网信息办公室通报该案有关情况，提出开展短视频行业侵犯儿童个人信息权益问题专项治理，压实网络运营者未成年人保护责任，促进互联网企业对算法等相关技术规则改进提升，推动行业源头治理，建立健全风险防范长效机制，督促企业依法经营等工作建议，强化对网络空间侵犯未成年人权益行为的监管整治。12 月 31 日，国家网信办、工信部、公安部、市场监管总局联合发布《互联网信息服务算法推荐管理规定》，对应用算法推荐技术提供互联网信息服务的治理和相关监督管理工作作出了进一步规范。

指导意义

（一）统筹运用四大检察职能，充分发挥未成年人检察工作优势，为未成年人提供全面综合司法保护。未成年人保护案件中一个侵害行为往往涉及多个法律关系，检察机关应当在办案履职中强化综合司法保护意识，尤其是在办理刑事案件的过程中，要同步审查未成年人其他权益是否遭受损害，推进未成年人刑事案件办理与涉未成年人民事、行政、公益诉讼案件办理相互融合，在线索发现、调查取证、综合治理等方面统筹推动，充分发挥法律监督的能动性、及时性和有效性，以四大检察业务融合发展加大未成年人全面综合司法保护力度。

（二）检察机关可以综合运用民事公益诉讼和行政公益诉讼职能，对网络侵犯未成年人个人信息权益的情形进行监督。不特定人群的个人信息权益具有公益属性。对未成年人个人信息权益应予以特殊、优先保护。针对网络侵犯未成年人个人信息权益的情形，检察机关可以综合开展民事公益诉讼和行政公益诉讼，并注重加强两种诉讼类型的衔接和协同。通过对网络运营者提起民事公益诉讼，使其承担违法行为的民事责任，实现对公共利益的有效救济。通过行政公益诉讼督促行政主管部门依法充分履行监管职责，实现最大限度保护未成年人合法权益的目的。

（三）对于跨行政区划的未成年人网络保护公益诉讼案件，应综合考虑案件性质、领域、诉讼便利、有利整改等因素，确定管辖机关。涉网络案件通常具有企业注册地、主要营业地、服务覆盖地、侵权行为地、侵害结果地分离的特点。检察机关办理未成年人网络保护公益诉讼案件，在涉及多个行政区划，多个检察院均具有管辖权的情形下，民事公益诉讼案件应当层报共同的上级检察院指定,一般应当由损害结果发生地检察机关管辖;行政公益诉讼案件一般应当由网络企业注册地检察机关管辖,以便利行政监管。

相关规定

1. 《中华人民共和国民法总则》(2017年施行)

第一百七十九条 承担民事责任的方式主要有:

（一）停止侵害;

（二）排除妨碍;

（三）消除危险;

（四）返还财产;

（五）恢复原状;

（六）修理、重作、更换;

（七）继续履行;

（八）赔偿损失;

（九）支付违约金;

（十）消除影响、恢复名誉;

（十一）赔礼道歉。

法律规定惩罚性赔偿的,依照其规定。

本条规定的承担民事责任的方式,可以单独适用,也可以合并适用。

2. 《中华人民共和国民法典》(2021年施行)

第一千零三十四条 自然人的个人信息受法律保护。

个人信息是以电子或者其他方式记录的能够单独或者与其他信息结合识别特定自然人的各种信息,包括自然人的姓名、出生日期、身份证件号码、生物识别信息、住址、电话号码、电子邮箱、健康信息、行踪信息等。

个人信息中的私密信息，适用有关隐私权的规定；没有规定的，适用有关个人信息保护的规定。

第一千零三十五条　处理个人信息的，应当遵循合法、正当、必要原则，不得过度处理，并符合下列条件：

（一）征得该自然人或者其监护人同意，但是法律、行政法规另有规定的除外；

（二）公开处理信息的规则；

（三）明示处理信息的目的、方式和范围；

（四）不违反法律、行政法规的规定和双方的约定。

个人信息的处理包括个人信息的收集、存储、使用、加工、传输、提供、公开等。

第一千一百六十七条　侵权行为危及他人人身、财产安全的，被侵权人有权请求侵权人承担停止侵害、排除妨碍、消除危险等侵权责任。

第一千一百八十二条　侵害他人人身权益造成财产损失的，按照被侵权人因此受到的损失或者侵权人因此获得的利益赔偿；被侵权人因此受到的损失以及侵权人因此获得的利益难以确定，被侵权人和侵权人就赔偿数额协商不一致，向人民法院提起诉讼的，由人民法院根据实际情况确定赔偿数额。

3.《中华人民共和国未成年人保护法》（2020年修订）

第一百零六条　未成年人合法权益受到侵犯，相关组织和个人未代为提起诉讼的，人民检察院可以督促、支持其提起诉讼；涉及公共利益的，人民检察院有权提起公益诉讼。

4.《中华人民共和国网络安全法》(2017年施行)

第四十一条　网络运营者收集、使用个人信息，应当遵循合法、正当、必要的原则，公开收集、使用规则，明示收集、使用信息的目的、方式和范围，并经被收集者同意。

网络运营者不得收集与其提供的服务无关的个人信息，不得违反法律、行政法规的规定和双方的约定收集、使用个人信息，并应当依照法律、行政法规的规定和与用户的约定，处理其保存的个人信息。

第四十三条　个人发现网络运营者违反法律、行政法规的规定或者双方的约定收集、使用其个人信息的，有权要求网络运营者删除其个人信息；发现网络运营者收集、存储的其个人信息有错误的，有权要求网络运营者予以更正。网络运营者应当采取措施予以删除或者更正。

第七十六条　本法下列用语的含义：

(一) 网络，是指由计算机或者其他信息终端及相关设备组成的按照一定的规则和程序对信息进行收集、存储、传输、交换、处理的系统。

(二) 网络安全，是指通过采取必要措施，防范对网络的攻击、侵入、干扰、破坏和非法使用以及意外事故，使网络处于稳定可靠运行的状态，以及保障网络数据的完整性、保密性、可用性的能力。

(三) 网络运营者，是指网络的所有者、管理者和网络服务提供者。

(四) 网络数据，是指通过网络收集、存储、传输、处理和产生的各种电子数据。

(五) 个人信息，是指以电子或者其他方式记录的能够单独或者与其他信息结合识别自然人个人身份的各种信息,包括但不限于自然人的姓名、出生日期、身份证件号码、个人生物识别信息、住址、电话号码等。

5.《中华人民共和国民事诉讼法》(2017年修订)

第五十五条 对污染环境、侵害众多消费者合法权益等损害社会公共利益的行为,法律规定的机关和有关组织可以向人民法院提起诉讼。

人民检察院在履行职责中发现破坏生态环境和资源保护、食品药品安全领域侵害众多消费者合法权益等损害社会公共利益的行为,在没有前款规定的机关和组织或者前款规定的机关和组织不提起诉讼的情况下,可以向人民法院提起诉讼。前款规定的机关或者组织提起诉讼的,人民检察院可以支持起诉。

6.《最高人民法院、最高人民检察院关于检察公益诉讼案件适用法律若干问题的解释》(法释〔2018〕6号)

第十三条 人民检察院在履行职责中发现破坏生态环境和资源保护、食品药品安全领域侵害众多消费者合法权益等损害社会公共利益的行为,拟提起公益诉讼的,应当依法公告,公告期间为三十日。

公告期满,法律规定的机关和有关组织不提起诉讼的,人民检察院可以向人民法院提起诉讼。

7.《最高人民法院关于互联网法院审理案件若干问题的规定》(2018年施行)

第二条 北京、广州、杭州互联网法院集中管辖所在市的辖区内应当由基层人民法院受理的下列第一审案件:

(一)通过电子商务平台签订或者履行网络购物合同而产生的纠纷;

（二）签订、履行行为均在互联网上完成的网络服务合同纠纷；

（三）签订、履行行为均在互联网上完成的金融借款合同纠纷、小额借款合同纠纷；

（四）在互联网上首次发表作品的著作权或者邻接权权属纠纷；

（五）在互联网上侵害在线发表或者传播作品的著作权或者邻接权而产生的纠纷；

（六）互联网域名权属、侵权及合同纠纷；

（七）在互联网上侵害他人人身权、财产权等民事权益而产生的纠纷；

（八）通过电子商务平台购买的产品，因存在产品缺陷，侵害他人人身、财产权益而产生的产品责任纠纷；

（九）检察机关提起的互联网公益诉讼案件；

（十）因行政机关作出互联网信息服务管理、互联网商品交易及有关服务管理等行政行为而产生的行政纠纷；

（十一）上级人民法院指定管辖的其他互联网民事、行政案件。

8. 国家互联网信息办公室《儿童个人信息网络保护规定》（2019年施行）

第二条 本规定所称儿童，是指不满十四周岁的未成年人。

第四条 任何组织和个人不得制作、发布、传播儿童个人信息安全的信息。

第七条 网络运营者收集、存储、使用、转移、披露儿童个人信息的，应当遵循正当必要、知情同意、目的明确、安全保障、依法利用的原则。

第八条　网络运营者应当设置专门的儿童个人信息保护规则和用户协议，并指定专人负责儿童个人信息保护。

第九条　网络运营者收集、使用、转移、披露儿童个人信息的，应当以显著、清晰的方式告知儿童监护人，并应当征得儿童监护人的同意。

第十条　网络运营者征得同意时，应当同时提供拒绝选项，并明确告知以下事项：

（一）收集、存储、使用、转移、披露儿童个人信息的目的、方式和范围；

（二）儿童个人信息存储的地点、期限和到期后的处理方式；

（三）儿童个人信息的安全保障措施；

（四）拒绝的后果；

（五）投诉、举报的渠道和方式；

（六）更正、删除儿童个人信息的途径和方法；

（七）其他应当告知的事项。

前款规定的告知事项发生实质性变化的，应当再次征得儿童监护人的同意。

第十一条　网络运营者不得收集与其提供的服务无关的儿童个人信息，不得违反法律、行政法规的规定和双方的约定收集儿童个人信息。

第十三条　网络运营者应当采取加密等措施存储儿童个人信息，确保信息安全。

第十四条　网络运营者使用儿童个人信息，不得违反法律、行政法规的规定和双方约定的目的、范围。因业务需要，确需超出约定的目的、范围使用的，应当再次征得儿童监护人的同意。

相关法律文书

杭州互联网法院
民事调解书

（2020）浙 0192 民初 10993 号

公益诉讼起诉人：杭州市余杭区人民检察院

被告：北京某科技有限公司，住所地北京市海淀区上地西路×号×幢×层，统一社会信用代码91110108335469089C。

法定代表人：银某，公司总经理、执行董事。

委托诉讼代理人：王甲、王乙，公司员工。

公益诉讼起诉人杭州市余杭区人民检察院与被告北京某科技有限公司未成年人保护民事公益诉讼一案，本院于2020年12月8日立案，于2020年12月18日书面告知北京市海淀区互联网信息办公室案件受理情况。经查，杭州市余杭区人民检察院于2020年9月15日公告了案件相关情况，公告期内未有法律规定的机关和有关组织提起民事公益诉讼。本院依法组成合议庭，适用普通程序对案件进行审理。2021年1月29日，本院组织双方当事人召开了庭前会议。2021年2月7日，本院对案件公开开庭进行了审理，杭州市余杭区人民检察院指派检察员陈娟、陈利明、吴文迪出庭履行职务，被告北京某科技有限公司的委托诉讼代理人王甲、王乙到庭参加诉讼。本案现已审理终结。

公益诉讼起诉人杭州市余杭区人民检察院向本院提出诉讼请求：（1）北京某科技有限公司立即停止实施利用某App侵害儿童个人信息的侵权行为；（2）北京某科技有限公司在国家级媒体及某App软件首页公开对侵害儿童个人信息的行为赔礼道歉、

消除影响；（3）北京某科技有限公司赔偿不特定多数被侵权儿童人民币150万元，款项应交相关儿童公益保护组织，专门用于儿童个人信息保护公益活动；（4）本案诉讼费用由北京某科技有限公司承担。

事实和理由：某App是被告北京某科技有限公司开发运营的一款短视频应用类软件。杭州市余杭区人民检察院在办理徐某某猥亵儿童刑事案件时发现：数名被害儿童均存在未经监护人有效明示同意下载、注册、使用某App，且被害儿童通过该App录制的短视频被某App后台推送至徐某某账号。徐某某在了解被害儿童有关个人信息后，通过该App私信等功能与被害儿童私下取得联系，并逐步对被害儿童进行诱骗，最终造成了涉案儿童被猥亵的后果。

针对上述情况，经进一步调查取证查明，某App软件存在下列问题：（1）在未以显著、清晰的方式告知并征得儿童监护人有效明示同意的情况下，允许注册儿童账号，并收集、存储儿童网络账号、位置、联系方式，以及儿童面部识别特征、声音识别特征等个人敏感信息；（2）在未再次征得儿童监护人有效明示同意的情况下，运用后台算法，向具有浏览儿童内容视频喜好的用户直接推送含有儿童个人信息的短视频；（3）该软件未对儿童账号采取区分管理措施，默认用户点击"关注"后即可与儿童账号私信联系，并能获取其地理位置、面部特征等个人信息。认定上述事实的证据有：北京某科技有限公司登记基本情况、部分被侵权儿童证言、刑事案件被告人供述、刑事判决书、某App下载安装、使用电子数据等证据。杭州市余杭区人民检察院认为：北京某科技有限公司开发经营的某App软件所存在的前述问题，违反了《中华人民共和国民法总则》第一百一十条、第一百一十一条，《中华人民共和国网络安全法》第四十一条，《中华人民共和国未成年人保护法》第三十九条，国家互联网信息办公室《儿童个人信息网络保护规定》第七条、第八条、第九条、第十条、第十三条、第十四条、第十八条、第二十条之规定，属于违法违规收集、使用儿童个人信息，侵犯儿童个人信息的行为。上述行为致使不特定多数儿童个人信息被侵犯，使得儿童个人信息面临被泄露、违法使用的风险，给不特定儿童人身、财产安全造成威胁，严重损害了社会公共利益。根据《中华人民共和国侵权责任法》第十五条之规定，北京某科技有限公司作为国内拥有大量用户的短视频运营企业，应当依法依规立即停止实施侵犯儿童个人信息的行为，对涉及儿童个人信息的短视频业务应按照法律法规进行整改。在整改完成前，将含有儿童个人信息的账号强制纳入青少年保护模式，并应对《用户协议》《隐私政策》相应条款按照法律法规要求，设置专门的儿童个人信息保护规则和用户协议。此外，北京某科技有限公司还应承担损害赔偿、赔礼道歉等侵权责任。杭州市余杭区人民检察院已于2020年9月15日履行诉前公告程序，公告期满，无适格主体提起诉讼。为依法保障儿童的合法权益，根据《中华人民共和国民事诉讼法》第五十五条第二款、《最高人民法院、最高人民检察院关于检察公益诉讼案件适用法律若干问题的解释》第十三条第二款的规定，依法提起民事公益诉讼。本案系在互联网上实施侵权行为而引发的儿童个人信息保护民事公益诉讼，部分侵权行为发生地位于杭州市余杭区，根据《最高人民法院关于互联网法院审理案件若干问题的规定》第二条的规定，本案由杭州互联网法院集中管辖，故依法提起诉讼，请依法裁判。

被告北京某科技有限公司答辩称：本案为民事公益诉讼案

件，答辩人深知其与以往应诉的案件截然不同，一是本案的诉讼基础是公共利益，二是本案涉及儿童个人信息保护。基于此种认识，答辩人未将本案作为普通的对抗性诉讼案件，而是将其视为国家代表公众对某平台甚至整个短视频行业，在儿童个人信息保护方面进行的鞭策和勉励。本案意义非凡，必将成为儿童个人信息网络保护法制史上具有里程碑意义的案件。

首先，针对公益诉讼起诉人提出事实和理由部分，答辩人发表如下意见：某 App 系北京某科技有限公司开发运营的短视频应用类软件，公司一贯重视儿童个人信息保护。针对诉状中提出的，该平台存在的三大问题，答辩人希望能够在法院、检察院、网信部门的指导和帮助下，对儿童个人信息保护工作做的更好。第一，诉状中提出的第一项问题：答辩人将根据法律、法规的相关规定，制定单独的"儿童个人信息保护规则""儿童用户协议"，以显著、清晰的方式向儿童及监护人明示平台对儿童信息收集、存储、使用、处理的目的、方式和范围，儿童信息的安全保障措施；并争得儿童监护人的有效明示同意，保障监护人知情、同意和拒绝的权利；同时，在青少年模式确认开启界面下方，增添"儿童用户协议"链接入口，从保护儿童个人信息安全举措、保障青少年健康使用指引、平台、监护人及儿童用户三方共同守护愿景等维度，详细描述儿童使用平台的法律应知和注意事项。第二，诉状中提出的第二项问题，答辩人在"内容"维度、"用户"维度分别对 App 中涉及未成年人的，施行"标签"标注管理。建立未成年人"内容池"。增设儿童个人信息的平台算法推送、第三方下载等使用、共享环节，监护人二次授权流程。针对存量未获监护人二次授权的儿童个人信息限制算法推送及下载共享，并创建涉未成年人内容推送和向儿童用户推送内容的独立算法。既保证用户的基本体验，又关注儿童用户特殊群体的全面保护。第三，诉状中提出的第三项问题，答辩人将设立未成年人用户专区，设立专门的儿童信息保护池，并推出针对十四周岁以下未成年人隐私保护模式。采取加密等措施存储儿童个人信息，确保信息安全。制定未成年人数据分级分类管理机制，建立涉及未成年人数据全周期保护和管理措施。在使用上，采取"最小必要"原则，同时，在数据安全维度，对涉未成年人数据进行全量加密，对传输未成年人数据接口制定安全审计规则并定期进行审计，并针对未成年人信息的功能/接口采用自动化扫描器定期进行安全扫描。

其次，针对诉讼请求部分，答辩人发表如下意见：第一项诉讼请求，关于停止侵权，答辩人已经进行的五大方面34项整改措施，已基本涵盖了本案中反映出的各类问题，包括儿童用户信息收集、用户注册，信息存储、使用、共享，内容审查和主动保护五个方面，在客观上停止了本案涉及的侵权行为。第二项诉讼请求，关于赔礼道歉、消除影响，答辩人对本案所涉事件的发生深感痛心和深表自责，对事件中遭受伤害的受害人及其家属再次表示深深的歉意，答辩人愿意借本次整改契机，公开发布严格保护儿童个人信息的倡议书，在提升自身平台儿童保护水平的同时，倡导整个社会共同关注儿童个人信息保护，将各项法律法规的要求落到实处。第三项诉讼请求，关于赔偿损失，答辩人愿意通过公益活动、公益组织，对未成年人个人信息的保护尽绵薄之力。综上，在本案的处理方式上，答辩人愿意采取和解、调解的方式解决。希望能够以此为契机，在认真落实整改要求的同时，大力提升平台对未成年人个人信息的保护水平。

同时，答辩人恳请司法机关考虑：首先，目前儿童个人信息网络保护的规定较为抽象和原则，答辩人希望将来能够在政府主管部门、行业协会等机构的指导和帮助下，共同探讨和研究短视频、直播行业，儿童个人信息保护的具体落地细则，利用本案中取得的一些成果，推动制定行业标准，将儿童个人信息保护的规定落到实处；第二，本案反映出的是行业普遍问题，答辩人目前的整体水平并不低于行业标准，且在本次诉讼过程中一直在向高标准迈进；第三，答辩人想呼吁，保护未成年人、预防未成年人侵权和犯罪需要整个社会共同努力，相信在全社会的推动下，我们终将建立风清气朗、健康向上的网络世界，共同呵护未成年人健康成长。

公益诉讼起诉人杭州市余杭区人民检察院为证明自己的起诉主张提交了以下证据：公益诉讼诉前公告、北京某科技有限公司企业主体登记信息、华为应用市场中某 App 应用截图、某平台用户服务协议、隐私权保护政策、部分被侵权儿童证言、刑事案件被告人供述、刑事判决书、某 App 下载安装、使用的相关电子数据等证据。

被告北京某科技有限公司为证明自己的答辩主张提交了以下证据：某 App 用户基本情况、用户实名认证制度、人工智能和大数据技术运用简介、儿童个人信息保护规则（初稿）、青少年守护协议及家长告知函（2020 年 11 月 30 日）、手机号、姓名、身份证号三者一致性校验（2020 年 11 月 30 日）、平台对未成年人数据安全保护工作机制、未成年人用户识别机制及其他整改措施内容。

本院组织双方当事人进行了证据交换和质证。本院对双方当事人提交的证据真实性、合法性及关联性予以确认。

经审理查明：某 App 是由北京某科技有限公司开发、运营的一款互联网移动端应用程序。某 App 具有帮助用户在移动设备上制作、上传、观看短视频及进行直播等功能，某 App 能够通过大数据的分析和人工智能的算法等技术手段实现为用户推送精装的短视频内容等服务，是国内知名的短视频社交平台、直播平台及直播电商平台。据北京某科技有限公司提供的数据显示，截至 2020 年底该平台日活用户约 3.02 亿，月活用户 7.76 亿，平台 14 岁以下实名注册用户 78 万，14 岁至 18 岁实名注册用户数量 62 万。以头像、简介、背景、用户名、过往作品、地理位置等基础维度模型叠加"内容""语音""体态""账号"模型测算，18 岁以下未实名未成年人注册数量约为 300 余万，仅以头像、简介、背景、用户名、过往作品、地理位置等基础维度模型测算，18 岁以下未实名未成年人注册数量约为 1000 余万。

  杭州市余杭区人民检察院在审查办理被告人徐某某猥亵儿童（未满十四周岁）刑事案件时发现，某平台在收集、存储、使用儿童个人信息过程中，未遵循正当必要、知情同意、目的明确、安全保障、依法利用原则，遂对某 App 涉嫌侵害众多不特定儿童个人信息权益和隐私权的行为展开调查，在履行法定诉前程序后提起本案诉讼。

  当事人提交的证据显示，2020 年 12 月 8 日前的某 App 历史版本在收集、存储、使用、共享、披露儿童个人信息等多个环节中，未切实贯彻儿童利益最大化原则，存在危及社会众多不特定儿童个人信息权益和隐私权的行为，不利于儿童网络保护，已对儿童人身安全以及生活安宁造成隐患，具体包括：

  第一，在儿童用户注册环节：某 App 缺乏单独的《儿童个人信息/隐私保护政策》《儿童个人用户协议》；对平台内实名注册的儿童用户，缺乏通知监护人，采取合理措施征求监护人是否同意的流程；对平台内未实名注册的高疑似度儿童用户缺乏技术识别手段，未采取特殊的儿童网络安全保护机制。

第二，在儿童个人信息收集环节：在未采取合理措施以显著、清晰的方式告知并征得儿童监护人明示同意情况下，存在违规收集、管理儿童网络账号、位置、联系人，以及儿童面部、肢体、声音等儿童信息的行为。

第三，在儿童个人信息存储环节：某 App 缺乏专门的儿童信息保护池，在"内容""用户"两个维度对平台中涉及儿童的个人信息未能采取加密等措施予以存储。

第四，在儿童个人信息使用、共享、披露环节：某 App 在未采取合理措施征得儿童监护人有效明示同意的情况下，运用大数据算法，向具有浏览儿童视频喜好的用户大量推送含有儿童信息的内容，并提供下载共享功能；推送涉及未成年人内容的算法机制不够完善，仅依照用户兴趣喜好等算法方式，随意、无序的推送儿童用户个人信息，未建立一套有别于成年人的算法推送规则；缺乏向儿童用户推送内容的独立算法，向儿童用户推送内容的安全性、合规性和针对性存在欠缺，未体现对儿童群体的特殊保护。

第五，涉儿童网络安全主动保护领域：某 App 对用户发布的涉未成年人内容的审核标准不够严格，缺乏分级管控，存在进一步改善的空间；某 App 缺乏对儿童用户的隐私保护机制，对儿童用户未强制开启陌生人关注限制功能、未强制隐藏儿童用户位置、未强制开启儿童用户私信限制、未强制关闭儿童用户通讯录推荐、未强制关闭通过手机号搜索儿童用户功能、未强制关闭儿童"熟人圈"功能、未强制关闭儿童动态展示功能、未强制关闭推荐儿童给可能感兴趣的人、未强制开启儿童作品在同城不显示等功能。

本案在审理过程中，经本院组织调解，双方当事人自愿达成如下协议：

一、被告北京某科技有限公司停止对儿童个人信息的侵权行为，按照《中华人民共和国民法典》、《中华人民共和国未成年人保护法》（2021年6月1日施行）、《中华人民共和国网络安全法》、《儿童个人信息网络保护规定》等法律法规对儿童个人信息保护的要求，对某App网络平台进行整改，将整改措施方案及整改完成情况报告书报送网信部门，自觉接受合规审查。若网信部门认为某App网络平台未落实整改方案措施，或存在其他涉儿童网络保护的违规行为，北京某科技有限公司应立即停止相关违规行为并按要求进行整改。不能如期有效整改的，北京某科技有限公司应立即停止某App一切涉儿童经营业务的开展。

二、被告北京某科技有限公司就涉案侵权行为，在《法治日报》及某App官方账号首页显著位置公开赔礼道歉（赔礼道歉的内容需经公益诉讼起诉人确认、人民法院审核通过，某App内的致歉内容持续时间不少于7日）。

三、被告北京某有限公司承诺在今后的运营过程中严格遵守儿童个人信息保护的法律、法规，并自觉接受网信等行政监管部门的监督检查。

四、被告北京某科技有限公司于调解协议生效后七个工作日内，赔偿因侵权行为造成的社会公共利益损失人民币150万元，款项交相关儿童公益保护组织，专门用于儿童个人信息安全保护等公益事项。

五、本案诉讼费减半收取3950元，由被告北京某科技有限公司负担。

本院将调解协议内容书面告知北京市海淀区互联网信息办公室，北京市海淀区互联网信息办公室对调解协议内容未提出不同意见。为保障公众知情权及参与权，本院于2021年2月9日至2021年3月10日在《法治日报》对调解协议进行整改。针对案涉问题，被告北京某科技有限公司承诺，按双方确认的合规整改方案、时间推进表（具体内容以附件为准）落实、执行。

六、被告北京某科技有限公司完成整改后，应对整改完成情况及效果进行评估，并向公益诉讼起诉人、人民法院出具详细的整改完成情况报告书。

七、被告北京某科技有限公司应根据相关监管法规公告。公告期内未收到任何异议。经审查，上述协议不违反法律规定，未损害社会公共利益，本院予以确认。

本调解书经双方当事人签收后，即具有法律效力。

审　判　长　杜　前
审　判　员　官家辉
审　判　员　肖　芃
人民陪审员　马　菁
人民陪审员　盛　放
人民陪审员　吴　权
人民陪审员　金广栋
二〇二一年三月十一日
法官助理　朱　凯
书　记　员　朱　烨

江苏省宿迁市人民检察院对章某为未成年人文身提起民事公益诉讼案

（检例第142号）

关键词

民事公益诉讼　未成年人文身治理　最有利于未成年人原则　公共利益

要旨

为未成年人提供文身服务，损害未成年人身心健康，影响未成年人成长发展，侵犯公共利益，检察机关可以基于最有利于未成年人原则提起公益诉讼。在办理个案的基础上，检察机关可以针对此类问题的监管盲区，提出完善管理的检察建议，推动解决监管缺失问题，健全完善制度，促进社会治理。

基本案情

2017年6月以来，章某在江苏省沭阳县沭城街道中华步行街经营某文身馆，累计为数百人提供文身服务，其中未成年人40余名。章某还在未取得医疗美容许可证的情况下，为7名未成年人清除文身。其间，曾有未成年人家长因反对章某为其子女文身而与其发生纠纷，公安机关介入处理。部分未成年人及父母反映因文身导致就学、就业受阻，文身难以清除，清除过程痛苦且易留疤痕，但章某仍然向未成年人提供文身服务。

检察机关履职过程

（一）发现线索和调查核实

2020年4月，江苏省沭阳县人民检察院在办理未成年人刑事案件中发现，一些涉案未成年人存在不同程度的文身，且大部分是满臂、满背的大面积文身，有文身馆存在为未成年人提供文身、清除文身服务的行为。其中，章某经营的文身馆先后为40余名未成年人文身，并在未取得医疗美容许可证的情况下为7名未成年人清除文身。根据卫生部办公厅《医疗美容项目分级管理目录》，清除文身属于医疗美容项目。2020年10月31日，沭阳县人民检察院向县卫生健康局发出行政公益诉讼诉前检察建议，建议该局依法履行对无证清除文身行为的监管职责。县卫生健康局联合市场监督管理局、商务局在全县范围内整治无证清除文身乱象，对5家文身馆立案，并处以2.5万元罚款的行政处罚。

沭阳县人民检察院认为，未成年人文身具有易感染、难复原、就业受限制、易被标签化等危害。章某为未成年人提供文身服务，危害未成年人的身体权、健康权，影响其发展，损害社会公共利益。虽然现行相关规定对文身行业的归类管理不尽完善，对为未成年人文身也没有明确的禁止性规定，但是根据未成年人保护法关于"保护未成年人，应当坚持最有利于未成年人的原则"，以及法律对未成年人给予特殊、优先保护的规定，可以通过履行民事公益诉讼检察职能，禁止文身场所经营者继续向未成年人提供文身服务，切实保护未成年人身心健康。

2020年12月，沭阳县人民检察院立案并开展调查取证工作。围绕提供文身服务时章某主观上是否明知未成年人年龄、危害后果、公共利益属性等，与章某、40余名未成年人及其法定代理人等开展谈话询问70余次；对文身馆开展现场勘查、提取相关物证，拍照固定证据；向案件当事人调取支付凭证、门诊病历、发票等书证，进一步证明文身行为事实；检索文身法医学鉴定实例等文献资料以及《中国人民解放军内务条令（试行）》《关于印发公务员录用体检特殊标准（试行）的通知》等规定，对部分未成年人及父母反映的文身难以清除，导致就学、参军、就业等受阻情况进一步调查核实。

（二）诉讼过程

2020年12月25日，沭阳县人民检察院发布诉前公告。公告期满，没有适格主体提起民事公益诉讼。2021年4月12日，沭阳县人民检察院依据民事公益诉讼级别管辖的规定，将案件移送宿迁市人民检察院审查起诉。5月6日，宿迁市人民检察院向宿迁市中级人民法院提起民事公益诉讼，请求判令：章某不得向未成年人提供文身服务，并在国家级媒体向社会公众公开赔礼道歉。

2021年5月24日，宿迁市中级人民法院公开开庭审理本案。检察机关围绕诉讼请求、争议焦点、案件的来源和程序合法性、文身行为事实、文身损害后果等3组13项证据进行多媒体示证，发表质证意见。同时申请了沭阳县中医院美容中心主任医师、南京大学法学院教授作为专家辅助人出庭，证实文身对身体造成创伤，具有不可逆、难以复原等特征；未成年人文身后，易遭社会排斥，给未成年人造成心理创伤，文身行为还会在未成年人群体中产生模仿效应。

被告及其诉讼代理人提出，法律没有禁止给未成年人文身，现行法律没有明确界定公共利益，章某的行为未达到涉及全体或多数未成年人利益的程度，不应认定为侵犯社会公共利益。公益诉讼起诉人提出答辩意见：第一，向未成年人提供文身服务损害社会公共利益。章某对文身对象不进行筛选，对未成年人文身行为予以放任，且文身经营活动具有开放性特征，导致其提供文身服务的未成年人数量众多。文身行为可能在未成年人中随时、随机出现，侵犯未成年人权益，属于侵犯社会公共利益，符合检察机关提起公益诉讼的情形。第二，文身破坏皮肤组织健康且极难清除，清除文身需要多次、反复治疗，并留下疤痕。文身容易被贴上负面评价的标签，易出现效仿和排斥双重效应，影响未成年人正常学习、生活、就业、社交。第三，未成年人心智尚不成熟，缺乏社会经验，对自身行为甄别能力不足，对行为后果缺乏理性判断，很多未成年人对自己的文身行为表示后悔。未成年人正值生长发育期，对任何可能改变其正常身体发育状态、影响其健康成长的行为均应受到合理规制。《中华人民共和国民法典》对未成年人实施民事法律行为的保护规定，《中华人民共和国未成年人保护法》对未成年人生存权、发展权、受保护权、参与权等权利保护规定，都是体现对未成年人的特殊、优先保护。章某明知未成年人文身的损害后果，仍为未成年人文身，不仅侵犯未成年人的身体权、健康权，也影响未成年人发展。

2021年6月1日，宿迁市中级人民法院作出一审判决，判令章某停止向未成年人提供文身服务，并在判决生效之日起十日内在国家级媒体公开向社会公众书面赔礼道歉。一审宣判后，章某当庭表示不上诉并愿意履行判决确定的义务。2021年6月3日，章某在《中国青年报》发表《公开道歉书》，向文身的未成年人、家人以及社会各界公开赔礼道歉，并表示今后不再为未成年人文身。

针对文身行业归类不明、监管主体不清、对为未成年人文身行政执法依据不足等问题，沭阳县人民检察院推动起草并由沭阳县人大常委会审议出台《关于加强未成年人文身治理工作的决议》，明确文身场所不允许未成年人进入，任何人不得为未成年人提供文身服务，不得强迫、劝诱未成年人文身。同时结合各行政部门的职能，对各部门在文身治理中的职责、任务进行规范，并对为未成年人文身的从业人员从信用记录等方面予以规制，提供可操作性规则，促进问题源头治理。

指导意义

（一）为未成年人提供文身服务，侵犯未成年人合法权益，损害社会公共利益，属于检察机关公益诉讼监督范畴。文身对未成年人的身心健康和发展均有不同程度的现实影响和潜在危害。未成年人身心尚未成熟，认知和辨别能力较弱，自护能力不足，对文身给自身成长和未来发展带来的影响缺乏预见和判断。为未成年人提供文身服务，侵犯未成年人合法权益，且侵犯行为具有持续性和反复性，侵犯结果和范围可能随时扩大，应当认定为侵犯社会公共利益，检察机关可以提起公益诉讼。

（二）在法律规定不够明确具体、未成年人合法权益亟待保护的情况下，基于最有利于未成年人的原则，检察机关可以提起公益诉讼。《中华人民共和国未成年人保护法》确立的最有利于未成年人的原则，是联合国《儿童权利公约》确定的儿童利益最大化原则的中国化表达。检察机关在处理关乎未成年人的问题时，要全方位考虑未成年人的长远利益和根本利益，综合考虑未成年人身心特点和健康发展需要，选择最有利于未成年人的方案，采取最有利于未成年人的措施，给予未成年人特殊、优先保护。在涉及未成年人利益的案件中，当法律规定不够明确具体，各部门、各方责任难以界定，但未成年人的权益受到严重侵犯或面临侵犯危险、公益亟需保护时，检察机关可立足最有利于未成年人的原则，通过公益诉讼方式维护未成年人合法权益。

（三）检察机关可以结合个案办理推动健全制度、完善监管，促进社会治理。检察机关在办理公益诉讼案件过程中，应当用足用好现有法律规定，督促行政机关依法充分履职。对于存在法律、政策不完善、行政监管缺失等问题的，检察机关可以在个案办理的基础上，推动解决因行政监管有限性和社会事务复杂性造成的监管盲区，促进健全制度和完善管理。

相关规定

1.《中华人民共和国民法典》（2021年施行）

第十九条　八周岁以上的未成年人为限制民事行为能力人，实施民事法律行为由其法定代理人代理或者经其法定代理人同意、追认；但是，可以独立实施纯获利益的民事法律行为或者与其年龄、智力相适应的民事法律行为。

第一百一十条　自然人享有生命权、身体权、健康权、姓名权、肖像权、名誉权、荣誉权、隐私权、婚姻自主权等权利。

法人、非法人组织享有名称权、名誉权和荣誉权。

第一百七十九条　承担民事责任的方式主要有：

（一）停止侵害；

（二）排除妨碍；

（三）消除危险；

（四）返还财产；

（五）恢复原状；

（六）修理、重作、更换；

（七）继续履行；

（八）赔偿损失；

（九）支付违约金；

（十）消除影响、恢复名誉；

（十一）赔礼道歉。

法律规定惩罚性赔偿的，依照其规定。

本条规定的承担民事责任的方式，可以单独适用，也可以合并适用。

2.《中华人民共和国未成年人保护法》（2020年修订）

第三条　国家保障未成年人的生存权、发展权、受保护权、参与权等权利。

未成年人依法平等地享有各项权利，不因本人及其父母或者其他监护人的民族、种族、性别、户籍、职业、宗教信仰、教育程度、家庭状况、身心健康状况等受到歧视。

第四条　保护未成年人，应当坚持最有利于未成年人的原则。处理涉及未成年人事项，应当符合下列要求：

（一）给予未成年人特殊、优先保护；

（二）尊重未成年人人格尊严；

（三）保护未成年人隐私权和个人信息；

（四）适应未成年人身心健康发展的规律和特点；

（五）听取未成年人的意见；

（六）保护与教育相结合。

第六条　保护未成年人，是国家机关、武装力量、政党、人民团体、企业事业单位、社会组织、城乡基层群众性自治组织、未成年人的监护人以及其他成年人的共同责任。

国家、社会、学校和家庭应当教育和帮助未成年人维护自身合法权益，增强自我保护的意识和能力。

第一百条　公安机关、人民检察院、人民法院和司法行政部门应当依法履行职责，保障未成年人合法权益。

第一百零六条　未成年人合法权益受到侵犯，相关组织和个人未代为提起诉讼的，人民检察院可以督促、支持其提起诉讼；涉及公共利益的，人民检察院有权提起公益诉讼。

3.《中华人民共和国民事诉讼法》（2017年修订）

第五十五条　对污染环境、侵害众多消费者合法权益等损害社会公共利益的行为，法律规定的机关和有关组织可以向人民法院提起诉讼。

人民检察院在履行职责中发现破坏生态环境和资源保护、食品药品安全领域侵害众多消费者合法权益等损害社会公共利益的行为，在没有前款规定的机关和组织或者前款规定的机关和组织不提起诉讼的情况下，可以向人民法院提起诉讼。前款规定的机关或者组织提起诉讼的，人民检察院可以支持起诉。

4.《最高人民法院、最高人民检察院关于检察公益诉讼案件适用法律若干问题的解释》（法释〔2018〕6号）

第五条　市（分、州）人民检察院提起的第一审民事公益诉讼案件，由侵权行为地或者被告住所地中级人民法院管辖。

基层人民检察院提起的第一审行政公益诉讼案件，由被诉行政机关所在地基层人民法院管辖。

第十三条 人民检察院在履行职责中发现破坏生态环境和资源保护、食品药品安全领域侵害众多消费者合法权益等损害社会公共利益的行为，拟提起公益诉讼的，应当依法公告，公告期间为三十日。

公告期满，法律规定的机关和有关组织不提起诉讼的，人民检察院可以向人民法院提起诉讼。

5.《最高人民法院关于适用〈中华人民共和国民法典〉时间效力的若干规定》（法释〔2020〕15号）

第一条 民法典施行后的法律事实引起的民事纠纷案件，适用民法典的规定。

民法典施行前的法律事实引起的民事纠纷案件，适用当时的法律、司法解释的规定，但是法律、司法解释另有规定的除外。

民法典施行前的法律事实持续至民法典施行后，该法律事实引起的民事纠纷案件，适用民法典的规定，但是法律、司法解释另有规定的除外。

第二条 民法典施行前的法律事实引起的民事纠纷案件，当时的法律、司法解释有规定，适用当时的法律、司法解释的规定，但是适用民法典的规定更有利于保护民事主体合法权益，更有利于维护社会和经济秩序，更有利于弘扬社会主义核心价值观的除外。

相关法律文书

江苏省宿迁市中级人民法院
民事判决书

(2021) 苏 13 民初 303 号

公益诉讼起诉人：江苏省宿迁市人民检察院

被告：章某，男，1993 年 11 月 21 日出生，居民身份证号码 3213221993××××××××，汉族，住江苏省沭阳县某街道某路

委托诉讼代理人：王某某，江苏某律师事务所律师

公益诉讼起诉人江苏省宿迁市人民检察院与被告章某消费民事公益诉讼一案，本院于 2021 年 5 月 8 日立案受理后，依法适用普通程序，于 2021 年 5 月 18 日书面告知宿迁市市场监督管理局。经查，江苏省沭阳县人民检察院于 2020 年 12 月 25 日公告了案件相关情况，公告期内未有法律规定的机关和有关组织提起民事公益诉讼，后该案移送江苏省宿迁市人民检察院提起本案诉讼。本院依法组成合议庭，于 2021 年 5 月 24 日公开开庭进行了审理。江苏省宿迁市人民检察院指派检察员刘加云、叶梅及检察官助理刘蒙阴出庭履行职务，被告章某及其委托诉讼代理人王某某到庭参加诉讼。本案现已审理终结。

公益诉讼起诉人江苏省宿迁市人民检察院向本院提出诉讼请求：(1) 判令章某不得向未成年人提供文身服务；(2) 判令章某在国家级媒体公开对为未成年人文身的行为及造成的影响向社会公众赔礼道歉。事实与理由：江苏省沭阳县人民检察院在办理李某、刘某、孙某等人聚众斗殴、寻衅滋事等系列未成年人刑事

案件以及相关机构在未成年人违法预防、帮教等工作中发现，被告章某存在为不特定未成年人文身的行为。沭阳县人民检察院于2020年12月25日立案，同日履行公告程序。经审查发现，2017年6月1日以来，被告章某在沭阳县某街道某步行街经营"锦绣堂"文身馆期间，先后为史某、陈某、宋某、周某、何某等40余名不特定未成年人文身，文身图案为"一生苏北……一生戮战"、艺妓、二郎神、关羽、般若、唐狮、画臂、满背等。被告章某在从事上述文身经营活动时，未进行工商注册登记、未取得卫生许可证，明知服务对象为未成年人，且未告知未成年人父母等法定代理人。同时被告章某在未取得医疗美容许可证的情况下，为李某、戈某、孙某等7名未成年人清除文身。被告章某的行为侵害了不特定多数未成年人的身体权、健康权，对未成年人的身心健康造成侵害，损害社会公共利益。

被告章某辩称其不存在侵权行为，公益诉讼起诉人的诉讼请求无法律依据，请求驳回公益诉讼起诉人的诉讼请求。理由如下：法律并未禁止任何个人和单位为未成年人文身，文身行为本身并不存在对错，错误在于人们对文身的认知。章某向未成年人提供文身服务，双方之间形成服务合同关系，接受章某文身服务的未成年人中，有的已经参加工作，可以视为完全民事行为能力人，有的年龄在十六七岁，对于文身可以作出独立判断，具有明确认知，该行为无须经过法定代理人追认即属有效。章某在主观上不存在过错，文身行为亦未违反法律规定，故章某的行为不属于侵权行为。即使认定构成侵权，章某的文身行为涉及的未成年人也未达到社会全体或多数人的程度，并未损害社会公共利益，且该行为已经停止，故章某不应当承担停止侵害、向社会公众赔礼道歉的民事责任。

公益诉讼起诉人宿迁市人民检察院围绕其诉讼请求提交了以下证据:

1. 沭阳县人民检察院关于李某、刘某等人涉嫌寻衅滋事案的《审查逮捕意见书》,证明检察机关在办理未成年人犯罪案件中发现本案线索。

2. 章某个人身份信息及其经营的文身馆营业执照登记信息,证明章某系完全民事行为能力人,是涉案文身服务的提供者,是本案的适格被告。

3. 沭阳县人民检察院对章某经营文身服务场所进行现场勘查形成的勘验笔录和场所照片,证明章某经营文身服务场所的现场情况,勘验现场显示"锦绣堂纹身"字样。

4. 沭阳县人民检察院2020年12月25日作出的沭检四部民公告〔2020〕16号《沭阳县人民检察院公告》,证明检察机关已发出公告,本案由检察机关提起公益诉讼符合法定程序。

5. 沭阳县卫生健康局出具的沭阳县全县所有具有医疗机构执业许可证、卫生许可证的美容机构及人员名录,该名录中无章某及其经营的文身馆信息,证明章某提供文身服务时无相关卫生许可。

6. 沭阳县市场监督管理局《关于落实沭检五部行公建〔2020〕5号检察建议书的报告》及沭阳县卫生健康局《关于联合开展文身馆专项治理活动的情况回复》,证明至本案起诉前,章某已取得健康证,章某经营的文身馆已经办理营业执照,未办理卫生许可证。

7. 沭阳县人民检察院分别于2020年10月28日、2020年11月11日、2021年4月8日、2021年4月25日对章某进行调查形成的四份调查笔录,调查笔录中章某陈述从事文身经营期间的主要顾客为未成年人，几百人中有七八成，文身馆之前没有营业执照、卫生许可证、医疗许可证，认可存在40余名涉案未成年人在其经营的文身馆文身。证明章某为不特定未成年人文身的事实。

8. 沭阳县人民检察院就涉案文身未成年人周某等40余人及其法定代理人谈话后形成的笔录，笔录陈述事项大致相同，主要为何时在章某经营的文身馆进行的文身，文身的部位和金额，文身时是否核实未成年人身份以及文身对其生活、学习、工作产生的不利影响等。证明章某为涉案40余名未成年人文身的事实，文身未成年人的陈述中大部分与章某的陈述能够相互印证；未成年人及其法定代理人多对文身行为表示后悔，证明文身对未成年人的生活、学习、工作等产生不利影响。

9. 周某等40余名未成年人文身的照片，证明涉案40余名未成年人文身的图案、部位等情况。

10. 何某于2019年8月25日、2019年8月26日、2020年5月3日向微信用户"aAAAA锦绣堂纹身"微信支付200元、240元、60元的支付记录，证明章某提供文身服务的收费情况及涉案文身服务属于消费服务的事实。

11. 周某甲在沭阳县中医院清洗文身的票据及刘某在沭阳永红医院的门诊病历和发票，证明文身清除费用高昂。

12. 沭阳县人民检察院沭检六部委鉴〔2020〕1号委托鉴定书及英格尔检测技术服务（上海）有限公司检测报告各一份，证明沭阳县人民检察院委托英格尔检测技术服务（上海）有限公司对该院提取的章某用于文身的颜料进行检测，检测发现该颜料每1kg中含有11mg游离甲醛，超出每1kg中5mg的报告检出限，证明章某使用的文身颜料中含有毒有害成分。

13. 文献资料一组，分别为《中国法医学杂志》2005 年第 4 期刊载的《强迫纹身的法医学鉴定 1 例》，《刑事技术》2006 年第 4 期刊载的《纹身的法医学损伤程度评定》，《中国法医学杂志》2010 年第 2 期刊载的《1 例纹身的法医学鉴定》等文章，证明从法医学角度，文身对人体软组织、皮下组织造成挫伤和创伤，实践中存在比照轻伤、重伤鉴定标准进行鉴定的情形。

14. 相关行业规定一组，分别为《中国人民解放军内务条令》、《公安机关人民警察内务条令》、《关于印发公务员录用体检特殊标准（试行）的通知》、卫生部办公厅《关于印发〈疾病分类与代码（修订版）〉的通知（三）》、卫生部医疗司《关于推荐使用〈医疗知情同意书〉的函》，证明军队、公安等职业禁止文身，特殊公务员职位要求不得文身。

被告章某质证意见：对证据 1—7、10—14 的真实性、合法性无异议。对证据 8、9 中与其个人陈述相一致部分的真实性予以认可，对于与其陈述不一致的部分，真实性不予认可。

被告章某为反驳公益诉讼起诉人的诉讼主张，提交了以下证据：微信聊天记录截图十份，聊天时间为 2021 年 2—4 月，证明章某在提供文身服务前核实顾客身份，拒绝 10 名未成年人顾客的文身要求，目前已经停止向未成年人提供文身服务。

公益诉讼起诉人质证意见：对证据的真实性无异议，但该证据与本案无关联性。章某表示现在已不向未成年人提供文身服务，但不排除以后会。章某在 2020 年 8 月份第一次在检察机关谈话时就表示不再为未成年人文身，但从调查情况看，直至 2020 年 10 月份，章某仍然在向未成年人提供文身服务。

本院对当事人提交证据的认证意见：章某对公益诉讼起诉人提供的 40 余名未成年人及其法定代理人谈话笔录中自己认可的

部分真实性无异议,对其余证据的真实性、合法性均无异议,本院对以上证据的真实性、合法性予以确认。公益诉讼起诉人对章某提供证据的真实性无异议,本院亦予以确认。

公益诉讼起诉人申请专家辅助人沭阳县中医院美容中心主治医师刘厚生、南京大学法学院教授狄小华就专业问题发表意见。

刘厚生陈述:文身是一种有创行为,颜料进入人体后着色。临床上清除文身病例较多,一般是成年人,大部分成年人病例陈述是因年幼不懂事而文身。文身不能完全清除,当前比较好的清除方法是激光清除,但效果不太理想。激光清除本身也是一种有创行为,如果感染会在身体表面遗留疤痕。激光清除文身过程痛苦,一般需要4—5次,考虑到皮肤的恢复时间,每次间隔时间为3个月,总体清除周期需以年计算。清除文身的费用根据医院等级高低收费标准不同,沭阳县中医院的收费标准为每平方厘米100元。

被告章某及其委托诉讼代理人对专家辅助人陈述的意见:上述陈述内容仅为专家辅助人个人观点,并无具体、权威资料证实。专家辅助人陈述相当于当事人陈述,在无证据支撑的情况下,不能作为认定案件事实的依据。即使专家辅助人陈述内容真实,针对的也是清除文身的行为,而非文身行为本身,不能作为认定文身造成未成年人损害及构成侵权的依据。

狄小华陈述:文身对未成年人成长的影响体现在以下五个方面:(1)文身容易被认为是不学好的表现,导致社会公众的排斥;(2)文身具有身份认同作用,未成年人文身后更容易成为违法犯罪团伙的拉拢对象;(3)文身未成年人长期遭受外界排斥时,容易被动形成自我认同,从而与社会主流观念偏离甚至对抗;(4)绝大多数未成年人文身是出于好奇,一旦后悔,会造成严重的心理创伤；（5）文身会在未成年人群体中产生模仿效应，容易互相效仿。

被告章某及其委托诉讼代理人对专家辅助人陈述的意见：专家辅助人关于文身会给社会公众留下不学好的印象以及未成年人文身大部分都属于模仿、好奇的陈述，属于客观事实。但这应归因于大众对文身认识的偏见，不应归因于文身行为本身，文身不一定就会犯罪，没有文身而犯罪的人更多，不能因为有文身的未成年人实施了犯罪行为就禁止给未成年人文身。

本院认证意见：专家辅助人均根据其专业领域对有关事实问题发表意见，系基于专业研究对相关问题作出的描述与判断，有其专业背景、研究成果、专业经验作为基础，专家辅助人与本案无利害关系，其陈述具有专业性、客观性、中立性，陈述意见内容与相关文献资料记录和文身未成年人及其法定代理人陈述能够互相印证，本院对专家辅助人的陈述予以采信。

根据对上述证据的分析认证，本院认定事实如下：章某自2017年6月1日开始从事文身经营，未办理营业执照，未取得卫生许可证、健康证，文身服务的消费者中包括未成年人。章某累计提供文身服务的消费者总数约几百人，其中未成年人所占比例约七成。接受文身的未成年消费者中存在帮派成员。2018—2019年，曾有未成年人家长因反对章某为其子女文身而发生纠纷，公安机关介入处理。此后，章某仍然向已存在文身的未成年人提供文身服务。章某确认为本案所涉40余名未成年人提供文身服务，文身图案包括"一生苏北""一生戮战"、艺妓、二郎神、关羽、般若、唐狮、画臂、满背等，并为7名未成年人清除文身，分别收取数十元至数百元不等的费用。涉案文身未成年人陈述，章某在提供文身服务时不核实年龄及身份，部分未成年人及其法定代理人陈述，因文身导致就学、就业受阻。

另查明，经沭阳县人民检察院委托检测，章某文身时使用的颜料每1kg中含有11mg游离甲醛，超出每1kg中5mg的报告检出限。

从临床医学角度而言，文身是一种有创行为，颜料进入人体后着色，不能完全清除。激光清除是当前常用方法，清除过程存在明显痛感，累计需要清除4—5次，每次间隔3个月，总体清除周期在1年以上。清除文身的费用根据医院等级高低收费标准不同。

专业调查研究表明，未成年人文身后，易遭受社会排斥，被动形成自我认同，给未成年人造成心理创伤。文身行为会在未成年人群体中产生模仿效应，容易互相效仿。

就章某的上述行为，沭阳县人民检察院于2020年12月25日立案调查，同日履行公告程序。公告期满后，无法律规定的机关和有关组织提起公益诉讼。宿迁市人民检察院认为，章某的行为侵害不特定未成年人的合法权益，损害社会公共利益，遂提起本案公益诉讼。

本院认为：《中华人民共和国民事诉讼法》第五十五条规定："对污染环境、侵害众多消费者合法权益等损害社会公共利益的行为，法律规定的机关和有关组织可以向人民法院提起诉讼。人民检察院在履行职责中发现破坏生态环境和资源保护、食品药品安全领域侵害众多消费者合法权益等损害社会公共利益的行为，在没有前款规定的机关和组织或者前款规定的机关和组织不提起诉讼的情况下，可以向人民法院提起诉讼。前款规定的机关或者组织提起诉讼的，人民检察院可以支持起诉。"《江苏省人民代表大会常务委员会关于加强检察公益诉讼工作的决定》第三条规定:"检察机关依法办理生态环境和资源保护、食品药品安全、国有财产保护、国有土地使用权出让、英雄烈士保护、未成年人保护以及法律规定的其他领域公益诉讼案件。"上述规定赋予了检察机关在法定情形下的公益诉讼起诉权。

《最高人民法院、最高人民检察院关于检察公益诉讼案件适用法律若干问题的解释》第十三条规定:"人民检察院在履行职责中发现破坏生态环境和资源保护,食品药品安全领域侵害众多消费者合法权益,侵害英雄烈士等的姓名、肖像、名誉、荣誉等损害社会公共利益的行为,拟提起公益诉讼的,应当依法公告,公告期间为三十日。公告期满,法律规定的机关和有关组织、英雄烈士等的近亲属不提起诉讼的,人民检察院可以向人民法院提起诉讼。"该规定进一步明确了检察机关行使民事公益诉讼起诉权的程序条件。

本案系沭阳县人民检察院在办理涉未成年人犯罪案件中发现,经立案调查和公告程序后,并无法律规定的机关和有关组织提起民事公益诉讼。沭阳县人民检察院依照《最高人民法院、最高人民检察院关于检察公益诉讼案件适用法律若干问题的解释》第五条之规定,将本案移送至宿迁市人民检察院,该院向本院提起民事公益诉讼,主体适格,符合上述程序规定。

本案争议焦点为:章某向不特定未成年人提供文身服务的行为是否损害社会公共利益,是否应当承担停止侵害、向社会公众赔礼道歉的民事责任。

本案系公益诉讼起诉人根据《中华人民共和国消费者权益保护法》第四十八条,《最高人民法院关于审理消费民事公益诉讼案件适用法律若干问题的解释》第一条、第二条规定提起的消费民事公益诉讼案件,应当依照上述规定对本案实体法律问题进行审查分析，以判断章某提供的文身服务是否侵害未成年人消费者权益，是否损害社会公共利益，并最终根据章某提供文身服务的特征、损害公共利益的类型，确定其承担民事责任的方式。

（一）关于章某向未成年人提供文身服务是否侵害未成年人消费者权益问题

公益诉讼起诉人主张，被告章某未取得营业执照、卫生许可证等经营许可，使用含有毒有害成分的颜料，明知服务对象为未成年人，或怀疑服务对象为未成年人而未进行审慎核实，未尽到向未成年人法定代理人告知的义务，向未成年人提供文身服务，侵害了未成年人消费者的合法权益。

被告章某辩称，文身作为一种追求美的个性、时尚元素，并未被现行法律禁止以未成年人作为服务对象，且涉案未成年人对文身行为具备充分的认知能力，因此章某的文身经营行为并未侵害未成年人消费者合法权益。

本院认为，章某作为经营者，凭借自身技术、利用自有设备，向消费者提供文身服务，获得消费对价，涉案未成年人消费者在章某处接受文身服务，支付服务价款，双方之间形成消费法律关系，应受消费者权益保护法调整。《中华人民共和国消费者权益保护法》第四十八条、《最高人民法院关于审理消费民事公益诉讼案件适用法律若干问题的解释》第二条均规定了经营者提供的商品或服务侵害消费者权益时，应承担法律责任。上述规定对经营者的不当经营行为进行列举表述，但并不能实现完全覆盖，故设置相应兜底条款，以保护非典型不当经营行为侵害的消费者权益。因此，消费者权益保护法并非本案消费者权益保护的唯一法律依据。

被告章某提供文身服务时，存在不具备营业执照、卫生许可及不持有健康证等执业主体瑕疵；经检测，其文身所使用的颜料中游离甲醛超标1.2倍，含有毒有害成分，服务内容亦存在缺陷。双方当事人对以上缺陷并无异议，本院予以确认，上述要素应认定构成服务缺陷，侵害消费者权益。因本案所涉消费主体为未成年人，针对这一特殊主体，本院认为，即使章某提供的文身服务无上述缺陷，依然构成对未成年人消费者利益的侵害。

1. 未成年人消费者权益受消费者权益保护法与未成年人保护法的双重保护。文身在历史中长期存在，已经由原始的文化象征符号演化为一门艺术行为和现代时尚生活的展示元素。对于成年人而言，在皮肤表面文身是个人的自由选择，法律并未禁止。但本案所涉文身服务的消费者为未成年人，其合法权益还受到未成年人保护法等法律的保护，故本案所涉法律关系，亦应当受未成年人保护法调整。

2. 未成年人利益受法律特殊保护、优先保护。未成年人群体是整个公民群体中相对成年人而言的弱势群体和特殊群体，对其权利的侵害存在易发、隐蔽、救济困难等特征，故民法总则、未成年人保护法等法律均对未成年人给予特别关注与保护。《中华人民共和国未成年人保护法》第四条规定："保护未成年人，应当坚持最有利于未成年人的原则。处理涉及未成年人事项，应当符合下列要求：（一）给予未成年人特殊、优先保护……"未成年人正值生长发育期，任何作用于未成年人身体的行为均应当受到合理规范，否则将可能改变未成年人正常的身体发育状态，影响其健康成长。未成年人心智尚不成熟，需要不断从外界吸纳各类知识、信息，完成逐渐社会化的过程。未成年人依赖于家长提供的物质条件，生活内容单一，长期处于家庭保护的封闭生活环境，缺乏社会经验,对各类信息的甄别能力不足,易受不良信息误导。因此,《中华人民共和国民法总则》第十九条规定:"八周岁以上的未成年人为限制民事行为能力人,实施民事法律行为由其法定代理人代理或者经其法定代理人同意、追认;但是可以独立实施纯获利益的民事法律行为或者与其年龄、智力相适应的民事法律行为。"将限制民事行为能力人实施的民事法律行为的范围进行合理限缩,防止其因为心智不成熟而遭受利益侵害。

3. 向未成年人提供文身服务损害未成年人利益,违反法律规定。文身本身属于有创行为,通过用针刺破皮肤后将颜料渗入的方式形成永久性色素沉着,产生长期留存的图案,可能导致未成年人皮肤发炎,并伴随感染风险。文身在一定程度上具有不可逆的特征,文身未成年人一旦后悔,悔恨感将长期伴随,造成持久的精神伤害。未成年人文身易遭受社会公众负面评价,并在入学、参军、就业等过程中受阻,影响其成长和发展。文身行为侵害了《中华人民共和国未成年人保护法》规定的未成年人的"生存权、发展权、受保护权、参与权等权利"。

《中华人民共和国未成年人保护法》还规定了"营业性歌舞娱乐场所、互联网上网服务营业场所等不适宜未成年人活动的场所,不得允许未成年人进入;禁止向未成年人出售、出租、传播淫秽、暴力、凶杀、恐怖、赌博等图书、报刊、音像制品、电子出版物以及网络信息;禁止向未成年人出售烟酒"等内容;上述规定均体现法律对于未成年人在健康成长、个人发展等方面的特殊、优先保护,相对于上述商品或服务,文身对未成年人造成的伤害更加严重,违反未成年人保护法最有利于未成年人的原则和对未成年人予以特殊、优先保护的规定。

《中华人民共和国民法总则》第三十四条第一款规定:"监护

人的职责是代理被监护人实施民事法律行为,保护被监护人的人身权利、财产权利以及其他合法权益等。"第三十五条第一款规定:"监护人应当按照最有利于被监护人的原则履行监护职责。监护人除为维护被监护人利益外,不得处分被监护人的财产。"文身并非未成年人生活的必需服务,也非未成年人成长和发展的促进因素,除未成年人存在身体外观矫正等特殊需求情况下,为未成年人文身的行为不具有保护未成年人利益的特征。即使未成年人监护人同意,从被监护人利益最大化的角度,向未成年人提供文身服务的行为也不具有正当性。

综上,章某向未成年人提供文身服务,损害未成年人的身体健康权,不利于未成年人的成长与发展,有碍未成年人充分行使参与社会生活的权利,违反了未成年人保护法、民法总则关于对未成年人、限制行为能力人利益保护的规定,应当认定为《中华人民共和国消费者权益保护法》规定的"法律、法规规定的其他损害消费者权益的情形"。

(二)关于章某向不特定未成年人提供文身服务的行为是否损害社会公共利益问题

公益诉讼起诉人认为,章某向不特定未成年人提供文身服务,影响未成年人就学和就业,不利于未成年人身心健康发展,与未成年人犯罪存在紧密联系,事关家庭核心利益和国家利益,损害社会公共利益。

被告章某辩称,现行法律并未对社会公共利益进行明确界定,不应随意适用。社会公共利益应当关系到全体社会成员或者社会不特定多数人的利益。本案章某的行为,涉及未成年人的利益未达到全体或多数人的程度,不构成对社会公共利益的损害。

本院认为,章某从事的是文身经营活动,该行为具有开放性特征，其在经营过程中，面对不特定文身消费者时并不进行筛选，对未成年人文身行为予以放任，所有可能接触到其经营场所的未成年人都是章某的潜在顾客，文身行为可能在任意未成年人中随时、随机出现，侵害不特定未成年人利益。

法律强调对未成年人给予特殊、优先保护，系基于未成年人是国家和社会发展的继承者与生力军，未成年人的健康成长与发展直接影响国家发展与社会进步的后备力量是否充分，决定社会发展的可持续性。社会应贯彻最有利于未成年人的保护原则，使未成年人群体顺利获得充分发展，深入参与社会生活，最终成长为全面社会化的人，将来培养成有理想、有道德、有文化、有纪律的社会主义建设者和接班人，培养担当民族复兴大任的时代新人，有效担负起国家发展和社会进步的历史责任。

对于特定的未成年人而言，文身存在损害身体健康，妨碍就学、就业等直接后果，而在未成年人群体中，如专家辅助人狄小华陈述，易出现效仿和排斥的双重效应。排斥效应体现在文身未成年人在社会交往中易被标签化，遭受负面社会评价；效仿效应表现在因未成年人心智不成熟、追求个性，群体内部会对文身行为进行学习模仿。

部分涉案文身未成年人即陈述，是看到其他人文身后产生文身的想法，也存在未成年人互相陪同、共同文身的现象，说明文身易在未成年人群体中形成不良氛围。本案中章某为40余名未成年人所文身的艺妓、二郎神、关羽以及"一生苏北""一生毅战"等图案反映，未成年人的文身图案、符号、文字往往传递着封建迷信、江湖义气、帮派文化等有害思想，有悖于健康良好社会风尚的形成，与引导未成年人树立和践行社会主义核心价值观背道而驰，有的甚至还会诱发违法犯罪，进一步扩大文身行为在未成年人群体中的潜在伤害。

未成年人的发展与民族和国家命运紧密关联，未成年人的未来决定国家和民族的未来，全社会都应当重视未成年人保护，未成年人的健康成长是至关重要的国家利益和社会公共利益。《中华人民共和国未成年人保护法》第六条规定，未成年人保护是全社会的共同责任，突出了国家、社会、学校、家庭等对未成年人的多层次保护。国家通过对未成年人的保护谋求社会发展的可持续性，未成年人在社会发展中的重要性日益凸显。未成年人保护存在显著的国家化、社会化、公法化趋势，未成年人利益呈现由私益向公益、未成年人保护职责呈现由监护人个人职责向国家公共职责的转变。当权利侵害行为涉及不特定未成年人的利益时，就不再单纯属于个人利益范畴，而具备了公共利益属性，需要国家和社会积极干预。这既是历史的进步，也是人类文明发展的应然结果。因此，章某向不特定未成年人提供文身服务，侵害了不特定未成年人利益，该行为属于损害社会公共利益的行为。

（三）关于章某应当承担的民事责任问题

公益诉讼起诉人主张，章某从事文身经营活动，如不判令其承担停止侵害的民事责任，则其侵害不特定未成年人利益的可能仍将持续存在。该行为损害社会公共利益，其应当承担向社会公众赔礼道歉的民事责任。

被告章某辩称，其已经停止侵害未成年人利益的行为，故停止侵害的民事责任不具有事实依据；章某并未损害社会公众利益，故不应当向社会公众赔礼道歉。

本院认为，《中华人民共和国民法总则》第一百七十九条，《中华人民共和国侵权责任法》第十五条均规定了对民事责任的承担方式，主要包括停止侵害、排除妨碍、消除危险、赔偿损失、赔礼道歉等，上述方式既可单独适用，也可合并适用。《最高人民法院关于审理消费民事公益诉讼案件适用法律若干问题的解释》第十三条第一款规定："原告在消费民事公益诉讼案件中，请求被告承担停止侵害、排除妨碍、消除危险、赔礼道歉等民事责任的，人民法院可予支持。"

关于章某是否应承担停止侵害的民事责任。本院认为，本案所涉未成年人在接受文身服务时，作出的对其身体进行处分的承诺应属无效，章某向未成年人实施的文身行为，侵害了个体未成年人消费者权益。虽然从该角度而言，文身行为已经结束，但本案系为了维护社会公共利益而提出的民事公益诉讼案件，首要目的是责令经营者停止实施侵害消费领域公共利益和公共秩序的行为，防止损害行为的持续与反复，使损害结果和范围不再继续扩大。虽然章某对涉案特定未成年人的文身服务已经结束，但章某仍在从事文身服务经营。章某在文身经营过程中，侵害不特定未成年人利益的方式是对文身对象不进行审核筛选，经营行为中损害不特定消费者权益的因素始终持续存在，应当予以制止。

章某虽然提供了其拒绝向未成年人文身的微信聊天记录，但聊天记录中章某的单方陈述，具有个人承诺特征，存在随时反复的可能。对章某文身行为中可能侵害未成年人利益的要素，以人民法院禁止性裁判的方式予以固化，成为章某在今后文身经营中的行为边界，防止其文身行为再次踏入未成年人保护的领域，符合公益诉讼的制度目的。因此公益诉讼起诉人的该项诉讼请求，具有事实和法律依据，应予支持。

关于章某是否应承担向社会公众赔礼道歉的民事责任。本院认为，赔礼道歉是一种用于弥补人格性损失的责任承担方式，在侵权责任中通常适用于人身权益被侵害的情形。针对受害人的精神痛苦，由侵害人通过赔礼道歉的方式，承受否定性社会评价，实现对受害人精神损害的弥补。在消费民事公益诉讼中，经营者不当行为造成的损害具有公共利益和个人利益的双重性。经营者不仅侵害了特定消费者的实际利益，也破坏了正常、有序、安全的消费环境和消费秩序，损害了未成年人健康成长这一社会公众共同享有的重要公共利益，给社会公众造成精神伤害。章某辩称其仅应向特定未成年人消费者赔礼道歉，事实上混淆了经营行为损害的私权益与公共利益。即使受损消费者的范围能够确定，与经营者承担向公众赔礼道歉的民事责任亦不存在冲突。

综上所述，本院认为，公益诉讼起诉人主张，章某向不特定未成年人提供文身服务的行为，损害了社会公共利益，应当停止侵害、向社会公众赔礼道歉的诉讼请求，具有事实和法律依据，本院予以支持。章某关于其向未成年人提供文身服务的行为未违反法律规定，不属于侵害未成年人利益的行为，更未损害社会公共利益的抗辩意见，本院不予采信。

根据《中华人民共和国立法法》第九十三条和《最高人民法院关于适用〈中华人民共和国民法典〉时间效力的若干规定》第一条的规定，法律原则上不具有溯及既往的效力，法律施行前的法律事实引起的民事纠纷案件，适用当时的法律规定。同时，《中华人民共和国立法法》第九十三条规定了"法不溯及既往"原则的例外，即"为了更好地保护公民、法人和其他组织的权利和利益而作的特别规定除外"。《最高人民法院关于适用〈中华人民共和国民法典〉时间效力的若干规定》第二条规定，适用民法典在民事纠纷案件中存在"更有利于保护民事主体合法权益，更有利于维护社会和经济秩序，更有利于弘扬社会主义核心价值观"情形的，可以溯及既往。该规定系对立法法中的溯及力例外规则在民事领域适用作出的具体安排,本案系民事纠纷案件,可以参照适用。

章某为未成年人文身的行为始于 2017 年 6 月,持续至 2020 年,均发生于民法典和新修订的《中华人民共和国未成年人保护法》施行之前,原则上应适用行为时的法律规定。本案适用行为时的相关民事法律规范与民法典的规定无实质变化,因此仍应适用行为时的相关民事法律。新修订的《中华人民共和国未成年人保护法》确立了最有利于未成年人保护原则,进一步强化了未成年人保护的理念,明确国家保障未成年人的生存权、发展权、受保护权、参与权等权利,提升了未成年人权益保护力度。该法的修订,更有利于保护未成年人合法权益、规范涉未成年人的社会和经济秩序、弘扬社会主义核心价值观,且该法并未向被告施加具体义务,其承担民事责任的方式及程度并未加重,不存在减损被告利益的情形,因此本案可以适用新修订的《中华人民共和国未成年人保护法》。

依照《中华人民共和国立法法》第九十三条,《中华人民共和国民法总则》第十九条、第三十四条第一款、第三十五条第一款、第一百一十条第一款、第一百七十九条,《中华人民共和国侵权责任法》第二条、第六条、第十五条,《中华人民共和国消费者权益保护法》第四十八条,《中华人民共和国未成年人保护法》第三条第一款、第四条、第六条、第一百条,《最高人民法院关于适用〈中华人民共和国民法典〉时间效力的若干规定》第一条、第二条,《最高人民法院关于审理消费民事公益诉讼案件适用法律若干问题的解释》第一条、第二条、第十三条第一款,《中华人民共和国民事诉讼法》第五十五条、第一百四十二条、第一百四十八条,《中华人民共和国人民陪审员法》第十四条、第十六条,《江苏省人民代表大会常务委员会关于加强检察公益诉讼工作的决定》第三条第一款,《最高人民法院、最高人民检察院关于检察公益诉讼案件适用法律若干问题的解释》第五条第一款、第七条、第十三条第一款、第二款之规定,判决如下:

一、被告章某立即停止向未成年人提供文身服务的行为。

二、被告章某于本判决生效之日起十日内在国家级公开媒体向社会公众书面赔礼道歉(道歉内容须经本院审核);如章某未在上述期限内履行义务,本院将在相关媒体刊登判决书主要内容,所需费用由章某负担。

案件受理费80元,由被告章某负担。

如不服本判决,可以在判决书送达之日起十五日内,向本院递交上诉状,并按对方当事人或者代表人的人数提出副本,上诉于江苏省高级人民法院。

审 判 长 金 飚
审 判 员 周 辉
审 判 员 黄亚非
人民陪审员 蔡 雷
人民陪审员 葛 坤
人民陪审员 刘金艳
人民陪审员 胡 敏
法 官 助 理 王桂禄
书 记 员 冯 邻
二○二一年六月一日

福建省福清市人民检察院督促消除幼儿园安全隐患行政公益诉讼案

（检例第 143 号）

关键词

行政公益诉讼　无证办学　公益诉讼检察建议　社会治理检察建议

要旨

教育服务场所存在安全隐患，但行政监管不到位，侵犯未成年人合法权益的，检察机关可以开展行政公益诉讼，督促行政机关依法充分履职。检察机关在办理未成年人保护公益诉讼案件中，可以综合运用不同类型检察建议，推动未成年人权益保护的源头治理和综合治理。检察机关在督促行政机关依法全面履职过程中，应当推动行政机关选择最有利于保护未成年人合法权益的履职方式。

基本案情

2018 年 3 月以来，福建省福清市音西街道等 7 个街道（镇）

共有无证幼儿园 16 所,在园幼儿约 1500 人。16 所幼儿园均未按规定配备消防设施,未经消防审批验收合格。其中部分幼儿园建在加油站、综合汽车站出入口、高压输变线电力走廊等危险路段,部分幼儿园直接租用普通民宅且在高层建筑内办学,部分幼儿园未经教育局审批擅自改变园址,部分幼儿园使用无资质车辆集中接送幼儿并超载,部分幼儿园玩教具配备、室内外设施设备、保健室设施、卫生设施及其他附属设施配置不达标。

检察机关履职过程

2018 年 3 月,福建省福清市人民检察院在办理三起"黑校车"危险驾驶案过程中,发现部分涉案幼儿园系无证办学,存在安全隐患。经调查核实,前述 16 所幼儿园无证办学违反了《中华人民共和国未成年人保护法》《中华人民共和国民办教育促进法》和住房和城乡建设部、国家发改委批准发布的《幼儿园建设标准》等法律法规、部门规章中关于保障幼儿园场所安全、办学许可证及幼儿园选址、消防等方面的规定要求。福清市教育局作为教育主管部门虽多次发出《责令停止办学行为通知书》,并向相关街道(镇)发函要求取缔,但监管手段有限、处罚措施未落到实处,也未能有效推动相关部门解决问题。无证幼儿园所在街道办事处及镇政府未严格执行《福州市学前教育管理办法》关于依法取缔无证幼儿园的规定,使部分无证幼儿园被检查时停办,检查后又复开。相关人民政府、行政机关履职不到位,使无证幼儿园长期存在,影响幼儿的生命权、健康权、受教育权。

2018 年 4 月,福清市人民检察院向福清市教育局、相关街道办事处和镇政府发出行政公益诉讼诉前检察建议：一是疏堵结合，妥善处理无证幼儿园。对缺乏基本办园条件，存在严重安全隐患的无证幼儿园，依法关停、取缔，并妥善分流在园幼儿和从业人员。对经整改后有条件取得办园许可证的无证幼儿园，主动引导，给予支持，积极促进整改以达到获取办学许可证条件，确保在园幼儿安全、健康。二是科学规划，形成合理布局。科学测算辖区内学龄前儿童数量分布，做好统筹规划工作，引导民办幼儿园合理布局，与公办幼儿园互补互惠。三是齐抓共管，落实主体责任。街道办事处、镇政府应当组织专门力量负责对无证幼儿园实施动态监管、指导整改、依法取缔工作，并协调教育、卫健、消防、物价、食药监局等部门齐抓共管，形成治理合力。福清市教育局、相关街道办事处和镇政府表示曾多次对无证幼儿园作出行政处罚并采取取缔措施，但始终无法根治，这与当地学前教育发展不平衡不充分密切相关，需要多个职能部门协同治理，建议由市政府统筹协调。

为提高监督效果，福清市人民检察院向福清市人民政府发出社会治理检察建议，建议市政府牵头，各部门各司其职，齐抓共管，通过落实责任主体和设定绩效考核指标等方式将无证幼儿园治理工作落到实处。检察建议发出后，福清市人民政府会同福清市人民检察院，召集相关街道（镇）、教育、公安、消防、安监等部门举行圆桌会议，制定联合执法方案，针对无证幼儿园选址布局、消防设施、校车营运、设施配备不达标等方面存在的隐患与问题，进行整改落实，同时明确各部门具体分工，全程监督联合执法进展。经整改，福清市教育局及相关街道（镇）回复检察建议落实情况：3家经整改后符合办学条件的幼儿园已申请并取得办学许可，13家整改后不符合办学条件的均已取缔关停，原在园幼儿已妥善分流至附近公办幼儿园或有资质的民办幼儿园就读。福清市人民检察院持续跟进检察建议的落实情况，定期走访、了解、调查无证幼儿园取缔后是否有反弹现象，并建议福清市人民政府定期组织开展"回头看"工作。

检察机关通过案件办理，既推动消除了幼儿园安全隐患，又妥善解决了幼儿就读问题，取得了良好的社会治理效果。此后，福清市未再发现无证民办幼儿园，政府部门持续推动普惠性幼儿园建设，公办幼儿园学额比为66%，较2017年上升6个百分点，全市普惠学额覆盖率达92.62%。

指导意义

（一）教育服务场所存在安全隐患，行政机关没有充分履职的，检察机关可以开展行政公益诉讼。对未成年人负有教育、照顾、看护等职责的教育服务场所，明知不符合办学条件，存在安全隐患，仍向未成年人开放，使未成年人合法权益面临风险，行政主管部门未依法充分履职，致使公共利益受到侵犯的，检察机关可以依法开展行政公益诉讼。

（二）不同层级人民政府和多个职能部门均具有与涉案事项相关的法定职责的，检察机关可以向能够发挥统筹作用的人民政府发出检察建议。相关人民政府、行政部门未依法完全充分履职导致公益损害的，检察机关可以通过公益诉讼检察建议督促履职。为提升监督效果，可以向能够发挥统筹作用的人民政府发出社会治理检察建议，推动人民政府对下级政府及相关职能部门进行协调调度，形成治理合力。

（三）检察机关应当建议行政机关采用有效履职方式，推动涉及未成年人合法权益问题实质性解决。行政机关对安全隐患无法消除的教育服务场所依法取缔关停时，检察机关应当建议行政机关疏堵结合、分类治理，根据未成年人及家长实际需要妥善安置受教育的未成年人，保障未成年人继续享有接受教育、照顾、看护、健康发展等权利，落实检察公益诉讼双赢多赢共赢理念。

相关规定

1. 《中华人民共和国未成年人保护法》（2020年修订）

第一百零六条　未成年人合法权益受到侵犯，相关组织和个人未代为提起诉讼的，人民检察院可以督促、支持其提起诉讼；涉及公共利益的，人民检察院有权提起公益诉讼。

2. 《中华人民共和国未成年人保护法》（2012年修正）

第二十二条　学校、幼儿园、托儿所应当建立安全制度，加强对未成年人的安全教育，采取措施保障未成年人的人身安全。

学校、幼儿园、托儿所不得在危及未成年人人身安全、健康的校舍和其他设施、场所中进行教育教学活动。

学校、幼儿园安排未成年人参加集会、文化娱乐、社会实践等集体活动，应当有利于未成年人的健康成长，防止发生人身安全事故。

3. 《中华人民共和国行政诉讼法》（2017年修订）

第二十五条　行政行为的相对人以及其他与行政行为有利害关系的公民、法人或者其他组织，有权提起诉讼。

有权提起诉讼的公民死亡，其近亲属可以提起诉讼。

有权提起诉讼的法人或者其他组织终止，承受其权利的法人或者其他组织可以提起诉讼。

人民检察院在履行职责中发现生态环境和资源保护、食品药品安全、国有财产保护、国有土地使用权出让等领域负有监督管理职责的行政机关违法行使职权或者不作为，致使国家利益或者社会公共利益受到侵害的，应当向行政机关提出检察建议，督促其依法履行职责。行政机关不依法履行职责的，人民检察院依法向人民法院提起诉讼。

4.《中华人民共和国民办教育促进法》（2018年修正）

第三条 民办教育事业属于公益性事业，是社会主义教育事业的组成部分。

国家对民办教育实行积极鼓励、大力支持、正确引导、依法管理的方针。

各级人民政府应当将民办教育事业纳入国民经济和社会发展规划。

第十二条 举办实施学历教育、学前教育、自学考试助学及其他文化教育的民办学校，由县级以上人民政府教育行政部门按照国家规定的权限审批；举办实施以职业技能为主的职业资格培训、职业技能培训的民办学校，由县级以上人民政府人力资源社会保障行政部门按照国家规定的权限审批，并抄送同级教育行政部门备案。

第十八条 审批机关对批准正式设立的民办学校发给办学许可证。

审批机关对不批准正式设立的，应当说明理由。

第六十四条 违反国家有关规定擅自举办民办学校的，由所在地县级以上地方人民政府教育行政部门或者人力资源社会保障行政部门会同同级公安、民政或者市场监督管理等有关部门责令停止办学、退还所收费用，并对举办者处违法所得一倍以上五倍以下罚款；构成违反治安管理行为的，由公安机关依法给予治安管理处罚；构成犯罪的，依法追究刑事责任。

5.《最高人民法院、最高人民检察院关于检察公益诉讼案件适用法律若干问题的解释》（法释〔2018〕6号）

第二十一条 人民检察院在履行职责中发现生态环境和资源保护、食品药品安全、国有财产保护、国有土地使用权出让等领域负有监督管理职责的行政机关违法行使职权或者不作为，致使国家利益或者社会公共利益受到侵害的，应当向行政机关提出检察建议，督促其依法履行职责。

行政机关应当在收到检察建议书之日起两个月内依法履行职责，并书面回复人民检察院。出现国家利益或者社会公共利益损害继续扩大等紧急情形的，行政机关应当在十五日内书面回复。

行政机关不依法履行职责的，人民检察院依法向人民法院提起诉讼。

相关法律文书

福建省福清市人民检察院
检察建议书

融检未检建〔2018〕1002号

福清市教育局：

近期，网络曝光多起幼儿园校园侵害事件，这引起社会的广泛关注。为进一步了解我市校园安全状况和幼儿园教育工作情况，近日，我院组织人员走访了音西街道、宏路街道、阳下街道、龙江街道、海口镇、高山镇、沙埔镇等7个镇（街），发现有 14 所幼儿园未经审批擅自开班办学,并存在选址布点不合规、消防未审批、使用无资质车辆集中接送幼儿、园舍设施配置简陋等问题,安全隐患严重,应当引起高度重视。具体问题如下:

一是选址布点不合规。幼儿园布点选址,应当避开危险路段,而海口镇向日葵幼儿园布点于离加油站不足 30 米处、高山镇小白鸽幼儿园紧靠综合汽车站出入口且处于高压输变线电力走廊,为《福州市幼儿园办园基本标准》明确禁止布点办学区域,存在严重安全隐患。多数幼儿园直接租用民宅里办学,园区环境较差,不具备办园基本条件。部分幼儿园未经教育局审批擅自改变园址,违反办园审批程序规定。

二是安全条件不达标。首先,消防设施不达标。根据榕教综〔2010〕38 号《福州市教育局、市公安消防支队关于无证民办幼儿园审批有关事项通知》规定,新开办的幼儿园必依法办理消防审核验收手续。但以上 14 所幼儿园均未按规定配备消防设施,多数园内安全出口、安全疏散楼梯、教室、活动室等出口少于 2 个,未经消防审批验收合格,消防安全无防范。其次,应急能力不达标。未编制突发事件应急预案,未按《福州市幼儿园办园基本标准》配备保安、医务或专职保健人员,未对教职工应对突发事件能力进行培训,应急力量无预备。再者,交通安全不达标。部分幼儿园使用无资质车辆集中接送幼儿,甚至出现超载情况,交通安全无保障。

三是园舍设施不齐全。园舍建筑方面,以上幼儿园均不符合《托儿所、幼儿园建筑设计规范》JCJ39-2016(〔87〕城设字第 466 号)、《福州市幼儿园办园基本标准》等规定的规划、抗震、卫生等方面强制性标准。设施设备方面,玩教具配备、室内外设施设备、保健室设施、卫生设施及其他附属设施配置简陋,制约幼儿身心健康发展。

　　四是教职工配备不到位。人员配备方面，未按规定配备园长、专任教师、保育员、保健员及足额配备教职工数量，出现一人身兼数职情形，致使对幼儿教育关注不周全。资格资历方面，多数教职工未取得资格证或未经岗前培训而无证上岗，存在教职工素质不高问题，影响对幼儿教育保育质量。

　　无证办园以及无证园凸显出问题，成为幼儿教育久治不愈的顽疾，究其原因在于：一是市场需求较大。首先，公立园资源稀缺，学额有限，无法满足入园需求，给无证园提供生存空间；其次，无证园能提供寄宿、寄午服务，给忙于生计家庭提供便利，而该部分家庭往往对办园条件要求不高。二是经济利益驱动。无证园使用园舍多为租用商业场所或者民宅，设施设备、教职工配备大多不达标，创办成本低、利润较高，经营者在利益驱动下，无视法律法规，肆意办学，甚至扩张。三是审批条件严格。当前，对幼儿园的办学规模、场地面积、师资配备、消防设施要求严格，致使部分相对优质民办幼儿园无法取得审批，民间资金也望而却步。四是监督管理乏力。首先，对无证园违法违规惩处力度较小且监督持续性不强，部分幼儿园受检时停办，受检后又复开；其次，镇（街）政府、教育、卫生、消防等部门未形成监管合力，对无证园处罚和取缔力度不够。

　　本院认为，未经审批举办幼儿园行为，违反了《中华人民共和国民办教育促进法》第十二条、第十八条第一款、《幼儿园管理条例》第十一条的规定。根据《中华人民共和国民办教育促进法》第六十四条、《幼儿园管理条例》第二十七条、第二十九条的规定，对未经登记注册，擅自招收幼儿的，由教育行政部门依法给予限期整顿、停止招生、停止办园的行政处罚，当事人逾期不申请复议或者不向人民法院提起诉讼又不履行处罚决定的，由作出处罚决定的机关申请人民法院强制执行。为了保障幼儿人身安全和身心健康，根据《人民检察院检察建议工作规定（试行）》的规定，特提出如下检察建议：

一、疏堵结合，妥善处理无证园

针对本辖区内无证园举办情况进行全面摸底调查，并采用"一园一策"办法，结合实际对无证园进行分类处理。对于缺乏基本办园条件如在民宅里办园，存在严重安全隐患的无证园，坚决予以关停、取缔，并妥善分流在园幼儿和从业人员；对于符合基本办园要求，有条件取得办园许可证的无证园，要主动引导整改，并根据整改情况颁发办学许可证。

二、树立典型，形成头雁效应

对于已经审批的民办园，可以根据生数给予财政补助，也可以制定优惠政策给予税费减免，减轻经营负担，进而引导改善办学条件，规范办学行为，提高保教质量，力求办出特色，办出水平，对表现突出园所，给予表彰奖励，树立典型，形成头雁先飞领飞、群雁跟飞齐飞的局面，促进其他无证园积极主动配合整改，也促进民间资金投资学前教育。

三、科学规划，形成合理布局

学前教育发展要符合城镇化进程中人口变动情况，要科学测算辖区内学龄前儿童数量分布，本着方便群众接送、靠近居民区原则，做好统筹规划工作，引导民办幼儿园合理布局，解决公办幼儿园资源不足问题，与公办幼儿园互补互惠，避免出现布局不平衡或者"入园难"情况。

四、齐抓共管，落实责任主体

无证园是一个复杂的社会问题，必须综合治理，并落实责任主体。你局应当组织专门力量负责对无证园实施动态监管、指导整改以及行政执法工作，通过责任主体的落实，将无证园综合治理工作落到实处并常抓不懈，避免出现运动式、走过场式的监管形态。此外，要协同镇（街）、卫生、消防、物价、食药监局等部门齐抓共管，形成监管合力，共同治理好无证园问题。

当前，我国社会主要矛盾已经转化为人民日益增长的美好生活需要和不平衡不充分发展之间的矛盾。学前教育发展水平关系儿童健康成长和国家、民族未来，也作为千家万户对美好生活需要，解决学前教育发展不平衡不充分问题迫在眉睫。

请你局依法及时对上述无证园作出限期整顿，停止招生、停止办园的行政处罚，若当事人逾期不申请复议或者不向人民法院提起诉讼又不履行处罚决定的，你局可向福清市人民法院申请强制执行。以上建议请研究落实，并将结果函告我院。

福清市人民检察院
二〇一八年四月十六日

福清市教育局关于对
福清市人民检察院检察建议书的反馈

福清市人民检察院：

贵院于2018年4月16日送达我局的检察建议书（融检未检建〔2018〕1002号），要求对现有的14所无证民办幼儿园作出限期整顿、停止招生、停止办园的行政处罚。我局高度重视，对

无证办园坚持"零容忍",现将无证幼儿园清理整顿工作情况反馈如下:

1. 2018年3月28日向相关镇(街)发出要求对无证幼儿园进行清理整顿的函告,请求镇(街)予以取缔。

2. 我局于2018年5月7日签发《福清市教育局关于联合执法取缔无证民办幼儿园的请示》(融教〔2018〕122号)提交福清市人民政府,提请市政府召集政府办、民政、教育、公安(含治安大队、消防大队、交警大队、当地派出所)、安监、市场监管、卫计、交通、电力、水务、效能、各镇(街)和新闻媒体研究采取有力措施联合执法,坚决取缔民间无证幼儿园,消除安全隐患。

3. 2018年5月14日我局向福清市检察院提交申请报告,申请召开诉前圆桌会议,坚决取缔无证幼儿园,以维护我市学前教育管理秩序。

4. 福清市政府、市检察院于5月22日召集相关镇(街)及部门召开专题会议,研究部署联合执法取缔无证幼儿园行动方案。

5. 2018年5月28日,我局向相关部门(公安局、治安大队、消防大队、交警大队、市监局、城管局、安监局、供电公司、水务公司等)发出了《福清市教育局关于福清市高山小白鸽幼儿园等14所无证幼儿园相关问题的抄告函》(融教〔2018〕171号),请求相关部门采取有力措施,对无证办园依法处罚。

6. 2018年5月18日经市政府研究同意,向各镇(街)人民政府(办事处)、市直各有关单位下发了《福清市人民政府办公室关于印发联合执法取缔无证幼儿园工作方案的通知》(融政办〔2018〕67号),要求各部门认真贯彻执行,坚决取缔无证幼儿园。

7. 5月28日教育局向无证幼儿园家长分发《致家长一封信》，并张贴《关于联合执法取缔无证幼儿园的通告》。

8. 6月12日至14日由市政府牵头，联合公安局治安大队、交警大队、消防大队、规划局、市场监管局、城管局、安监局、教育局、供电公司、水务公司、相关镇（街）等单位对全市16所无证幼儿园进行联合检查。

9. 6月19日市政府召开专题会议，听取6月12日至14日对全市16所无证幼儿园进行联合检查的情况汇报，针对联合执法取缔无证园有关问题，向相关镇（街）及部门下达"福清市人民政府办公室文件办理告知单"（编号：FQGZ2018B606MS），明确各部门职责分工，落实工作责任，确保无证民办幼儿园得到有效整治。同时要求由各镇（街）负责，及时组织"回头看"，做到发现一家，查处一家，防止整治后出现反弹，巩固整治效果。同时要建立长效管理机制，及时发现、上报和取缔无证民办幼儿园。

10. 2018年6月19日我局向国家电网供电公司发出关于对福清市高山小白鸽幼儿园等16所无证幼儿园决定采取停限电措施的函（融教〔2018〕198号），请供电公司于2018年7月15日前对福清市高山小白鸽幼儿园等16所无证民办幼儿园停止供电服务，断开接入市电网设施。

11. 2018年6月21日我局在福清市人民政府网站教育专栏及福清市教育局微学堂向社会发布了《福清市教育局关于清理整顿无证民办幼儿园的通告》，广电局、侨乡报社等单位对我市全面开展无证幼儿园清理整顿工作进行系列宣传报道，形成取缔无证民办幼儿园的舆论高压态势。

12. 根据"福清市人民政府办公室文件办理告知单"（编

号：FQGZ2018B606MS）的要求，由各镇（街）牵头组织，市供电公司、水务公司负责，市教育局、公安局（安排属地派出所）配合，安排人员对排查出的无证民办幼儿园于7月15日前进行了断水、断电，7月20日之前将取缔情况以书面形式上报了市政府办公室社会事务科。目前，上述16所无证幼儿园已全部断水断电，没有发现再开班办学，已全部依法取缔。

福清市教育局

2018年7月25日

贵州省沿河土家族自治县人民检察院
督促履行食品安全监管职责行政公益诉讼案

（检例第 144 号）

关键词

行政公益诉讼　校园周边食品安全　线索发现　跟进监督　提起诉讼

要旨

检察机关在履职中可以通过多种渠道发现未成年人保护公益诉讼案件线索。消除校园周边食品安全隐患，规范校园周边秩序，是未成年人保护公益诉讼检察的重点领域。对于易发多发易反弹的未成年人保护顽疾问题，检察机关应当在诉前检察建议发出后持续跟进监督，对于行政机关未能依法全面、充分履职的，应依法提起诉讼，将公益保护落到实处。

基本案情

2018 年秋季学期开学后，贵州省铜仁市沿河土家族自治县（以下简称"沿河县"）民族小学等 7 所中小学周边存在流动食品经营者占道制售肠粉、炒粉、油炸土豆、奶茶等食品，供周边中小学生食用的问题。流动食品经营者在未依法办理食品经营相关手续的情况下，以车辆为餐饮作业工具，未配备食品经营卫生设施，未按规定公示健康证明，未穿戴清洁的工作衣帽，所售卖食品存在安全隐患，影响中小学生身体健康，同时占道经营行为严重影响交通安全和社会管理秩序。

检察机关履职过程

（一）调查核实和督促履职

2018年9月，检察机关接到人大代表和家长师生反映，沿河县民族小学等学校周边存在流动食品经营者以车辆为餐饮作业工具，违法向未成年学生售卖食品的现象，影响未成年人食品安全、交通安全和校园周边秩序。获取该线索后，沿河县人民检察院经调查认为：流动食品经营者未经办理经营许可或备案登记等相关手续即以车辆为餐饮作业工具进行食品经营活动，存在食品卫生安全隐患，危害未成年人身体健康，对校园周边交通安全和社会秩序造成影响。沿河县市场监管局怠于履行食品安全监督管理职责，导致食品经营者在中小学校园周边占道经营、制售食品的行为形成多发乱象，侵犯了未成年人合法权益，遂决定作为行政公益诉讼案件予以立案。

9月13日，沿河县人民检察院依法向沿河县市场监管局发出行政公益诉讼诉前检察建议，建议其依法履行职责，依法调查处理城区学校周边的流动食品经营者违法经营行为。11月12日，沿河县市场监管局书面回复称，已取缔了所有学校周边以车辆为餐饮作业工具的食品经营活动，对校园周边环境联合开展了专项执法检查。沿河县人民检察院对诉前检察建议落实情况进行跟踪监督，发现沿河县市场监管局在检察机关发出检察建议后，虽采取了取缔、劝离等措施，但食品经营者以流动作业方式在校园周边向未成年学生制售食品的问题仍时常反弹，未能得到有效遏制，社会公共利益持续处于受侵犯状态。

（二）诉讼过程

2019年8月8日，沿河县人民检察院根据贵州省高级人民法院关于行政案件集中管辖的规定，向贵州省铜仁市思南县人民法院提起行政公益诉讼，请求确认被告沿河县市场监管局对城区校园周边无证食品经营者的违法经营行为怠于履行监督管理职责违法，判决沿河县市场监管局对城区校园周边无证食品经营者的违法经营行为依法履行职责。

12月27日，思南县人民法院公开开庭审理本案。沿河县市场监管局辩称，其不具有划定临时区域和固定时段供食品摊贩经营的职责，无直接管理流动食品摊贩的职权。沿河县人民检察院答辩指出，食品摊贩是食品经营者的类型之一。对食品安全的保护是未成年人保护的重要内容，不应因食品经营者无固定经营场所而放松对食品安全的监管。根据《中华人民共和国食品安全法》《贵州省食品安全条例》及市场监管局"三定"方案等规定，市场监管局承担食品生产经营监督管理职责，负有食品安全监督管理，组织实施食品生产经营许可管理，指导食品生产小作坊、小餐饮登记管理和食品小摊贩备案管理的职责，对违法情形应当由其责令改正、给予警告、处以罚款及没收违法所得等。2020年8月1日，思南县人民法院作出判决，支持沿河县人民检察院全部诉讼请求。沿河县市场监管局未提出上诉。

判决生效后，沿河县人民检察院持续监督判决的执行，并促成沿河县人民政府牵头制定《沿河土家族自治县城区校园周边食品安全综合治理实施方案》，组织沿河县市场监管局、城市管理局、公安局、教育局、街道办事处开展城区校园周边食品安全综合治理专项行动，加强法治宣传，划定经营区域，引导流动食品经营者进行备案登记、规范经营。该县中小学校园周边流动食品经营者的经营和生活得到保障，校园周边环境秩序和交通安全得到有效治理。

指导意义

（一）全面正确理解"履职中发现"的含义，多渠道拓展案件线索来源。未成年人保护公益诉讼案件线索，既可以在办理其他涉未成年人案件中发现，也可以通过人大代表、政协委员转交、新闻媒体反映以及法治副校长送法进校园、开展未成年人保护主题检察开放日活动、参加未成年人保护联席会议等渠道发现。要立足法律监督职能，注意拓展未成年人保护案件线索发现渠道，通过依法履职，切实维护未成年人合法权益。

（二）校园周边食品安全涉及未成年人合法权益，是未成年人保护检察公益诉讼的工作重点。食品安全事关未成年人身心健康。消除校园周边食品安全隐患，维护校园周边秩序和交通安全，是未成年人保护检察公益诉讼的工作重点。负有监管职责的行政机关不依法充分履职，致社会公共利益持续处于被侵犯状态的，检察机关应当认真分析研究行政机关监管职责，合理确定监督对象，以促使全面履职、有效整改。

（三）检察机关履行公益诉讼职责，应当持续跟进监督，推动问题整改落实到位。对于校园周边食品安全等易发多发易反弹的未成年人保护顽疾问题，检察机关发出公益诉讼诉前检察建议后，要持续跟进落实。行政机关根据诉前检察建议采取了监督管理措施，但未成年人合法权益受侵犯状态尚未得到有效遏制或隐患尚未消除的，要结合行政机关的职责范围、履职条件、履职方式、履职效果等进行综合分析，行政机关未依照法律规定全面、充分履职的，检察机关应当依法提起诉讼。

相关规定

1. 《中华人民共和国未成年人保护法》（2020年修订）

第一百零六条　未成年人合法权益受到侵犯，相关组织和个人未代为提起诉讼的，人民检察院可以督促、支持其提起诉讼；涉及公共利益的，人民检察院有权提起公益诉讼。

2. 《中华人民共和国食品安全法》（2018年修订）

第二条　在中华人民共和国境内从事下列活动，应当遵守本法：

（一）食品生产和加工（以下称食品生产），食品销售和餐饮服务（以下称食品经营）；

（二）食品添加剂的生产经营；

（三）用于食品的包装材料、容器、洗涤剂、消毒剂和用于食品生产经营的工具、设备（以下称食品相关产品）的生产经营；

（四）食品生产经营者使用食品添加剂、食品相关产品；

（五）食品的贮存和运输；

（六）对食品、食品添加剂、食品相关产品的安全管理。

供食用的源于农业的初级产品（以下称食用农产品）的质

量安全管理，遵守《中华人民共和国农产品质量安全法》的规定。但是，食用农产品的市场销售、有关质量安全标准的制定、有关安全信息的公布和本法对农业投入品作出规定的，应当遵守本法的规定。

第三十三条　食品生产经营应当符合食品安全标准，并符合下列要求：

（一）具有与生产经营的食品品种、数量相适应的食品原料处理和食品加工、包装、贮存等场所，保持该场所环境整洁，并与有毒、有害场所以及其他污染源保持规定的距离；

（二）具有与生产经营的食品品种、数量相适应的生产经营设备或者设施，有相应的消毒、更衣、盥洗、采光、照明、通风、防腐、防尘、防蝇、防鼠、防虫、洗涤以及处理废水、存放垃圾和废弃物的设备或者设施；

（三）有专职或者兼职的食品安全专业技术人员、食品安全管理人员和保证食品安全的规章制度；

（四）具有合理的设备布局和工艺流程，防止待加工食品与直接入口食品、原料与成品交叉污染，避免食品接触有毒物、不洁物；

（五）餐具、饮具和盛放直接入口食品的容器，使用前应当洗净、消毒，炊具、用具用后应当洗净，保持清洁；

（六）贮存、运输和装卸食品的容器、工具和设备应当安全、无害，保持清洁，防止食品污染，并符合保证食品安全所需的温度、湿度等特殊要求，不得将食品与有毒、有害物品一同贮存、运输；

（七）直接入口的食品应当使用无毒、清洁的包装材料、餐具、饮具和容器；

（八）食品生产经营人员应当保持个人卫生，生产经营食品时，应当将手洗净，穿戴清洁的工作衣、帽等；销售无包装的直接入口食品时，应当使用无毒、清洁的容器、售货工具和设备；

（九）用水应当符合国家规定的生活饮用水卫生标准；

（十）使用的洗涤剂、消毒剂应当对人体安全、无害；

（十一）法律、法规规定的其他要求。

非食品生产经营者从事食品贮存、运输和装卸的，应当符合前款第六项的规定。

第三十五条　国家对食品生产经营实行许可制度。从事食品生产、食品销售、餐饮服务，应当依法取得许可。但是，销售食用农产品，不需要取得许可。

县级以上地方人民政府食品安全监督管理部门应当依照《中华人民共和国行政许可法》的规定，审核申请人提交的本法第三十三条第一款第一项至第四项规定要求的相关资料，必要时对申请人的生产经营场所进行现场核查；对符合规定条件的，准予许可；对不符合规定条件的，不予许可并书面说明理由。

第三十六条　食品生产加工小作坊和食品摊贩等从事食品生产经营活动，应当符合本法规定的与其生产经营规模、条件相适应的食品安全要求，保证所生产经营的食品卫生、无毒、无害，食品安全监督管理部门应当对其加强监督管理。

县级以上地方人民政府应当对食品生产加工小作坊、食品摊贩等进行综合治理，加强服务和统一规划，改善其生产经营环境，鼓励和支持其改进生产经营条件，进入集中交易市场、店铺等固定场所经营，或者在指定的临时经营区域、时段经营。

食品生产加工小作坊和食品摊贩等的具体管理办法由省、自治区、直辖市制定。

第一百二十二条 违反本法规定，未取得食品生产经营许可从事食品生产经营活动，或者未取得食品添加剂生产许可从事食品添加剂生产活动的，由县级以上人民政府食品安全监督管理部门没收违法所得和违法生产经营的食品、食品添加剂以及用于违法生产经营的工具、设备、原料等物品；违法生产经营的食品、食品添加剂货值金额不足一万元的，并处五万元以上十万元以下罚款；货值金额一万元以上的，并处货值金额十倍以上二十倍以下罚款。

明知从事前款规定的违法行为，仍为其提供生产经营场所或者其他条件的，由县级以上人民政府食品安全监督管理部门责令停止违法行为，没收违法所得，并处五万元以上十万元以下罚款；使消费者的合法权益受到损害的，应当与食品、食品添加剂生产经营者承担连带责任。

第一百二十六条 违反本法规定，有下列情形之一的，由县级以上人民政府食品安全监督管理部门责令改正，给予警告；拒不改正的，处五千元以上五万元以下罚款；情节严重的，责令停产停业，直至吊销许可证：

（一）食品、食品添加剂生产者未按规定对采购的食品原料和生产的食品、食品添加剂进行检验；

（二）食品生产经营企业未按规定建立食品安全管理制度，或者未按规定配备或者培训、考核食品安全管理人员；

（三）食品、食品添加剂生产经营者进货时未查验许可证和相关证明文件，或者未按规定建立并遵守进货查验记录、出厂检验记录和销售记录制度；

（四）食品生产经营企业未制定食品安全事故处置方案；

（五）餐具、饮具和盛放直接入口食品的容器，使用前未经洗净、消毒或者清洗消毒不合格，或者餐饮服务设施、设备未按规定定期维护、清洗、校验；

（六）食品生产经营者安排未取得健康证明或者患有国务院卫生行政部门规定的有碍食品安全疾病的人员从事接触直接入口食品的工作；

（七）食品经营者未按规定要求销售食品；

（八）保健食品生产企业未按规定向食品安全监督管理部门备案，或者未按备案的产品配方、生产工艺等技术要求组织生产；

（九）婴幼儿配方食品生产企业未将食品原料、食品添加剂、产品配方、标签等向食品安全监督管理部门备案；

（十）特殊食品生产企业未按规定建立生产质量管理体系并有效运行，或者未定期提交自查报告；

（十一）食品生产经营者未定期对食品安全状况进行检查评价，或者生产经营条件发生变化，未按规定处理；

（十二）学校、托幼机构、养老机构、建筑工地等集中用餐单位未按规定履行食品安全管理责任；

（十三）食品生产企业、餐饮服务提供者未按规定制定、实施生产经营过程控制要求。

餐具、饮具集中消毒服务单位违反本法规定用水，使用洗涤剂、消毒剂，或者出厂的餐具、饮具未按规定检验合格并随附消毒合格证明，或者未按规定在独立包装上标注相关内容的，由县级以上人民政府卫生行政部门依照前款规定给予处罚。

食品相关产品生产者未按规定对生产的食品相关产品进行检验的，由县级以上人民政府食品安全监督管理部门依照第一款规定给予处罚。

食用农产品销售者违反本法第六十五条规定的，由县级以上人民政府食品安全监督管理部门依照第一款规定给予处罚。

3.《中华人民共和国行政诉讼法》（2017年修订）

第二十五条　行政行为的相对人以及其他与行政行为有利害关系的公民、法人或者其他组织，有权提起诉讼。

有权提起诉讼的公民死亡，其近亲属可以提起诉讼。

有权提起诉讼的法人或者其他组织终止，承受其权利的法人或者其他组织可以提起诉讼。

人民检察院在履行职责中发现生态环境和资源保护、食品药品安全、国有财产保护、国有土地使用权出让等领域负有监督管理职责的行政机关违法行使职权或者不作为，致使国家利益或者社会公共利益受到侵害的，应当向行政机关提出检察建议，督促其依法履行职责。行政机关不依法履行职责的，人民检察院依法向人民法院提起诉讼。

4.《最高人民法院、最高人民检察院关于检察公益诉讼案件适用法律若干问题的解释》（法释〔2018〕6号）

第二十一条　人民检察院在履行职责中发现生态环境和资源保护、食品药品安全、国有财产保护、国有土地使用权出让等领域负有监督管理职责的行政机关违法行使职权或者不作为，致使国家利益或者社会公共利益受到侵害的，应当向行政机关提出检察建议，督促其依法履行职责。

行政机关应当在收到检察建议书之日起两个月内依法履行职责，并书面回复人民检察院。出现国家利益或者社会公共利益损害继续扩大等紧急情形的，行政机关应当在十五日内书面回复。

行政机关不依法履行职责的，人民检察院依法向人民法院提起诉讼。

相关法律文书

贵州省思南县人民法院
行政判决书

（2019）黔0624行初171号

公益诉讼起诉人：沿河土家族自治县人民检察院

被告：沿河土家族自治县市场监督管理局

法定代表人：刘某，沿河土家族自治县市场监督管理局局长

出庭负责人：肖某某，副局长

委托诉讼代理人：侯广（一般代理）

委托诉讼代理人：任海军（一般代理），某律师事务所律师

公益诉讼起诉人沿河土家族自治县人民检察院（以下简称"沿河县检察院"）认为被告沿河土家族自治县市场监督管理局（以下简称"沿河县市场监管局"）不履行食品安全监督管理的法定职责，于2019年8月8日向本院提起食品安全监督管理行政公益诉讼。本院同日立案后，依法向被告送达了公益诉讼起诉书副本及应诉通知书，并依法组成合议庭公开开庭审理了本案。沿河县检察院指派检察员龚自飞出庭履行职务，被告沿河县市场监管局出庭负责人肖某某及委托诉讼代理人侯广、任海军到庭参加诉讼。本案现已审理终结。

公益诉讼起诉人沿河县检察院诉称，2018年秋季开学以来，在沿河土家族自治县（以下简称"沿河县"）民族小学、县二完小、县三完小、县四完小、县五完小、县六完小、县第四中学等校园周边的街道及人行道路上，流动食品摊贩在未办理食品经营许可证手续情况下，以车辆为餐饮作业工具，向学生售卖肠粉、

炒粉、油炸土豆等食品。流动食品摊贩未配备食品经营卫生设施，未按规定公示其备案材料和健康证明，也未穿戴清洁的工作服，其经营的食品存在严重安全隐患，危害学生身体健康。2018年9月13日，沿河县检察院向沿河县市场监管局发出检察建议，督促其依法履行职责，对城区校园周边食品摊贩违法经营行为依法调查处理。2018年11月12日，沿河县市场监管局书面回复称，已按检察建议要求依法驱离取缔了所有学校校园周边的流动食品摊贩。2019年3月27日、5月7日至5月9日，沿河县检察院在开展公益诉讼"回头看"专项活动中，经调查核实，沿河县城区校园周边仍存在流动食品摊贩违法经营食品行为，沿河县市场监管局仍未依法正确履行职责，社会公共利益仍处于受侵害状态。沿河县检察院认为，根据《中华人民共和国食品安全法》第三十六条"……食品生产加工小作坊和食品摊贩等的具体管理办法由省、自治区、直辖市制定。"《贵州省食品安全条例》第六条"食品药品监督管理部门承担食品生产经营、食用农产品市场销售等监督管理职责"和中共沿河县县委办公室沿委办字（2019）53号文件第三条"县市场监督管理局……主要职责……（十）负责食品安全监督管理。组织实施食品生产经营许可管理，指导食品生产小作坊、小餐饮登记管理和食品小摊贩备案管理……"之规定，沿河县市场监管局负有食品安全监督管理职责。《贵州省食品安全条例》第四十七条"食品摊贩的生产经营活动应当符合下列要求……（二）有符合卫生要求的食品销售、餐饮服务设施和废弃物收集设施……（六）从业人员保持个人卫生，制作、销售直接入口食品时，穿戴清洁的工作衣、帽、口罩……（八）在显著位置公示备案证明材料和从业人员健康证明……"第八十三条"违反本条例第四十七条第一款第二项至第九项规定的,由食品药品监督管理部门责令改正,给予警告,并处以50元以上200元以下罚款;情节严重的,没收违法所得、违法经营的食品和用于违法经营的工具、设备、原料等物品"之规定,沿河县市场监管局未依法对沿河县城区校园周边流动摊贩违法经营食品行为进行查处,在检察机关发出检察建议督促后,仍未依法履行职责,致使社会公共利益仍处于受侵害状态。根据《中华人民共和国行政诉讼法》第二十五条第四款之规定提起诉讼,请求:(1)确认沿河县市场监管局对县城区校园周边食品经营者违法经营行为怠于履行监管职责违法;(2)判决沿河县市场监管局对县城区校园周边食品经营者违法经营行为依法履行职责。

公益诉讼起诉人沿河县检察院向本院提供了下列证据、依据:(1)沿河县检察院统一社会信用代码证书、《贵州省人民检察院关于沿河县人民检察院拟对沿河县市场监督管理局提起行政公益诉讼一案的批复》,旨证沿河县检察院提起行政公益诉讼主体适格;(2)沿河县市场监管局统一社会信用代码证书、《中共沿河土家族自治县委办公室、沿河土家族自治县人民政府办公室关于印发〈沿河土家族自治县市场监督管理局(沿河土家族自治县知识产权局)职能配置、内设机构和人员编制规定〉的通知》,旨证沿河县市场监管局主体资格,对校园周边食品摊贩具有监督管理职责;(3)现场图片(2018年9月11日、12日),旨证沿河县一完小、三完小、五完小、第四中学等城区学校校园周边食品摊贩违法经营行为;(4)检察建议书及回复,旨证沿河县检察院履行诉前程序督促沿河县市场监管局依法履职,在规定期限内沿河县市场监管局回复称已按检察建议要求彻底整改;(5)回访照片一(2019年3月27日),旨证沿河县检察院回访调查中，发现县城区校园周边食品摊贩违法经营行为仍然存在；（6）沿河县检察院与沿河县市场监管局座谈会会议记录，旨证沿河县检察院回访发现问题，与沿河县市场监管局召开座谈会，再次督促其依法履职；（7）回访图片二（2019年5月7日、8日、9日），旨证沿河县检察院再次回访调查发现县城区校园周边食品摊贩违法经营仍存在；（8）对沿河县市场监管局执法大队大队长侯某的询问笔录，旨证沿河县市场监管局对校园周边食品摊贩违法经营行为只是进行驱逐、撤离，未依法进行罚款等行政处罚；（9）对食品经营者马某某、黎某某、陈某某、陈某、田某某、侯某某、许某某、肖某某等的询问笔录，旨证其经营未办理备案登记等相关手续，开学以来在校园门口经营，县城管进行执法检查过，要求其规范收集垃圾，县市场监管局未对其执法检查，也未对其作出行政处罚；（10）县民族小学（一完小）、县五完小等学校出具的书面说明，旨证开学以来学校周边食品摊贩违法经营行为，对学生生命健康和人身安全造成威胁；（11）对李某某的询问笔录，旨证校园周边食品摊贩存在安全隐患，被告未履行法定职责。

被告沿河县市场监管局辩称，被告不是本案的适格主体。首先，给流动食品摊贩划定临时区域（点）和固定时段供其经营的职责依法属于县（市、区）和乡（镇）人民政府、街道办事处（社区），不属于被告的职责范围，根据《中华人民共和国食品安全法》第三十六条及《贵州省食品安全条例》第四十二条第一款之规定"县（市、区）和乡（镇）人民政府、街道办事处（社区）应当依法划定符合城乡规划要求的临时区域（点）和固定时段供食品摊贩经营……"，被告是无权给流动食品摊贩划定临时区域（点）和固定时段供其经营的。其次，食品摊贩实行备案登记管理，根据《贵州省食品安全条例》第四十三条之规定"食品摊贩实行备案管理，食品摊贩向经营所在地的乡（镇）人民政府、街道办事处（社区）申请备案后，方可在划定区域和时段从事食品经营活动。乡（镇）人民政府、街道办事处（社区）应当及时将备案情况通报所在地食品安全监督管理部门和城市管理部门"，被告并无直接管理流动食品摊贩的权利，流动食品摊贩的管理具体应由乡（镇）人民政府、街道办事处（社区）进行备案登记管理，之后再由乡（镇）人民政府、街道办事处（社区）将已备案登记的流动食品摊贩情况通报被告，但乡（镇）人民政府、街道办事处（社区）至今未将已备案登记的流动食品摊贩情况通报给被告，故被告无权管理流动食品摊贩。最后，公益诉讼起诉人在其诉状中称被告未依法对沿河县城区校园周边食品摊贩违法经营食品行为进行查处，无事实和法律依据。根据《贵州省食品安全条例》第四十六条第二款之规定"城市管理部门依法查处划定区域外占用道路及其他公共场所的食品摊贩违法生产经营食品行为"，依法查处沿河县城区校园周边食品摊贩违法经营食品行为应属城市管理部门的职责，而不是被告的职责范围，公益诉讼起诉人要求被告查处沿河县城区校园周边食品摊贩违法经营食品行为，于法无据。综上所述，无论是给流动食品摊贩划定临时区域和固定时段让其从事食品经营活动，还是具体管理流动食品摊贩，亦或是对流动食品摊贩的违法生产经营食品的行为进行查处，均不是被告的职责范围，因此被告与本案并无直接利害关系，依法不是本案的适格主体，故恳请人民法院依据《最高人民法院关于适用〈中华人民共和国民事诉讼法〉的解释》第二百零八条之规定驳回公益诉讼起诉人的起诉。

被告沿河县市场监管局向本院提交了下列证据、依据：（1）《中共中央、国务院关于深化改革加强食品安全工作的意见》《中共沿河土家族自治县委办公室、沿河土家族自治县人民政府办公室关于印发〈沿河土家族自治县市场监督管理局（沿河土家族自治县知识产权局）职能配置、内设机构和人员编制规定〉的通知》，旨证根据《中共中央、国务院关于深化改革加强食品安全工作的意见》第四十一条，《中共沿河土家族自治县委办公室、沿河土家族自治县人民政府办公室关于印发〈沿河土家族自治县市场监督管理局（沿河土家族自治县知识产权局）职能配置、内设机构和人员编制规定〉的通知》第三条第（十）项、第三条第（二十四）项第五款的规定，依法查处校园周边流动摊贩，市场外食品及其他商品摊贩摆摊设点的监督执法工作，不在被告的职责范围内；（2）沿河县市场监管局对校园及周边食品安全履职资料汇编（一）（二），旨证被告收到检察建议后和之前，及时对校园及周边食品安全进行了检查；（3）遵义市精科信检测有限公司回复函，旨证目前国家没有熟食安全标准，无法抽样检验，故被告没有处罚事实依据。

经庭审质证，对公益诉讼起诉人沿河县检察院提供的证据、依据，被告沿河县市场监管局的质证意见为：对第1组证据无异议；对第2组证据真实性无异议，对关联性和证明目的有异议；对第3组证据"三性"有异议；对第4组证据"三性"无异议；对第5组证据"三性"有异议；对第6组证据"三性"无异议；对第7组证据"三性"均有异议；对第8组证据真实性无异议，对证明目的有异议；对第9组证据不能达到公益诉讼起诉人的证明目的，恰好证明了被告没有管理职责；对第10组证据"三性"均有异议；对第11组证据超过了举证期限，对真实性、合法性均有异议,达不到公益诉讼起诉人的证明目的。

对被告沿河县市场监管局提交的证据、依据,公益诉讼起诉人沿河县检察院的质证意见为:对第1组证据客观性和合法性无异议,关联性恰恰证明了被告对市场监督管理活动具有监督管理职责;对第2组证据真实性与合法性无异议,但是对证明目的有异议,被告没有完全履行法定职责;对第3组证据合法性和客观性无异议,对证明目的有异议,被告应该履行监管职责。

本院对上述证据认证如下:

公益诉讼起诉人沿河县检察院提供的证据、依据来源合法,内容客观真实,与本案具有关联性,予以采信。

被告沿河县市场监管局提交的证据、依据来源合法,内容客观真实,与本案具有关联性,予以采信。

经审理查明,2018年秋季开学以来,在沿河县民族小学、县二完小、县三完小、县四完小、县五完小、县六完小、县第四中学等学校校园周边存在食品经营者以三轮车为餐饮作业工具向学生售卖肠粉、炒粉、油炸土豆和酸梅汤等食品。食品经营者未配备食品经营卫生设施,未办理食品经营许可证,未按规定公示健康证明,未穿戴清洁工作服。因上述食品存在严重安全隐患,2018年9月13日,公益诉讼起诉人沿河县检察院向被告沿河县市场监管局发出检察建议,建议被告沿河县市场监管局依法履行职责,对城区学校周边食品经营者的违法经营行为依法调查处理等。当月,被告沿河县市场监管局收到检察建议后联合沿河县城市管理局对校园周边食品经营者进行驱离。2018年11月12日,被告沿河县市场监管局向公益诉讼起诉人沿河县检察院书面回复已按检察建议要求履行职责。2019年3月27日、5月7日至5月9日,公益诉讼起诉人沿河县检察院在回访中发现上述校园周边仍存在较多食品经营者违法经营行为。2019年5月23日至6月20日，被告沿河县市场监管局在沿河县城区中小学周边开展食品安全专项整治行动，对食品经营者生产原料、生产过程进行现场检查，对健康证、原料来源进行核查，对校园周边食品无证经营者进行摸底排查。2019年8月8日，公益诉讼起诉人沿河县检察院向本院提起行政公益诉讼。

本院认为，根据《中华人民共和国行政诉讼法》第二十五条第四款关于"人民检察院在履行职责中发现生态环境和资源保护、食品药品安全、国有财产保护、国有土地使用权出让等领域负有监督管理职责的行政机关违法行使职权或者不作为，致使国家利益或者社会公共利益受到侵害的，应当向行政机关提出检察建议，督促其依法履行职责。行政机关不依法履行职责的，人民检察院依法向人民法院提起诉讼"的规定，公益诉讼起诉人沿河县检察院提起本案诉讼主体适格；根据《中华人民共和国食品安全法》第六条及《中共沿河土家族自治县委办公室、沿河土家族自治县人民政府办公室关于印发〈沿河土家族自治县市场监督管理局（沿河土家族自治县知识产权局）职能配置、内设机构和人员编制规定〉的通知》第三条第（十）项规定，被告沿河县市场监管局具有对本行政辖区范围内食品安全监督管理的职能职责，是本案适格被告。关于公益诉讼起诉人沿河县检察院提出确认被告沿河县市场监管局对县城区校园周边食品摊贩违法经营行为怠于履行监管职责违法的诉讼请求。经查，《中华人民共和国食品安全法》第三十五条第一款规定："国家对食品生产经营实行许可制度。从事食品生产、食品销售、餐饮服务，应当依法取得许可。"公益诉讼起诉人沿河县检察院在发现沿河县城区校园周边存在食品经营者未办理食品安全许可证售卖食品等行为后，依法向被告沿河县市场监管局发出检察建议，督促其依法履行职责。被告沿河县市场监管局收到检察建议后，仅仅对相关食品无证经营者进行驱离，在向沿河县检察院回复已按照要求履职后，沿河县城区校园周边仍存在较多食品经营者违法经营行为，沿河县市场监管局仍仅对沿河县城区校园周边食品经营者开展执法检查，未采取积极有效监督管理措施予以遏制，致使沿河县城区校园周边食品安全隐患未得以消除。被告沿河县市场监管局怠于履行食品安全监管职责的行为客观存在。故关于公益诉讼起诉人该项诉讼请求的理由成立，本院予以支持。关于公益诉讼起诉人沿河县检察院提出判决被告沿河县市场监管局对县城区校园周边食品摊贩违法经营行为依法履行职责的诉讼请求。经查，在公益诉讼起诉人沿河县检察院发出检察建议后至本案审理期间，被告沿河县市场监管局均未向本院提交沿河县城区中小学周边食品安全隐患已得到消除的证据，社会公共利益持续处于受侵害状态。被告沿河县市场监管局依法应当采取积极有效措施履行食品安全监督管理的法定职责。故关于公益诉讼起诉人的该项诉讼请求的理由成立，本院予以支持。综上，为保护社会公共利益不受侵害，监督行政机关依法行使职权，依照《最高人民法院、最高人民检察院关于检察公益诉讼案件适用法律若干问题的解释》第二十五条第一款第（一）项，判决如下：

一、确认被告沿河土家族自治县市场监督管理局对沿河土家族自治县城区校园周边食品经营者违法经营行为怠于履行监督管理职责违法。

二、责令被告沿河土家族自治县市场监督管理局对沿河土家族自治县城区校园周边食品经营者违法经营行为依法履行法定职责。

如不服本判决，可在判决书送达之日起十五日内向本院递交上诉状，并按对方当事人的人数提交上诉状副本，上诉于贵州省铜仁市中级人民法院。

审　判　长　任廷文
审　判　员　周宗荣
审　判　员　田茂江
人民陪审员　刘仁易
人民陪审员　谭正阶
人民陪审员　梁祖双
人民陪审员　毛爱珍
书　记　员　周冬玲
书　记　员　黄雪雷
二〇二〇年八月一日

江苏省溧阳市人民检察院督促整治网吧违规接纳未成年人行政公益诉讼案

(检例第145号)

关键词

行政公益诉讼　不适宜未成年人活动场所　社会支持体系　综合治理

要旨

不适宜未成年人活动场所违规接纳未成年人进入，损害未成年人身心健康，易滋生违法犯罪，侵犯社会公共利益。检察机关应当依法履行公益诉讼职责，推动行政机关落实监管措施。充分发挥未成年人检察工作社会支持体系作用，促进社会综合治理，形成未成年人保护合力。

基本案情

2019年以来，江苏省溧阳市所辖市区及农村地区部分网吧存在违规接纳未成年人上网的问题。有的网吧未在入口处显著位置悬挂未成年人禁入标志，有的网吧经营者在未成年人进入网吧时未要求其出示身份证件并核对年龄,有的网吧经营者发现未成年人进入后,仍然使用成年人身份证帮助其开户上网,家长多次反映但未能得到解决。

检察机关履职过程

2019年11月,江苏省溧阳市人民检察院在办理未成年人孟某某盗窃案中发现,溧阳市辖区内多家网吧违规接纳未成年人上网,部分未成年人甚至通宵在网吧上网。溧阳市人民检察院通过发放120份调查问卷、调查走访全市所有58家网吧等方式,全面了解辖区内未成年人随意进出网吧的数量和比例,发现120名受访未成年人中曾随意进出网吧未受制止的占32%。未成年人出入网吧影响身心健康,易沾染不良习气,甚至滋生违法犯罪问题。根据《中华人民共和国未成年人保护法》、国务院《互联网上网服务营业场所管理条例》相关规定,市文体广电和旅游局负责对依法设立的互联网上网服务营业场所的经营活动进行监督管理。

2020年3月2日,溧阳市人民检察院向市文旅局发出行政公益诉讼诉前检察建议:一是结合实际情况,处罚涉案网吧;二是联合相关部门,推动专项执法;三是发挥社会力量,加强监督宣传;四是加强监督管理,规范网吧经营;五是完善制度,建立长效机制。

收到检察建议后,市文旅局对涉案网吧分别给予警告并罚款3000元的行政处罚,对相关责任人进行约谈。市文旅局、市公安局运用信息技术,联合推出双重严防系统,在全市所有网吧内全部强制上线运行,将网吧经营管理后台数据接入公安机关,实现对网吧运行数据的有效监控，确保从源头上杜绝网吧违规接纳未成年人现象。市文旅局在全市开展了为期6个月的"清风行动"，通过定期通报、签订承诺书、"文明网吧"创建等形式，推动网吧规范经营。

5月2日，市文旅局向检察机关书面回复检察建议落实情况，提出进一步加强网吧监管的工作措施：一是严格审批，强化退出机制，对违法违规的网吧一律列入黑名单；二是对照标准，完善监管体系，会同公安机关建设信息化监管平台；三是依法管理，推进社会监督，聘请200余名市场监督员对网吧进行监督；四是定人定岗，实行网格监管，全市每个网吧均有对应的管理执法人员，进行滚动式巡查；五是严管重罚，在寒假、暑假和法定节假日开展专项治理。

溧阳市人民检察院与市文旅局、市公安局召开联席会议，从2020年6月开始开展三个月的"回头看"工作。检察机关将办案中发现的放任未成年人进入营业性娱乐场所、酒吧、网吧的未成年人父母或其他监护人情况，向妇联、关工委等通报，推动妇联、关工委发挥自身优势，动员社会力量，开展家庭教育指导。积极协同相关职能部门，链接司法社工、"五老"、社区网格员、志愿者等多方资源力量，推动构建常态化监管网络体系，有效防止网吧违规接纳未成年人进入的问题复发和反弹。溧阳市人民检察院注重延伸办案效果，扩大保护范围，牵头与市教育局、公安局、司法局、团市委、卫健局、妇联等6家单位会签《关于加强未成年人权益保护的意见》，建立市青少年法治教育基地，推动形成全市未成年人保护大格局。

指导意义

（一）不适宜未成年人活动的场所多次违规接纳未成年人进入，行政监管不到位的，检察机关可以通过行政公益诉讼督促监管履职。营业性娱乐场所、酒吧、网吧等不适宜未成年人活动场所违规接纳未成年人，以及旅馆、宾馆、酒店等住宿经营者违规接待未成年人入住等，易对未成年人身心健康造成不良影响甚至诱发违法犯罪。上述违规行为发现难、监管难、易反弹，检察机关发现行政机关未依法充分履行监管执法职责的，可以通过行政公益诉讼，督促和支持行政机关依法履职，及时查处违规接纳未成年人的行为，避免出现侵犯未成年人合法权益和诱发违法犯罪等危害后果。

（二）充分发挥未成年人检察工作社会支持体系作用，促进构建未成年人保护大格局。检察机关在积极履行未成年人司法保护职责的同时，应当充分发挥未成年人检察工作社会支持体系优势，加强跨部门协同协作，引入并汇聚更多社会资源和专业力量参与，深入推进未成年人检察办案与社会化保护优势互补，促进齐抓共管和协同治理，以更强的综合保护合力，促进未成年人保护法律规定不折不扣地落到实处。

相关规定

1.《中华人民共和国未成年人保护法》（2020年修订）

第一百零六条 未成年人合法权益受到侵犯，相关组织和个人未代为提起诉讼的，人民检察院可以督促、支持其提起诉讼；涉及公共利益的，人民检察院有权提起公益诉讼。

2.《中华人民共和国未成年人保护法》(2012年修正)

第三十六条　中小学校园周边不得设置营业性歌舞娱乐场所、互联网上网服务营业场所等不适宜未成年人活动的场所。

营业性歌舞娱乐场所、互联网上网服务营业场所等不适宜未成年人活动的场所，不得允许未成年人进入，经营者应当在显著位置设置未成年人禁入标志；对难以判明是否已成年的，应当要求其出示身份证件。

第六十六条　在中小学校园周边设置营业性歌舞娱乐场所、互联网上网服务营业场所等不适宜未成年人活动的场所的，由主管部门予以关闭，依法给予行政处罚。

营业性歌舞娱乐场所、互联网上网服务营业场所等不适宜未成年人活动的场所允许未成年人进入，或者没有在显著位置设置未成年人禁入标志的，由主管部门责令改正，依法给予行政处罚。

3.《中华人民共和国行政诉讼法》(2017年修订)

第二十五条　行政行为的相对人以及其他与行政行为有利害关系的公民、法人或者其他组织，有权提起诉讼。

有权提起诉讼的公民死亡，其近亲属可以提起诉讼。

有权提起诉讼的法人或者其他组织终止，承受其权利的法人或者其他组织可以提起诉讼。

人民检察院在履行职责中发现生态环境和资源保护、食品药品安全、国有财产保护、国有土地使用权出让等领域负有监督管理职责的行政机关违法行使职权或者不作为，致使国家利益或者社会公共利益受到侵害的，应当向行政机关提出检察建议，督促其依法履行职责。行政机关不依法履行职责的，人民检察院依法向人民法院提起诉讼。

4.《互联网上网服务营业场所管理条例》（2019年修订）

第二十一条　互联网上网服务营业场所经营单位不得接纳未成年人进入营业场所。

互联网上网服务营业场所经营单位应当在营业场所入口处的显著位置悬挂未成年人禁入标志。

第三十一条　互联网上网服务营业场所经营单位违反本条例的规定，有下列行为之一的，由文化行政部门给予警告，可以并处15000元之下的罚款；情节严重的，责令停业整顿，直至吊销《网络文化经营许可证》：

（一）在规定的营业时间以外营业的；

（二）接纳未成年人进入营业场所的；

（三）经营非网络游戏的；

（四）擅自停止实施经营管理技术措施的；

（五）未悬挂《网络文化经营许可证》或者未成年人禁入标志的。

5.《最高人民法院、最高人民检察院关于检察公益诉讼案件适用法律若干问题的解释》（法释〔2018〕6号）

第二十一条　人民检察院在履行职责中发现生态环境和资源保护、食品药品安全、国有财产保护、国有土地使用权出让等领域负有监督管理职责的行政机关违法行使职权或者不作为，致使国家利益或者社会公共利益受到侵害的，应当向行政机关提出检察建议，督促其依法履行职责。

行政机关应当在收到检察建议书之日起两个月内依法履行职责，并书面回复人民检察院。出现国家利益或者社会公共利益损害继续扩大等紧急情形的，行政机关应当在十五日内书面回复。

行政机关不依法履行职责的,人民检察院依法向人民法院提起诉讼。

相关法律文书

江苏省溧阳市人民检察院
检察建议书

溧检行公〔2020〕32048100004 号

溧阳市文体广电和旅游局:

本院在涉及未成年人的法律监督工作中发现,我市一些营业性网吧违反相关法律规定,存在多次接纳未成年人上网等情况,严重影响到未成年人的身心健康,侵害了社会公共利益。

本院依法进行了调查。现查明:

本院在办案中发现,孟某某等未成年人经常前往位于溧阳市溧城镇南大街、唐家村等地的多家经营性网吧去上网,孟某某多次进出网吧时,网吧经营者未要求其出示身份证直接使用他人的身份证件为其开户上网,或者其出示身份证后,网吧经营者发现其是未成年人仍然使用他人的身份证件为其开户上网,导致他和其他未成年人多次通宵在该网吧上网,沾染了不良的社会风气,影响了未成年人的身心健康,并间接导致了孟某某在初三时辍学。孟某某的父亲多次到相关部门反映但未有处理结果。

本院认为,根据《中华人民共和国未成年人保护法》第六十六条规定"互联网上网服务营业场所等不适宜未成年人活动的场所允许未成年人进入,或者没有在显著位置设置未成年人禁入标志的,由主管部门责令改正,依法给予行政处罚。"《娱乐场所管理条例》第四十八条规定"违反本条例规定，有下列情形之一的，由县级人民政府文化主管部门没收违法所得和非法财物，并处违法所得1倍以上3倍以下罚款；没有违法所得或者违法所得不足1万元的，并处1万元以上3万元以下的罚款；情节严重的，责令停业整顿1个月至6个月：……（四）游艺娱乐场所设置的电子游戏机在国家法定节假日外向未成年人提供的……"《互联网上网服务营业场所管理条例》第二十一条规定"互联网上网服务营业场所经营单位不得接纳未成年人进入营业场所。互联网上网服务营业场所经营单位应当在营业场所入口处的显著位置悬挂未成年人禁入标志。"第三十一条规定"互联网上网服务营业场所经营单位违反本条例的规定，有下列行为之一的，由文化行政部门给予警告，可以并处15000元之下的罚款；情节严重的，责令停业整顿，直至吊销《网络文化经营许可证》……（二）接纳未成年人进入营业场所的……"文化部《关于加大对网吧接纳未成年人违法行为处罚力度的通知》中规定"对一次接纳2名以下未成年人的网吧，依法责令停业整顿30日；一年内2次接纳2名以下未成年人的网吧，依法吊销《网络文化经营许可证》。"贵单位作为负责对网吧经营活动的监督管理部门应当履行监管职责。现根据《中华人民共和国行政诉讼法》第二十五条第四款和《最高人民法院、最高人民检察院关于检察公益诉讼案件适用法律若干问题的解释》第二十一条的规定，向你单位提出如下检察建议：

一、结合检察建议，处罚涉事网吧。建议对检察建议涉及的相关网吧接纳未成年人上网的情况进一步调查核实，对涉事网吧依据相关法律法规作出处罚决定。并将涉事网吧列入专项执法行动时的重点排查对象。

二、联合相关部门，推动专项执法。建议联合市公安局会同本院对辖区内所有网吧进行一次大清查，并设置"红橙黑"色彩预警牌区分规范经营程度，对校园周边等重点地区进行监管，开展未成年人进网吧专项整治活动，采取定期排查与突击检查相结合的方式，杜绝未成年人上网等不规范问题。

三、发挥社会力量，加强监督宣传。建议在网络、市区、小区、学校等公布监督电话，鼓励群众积极举报网吧容留未成年人上网等问题，监督网吧更加守法规范经营；加大宣传力度，可联合溧阳市教育局，通过家长微信群、告家长的一封信、签订承诺书等方式，形成社会、学校、家庭"三位一体"的帮助未成年人戒网瘾行动。

四、加强监督管理，规范网吧经营。严格执行《互联网上网服务营业场所管理条例》和《娱乐场所管理条例》等相关规定，加强对网吧的技术监管和实时在线监测，分区管理，责任到人，一旦发现未成年人上网或者冒用成年人身份证上网等问题，立即要求整改，并根据相关规定予以严肃处理。

五、注重制度完善，建立长效机制。对现有相关制度进一步抓落实、抓完善，建立未成年人进网吧长效监管机制，重点针对网吧违规接纳未成年人问题和实名登记上网问题进行讲评分析，通过组织学习《未成年人保护法》《预防未成年人犯罪法》等法律法规让其意识到未成年人上网的危害性，提高网吧业主的守法经营意识，从源头上主动遏制未成年人上网行为。

请于收到本检察建议书后两个月内依法履行职责，并书面回复本院。

关于《检察建议书》的答复

溧阳市人民检察院：

收到贵院《检察建议书》溧检行公〔2020〕32048100004号后，我局党委高度重视，针对检察建议，立即召开了专题会议，成立了由执法大队大队长蔡佳林任组长的工作专班，认真剖析我局在执法监督中存在的工作漏洞，确保《检察建议书》中明确的违规问题整治到位，有效堵塞工作漏洞。一是严厉处罚涉案网吧。根据工作部署，我局执法大队组织执法人员对涉案相关网吧进行了突击深入检查，核实了溧城镇南大街、唐家村等网吧违规接纳未成年人上网的事实，并按照《中华人民共和国未成年人保护法》《互联网上网服务营业场所管理条例》等规定，对溧城镇南大街、唐家村等3家网吧进行了立案处理，并对相关责任人进行了约谈。二是积极组织联合执法活动。疫情过后，我局将联合市公安局，与贵院一起，以涉案网吧和校园周边网吧为重点场所，以查处网吧接纳未成年人为重点内容，开展集中整治活动，通过处罚一批、关停一批、吊销一批，形成震慑力，彻底杜绝网吧接纳未成年人的违规行为。

为更有效地对网吧实施监管，倡导绿色上网，文明上网，有序竞争的行业风气，严厉打击网吧接纳未成年人违规行为，促进网吧行业健康、平稳、有序发展，我局将从四个方面着手加强对网吧的长效管理工作。

一、加强领导，进一步强化责任意识。因机构改革，文旅大队整合，成立市文化市场综合行政执法大队，新组建的文化市场综合行政执法大队保留了网络文化执法中队，来加强对网络文化市场（包括网吧）的监管。2020年我局将召开专题工作会议，认真分析当前网吧管理的重点、难点，制定网吧管理责任清单，明确工作目标、工作重点，以及工作步骤、工作要求，对网吧定人定岗，实行网格化管理。从讲政治的高度，做到早动员、早部署、早整治，切实把网吧管理工作抓紧、抓细、抓实。

二、宣教并重，进一步强化思想认识。一是充分利用广播、电视、报纸、宣传画廊、网吧QQ、微信平台等宣传教育阵地的优势进行宣传造势，向社会公布举报电话（12318），从而形成社会公众人人参与网吧管理的良好氛围。二是积极组织普法宣传日活动，通过展板、发放宣传手册、面对面解答等形式，向广大市民宣传《互联网上网服务营业场所管理条例》和相关网吧管理的法律法规，切实提高社会公众对网吧管理的参与度和认知度。三是以会带训，组织召开网吧管理法律法规培训会议，签订网吧规范管理责任书，进一步提高网吧经营者的责任意识，从而真正从思想上和行动上自觉遵守网吧管理的各项规定。四是对立案查处的违规案件在社会公众平台进行公示，在电视、报纸等媒体上进行曝光，并以通报的形式送到每个经营者手中，增强对违规行为查处的震慑力。五是在学校加大宣传教育力度，通过家长会、课堂教育、升旗仪式、签名活动等形式对家长进行宣传，对学生进行教育，让广大学生自觉远离网吧。

三、评优推先，进一步净化行业风气。一是大力开展"文明网吧"创建活动。通过"文明网吧"创建活动，提升网吧的服务质量，增强网络文化经营企业的信誉和社会责任，树立榜样，弘扬诚信的行业风气，促进互联网上网服务营业场所健康有序发展，为营造良好的上网风气创造条件。二是积极推进网吧转型升级。积极帮经营单位分析市场，寻找市场竞争的附加值，帮助经营单位在不违反政策和服务原则的条件下，努力满足消费者的各方面需求，不断完善硬件设施和软件设施，不断提高服务质量和市场竞争力。

四、依法行政，进一步提升监管能力。

1. 严格审批，强化退出机制。自2015年，全国放开网吧的审批工作后，对网吧的政策更为宽松，为加强网吧管理，我局将严把审批关，科学规划布局，严格落实审批的各项政策，切实守住"学校200米内不准设立网吧"的红线，确保网吧行业的平稳有序发展。同时，建立"黑名单"制度，对严重违法违规的网吧一律列入黑名单，"宽进严出"，严格退出机制。

2. 对照标准，完善监管体系。为进一步健全完善网吧监管系统，做到人防、技防结合，确保网吧规范经营，文化、公安协作配合，按上级要求构建了立体化监管平台。目前全市所有网吧都安装了监管软件和视频监管系统，实行了刷卡、刷脸、手机捆绑式上网（身份证信息必须与持证人信息一样才可开卡上网），监管平台的建立对网吧规范经营、有效遏制未成年人进入以及震慑不法分子起到了积极作用。

3. 依法管理，推进社会监督。一是充分发挥义务监督员尤其是"五老"义务监督员的作用。我局先后聘请了人大代表、政协委员、记者、教师和"五老"等文化市场监督员200余名，对文化市场进行了有效的监督，将网吧监督管理的触角延伸到网吧、学校和社区。二是畅通维权渠道，快速高效处置举报、投诉。通过设立举报电话、媒体曝光等途径，接受群众举报、投诉，做到实名举报必检查、检查结果必答复。2020年，网吧管理没有一份人大建议和政协提案，群众举报答复率和满意率均为100%。

4. 定人定岗，实行网格化监管。为切实加强网吧规范化经营，掌握网吧的发展动态，我局将对网吧实行网格化管理，定人定岗，全市每一个网吧都有对应的管理执法人员，执法人员将定期对所管辖的网吧进行全天候、滚动式巡查，并及时通报网吧管理情况，此项措施的实行，将切实增强执法人员的责任意识，促进网吧的规范经营，震慑不法行为。

5. 严管重罚，开展专项治理。我局对网吧管理始终保持高压态势，对违规经营的网吧始终坚持快速有效的打击，严管重罚，发现一起查处一起，决不手软。所有案件实行网上公示，杜绝人情案、关系案。同时，我局在加强日常监管的同时，根据不同阶段、不同时期，将有针对性地开展一些专项治理工作，如元旦、春节期间文化市场专项整治行动，暑期网吧专项整治行动，特殊时期（如法定节假日、学生放学后等）网吧专项整治行动等，在专项整治行动中，我局始终做到统一部署、统一指挥、统一行动，对整治中发现的问题，严格按照法律法规的规定，严肃查处。

规范网络文化市场经营秩序是一项长期的任务，工作任重道远，责无旁贷，我局将不断加大监管力度，完善管理措施，加强协同配合，依法规范市场，大力推进"文明网吧""平安网吧"创建工作，彻底杜绝网吧接纳未成年人的违规行为，有效促进我市网络文化市场健康有序发展。

溧阳市文体广电和旅游局
2020.5.2

第二部分

最高人民检察院第三十五批指导性案例权威解读

"积极履行公益诉讼检察职责 依法保护未成年人合法权益"新闻发布会实录

(2022年3月7日)

- 发布时间：2022年3月7日
- 发布内容：最高检举行"积极履行公益诉讼检察职责 依法保护未成年人合法权益"新闻发布会，发布最高检第三十五批指导性案例，介绍检察机关开展未成年人保护公益诉讼工作情况，并回答记者提问。
- 发布地点：最高人民检察院
- 主 持 人：李雪慧　最高人民检察院新闻发言人
- 出席人员：那艳芳　最高人民检察院第九检察厅厅长
           陈　晓　最高人民检察院第九检察厅副厅长
           蔡永成　浙江省人民检察院第九检察部负责人

[李雪慧] 各位记者朋友，大家上午好！欢迎参加最高人民检察院新闻发布会。今天发布会的主题是"积极履行公益诉讼检察职责 依法保护未成年人合法权益"。

出席今天发布会的嘉宾是：最高人民检察院第九检察厅厅长那艳芳、副厅长陈晓，浙江省人民检察院第九检察部负责人蔡永成。

今天的发布会主要有两项议程：一是发布最高检第三十五批指导性案例（未成年人保护检察公益诉讼主题），介绍检察机关开展未成年人保护公益诉讼工作情况；二是回答记者提问。

少年强则国强。党的十八大以来，以习近平同志为核心的党中央高度重视未成年人保护工作，多次作出重要指示。去年6月1日，新修订的未成年人保护法将未成年人保护纳入了公益诉讼的法定范畴。检察机关认真贯彻落实党中央决策部署，切实履行"公共利益代表"的神圣职责，坚持"最有利于未成年人"工作理念和原则，不仅关注未成年人权益受到侵害的个案，同时关注侵犯未成年人公共利益的问题，办理了一批未成年人权益保护公益诉讼案件，取得了良好的政治效果、法律效果和社会效果。

现在，进行第一项议程，发布未成年人保护检察公益诉讼指导性案例，介绍检察机关开展未成年人保护公益诉讼工作情况。指导性案例已作为发布会材料印发给大家。下面请那艳芳厅长介绍检察机关开展未成年人保护公益诉讼工作情况。

[那艳芳] 各位记者朋友，大家上午好！未成年人是祖国的未来、民族的希望。党和国家历来高度重视未成年人健康成长，特别是党的十八大以来，以习近平同志为核心的党中央对未成年人保护工作作出一系列重要决策部署，修订未成年人保护法和预防未成年人犯罪法，成立国务院未成年人保护工作领导小组，构建"家庭、学校、社会、网络、政府、司法"六大保护体系，推动未成年人保护法律制度不断完善，工作体系不断健全，取得历史性成就。

作为国家法律监督机关，检察履职贯穿未成年人司法保护全过程，在未成年人保护大格局中肩负重要使命。近年来，我们坚持以习近平法治思想为指引,认真贯彻《中共中央关于加强新时代检察机关法律监督工作的意见》,切实担当"两法"赋予的更重责任,最高检专设负责未成年人检察工作的第九检察厅,将涉及未成年人的刑事、民事、行政、公益诉讼"四大检察"职能交由未成年人检察部门统一集中行使,着力加强未成年人全面综合司法保护,推动"六大保护"相融与共。

但是,我们在履职中发现,未成年人保护工作在许多方面仍有待加强。全社会形成共识、一体贯彻落实"两法"的主动性、自觉性还不够,"六大保护"落实力度不一、效果参差不齐,未成年人特殊、优先保护法律政策落实还有不小差距。比如,涉及未成年人的食品药品安全问题时有发生,校园安全隐患没有根治,宾馆、酒店、网吧、酒吧等违规接纳未成年人问题屡禁不止,侵犯未成年人个人信息权益现象比较突出,一些商家向未成年人销售烟酒、以没有明令禁止为由为未成年人文身等等。这也反映出对未成年人的综合保护、相互协同方面存在一些短板和不足,影响了未成年人保护工作成效。

党的十八届四中全会提出探索建立检察机关提起公益诉讼制度,为检察机关以法治思维和法治方式推动解决未成年人保护的综合性、社会性问题提供了实践路径。近年来,各地检察机关聚焦食品药品安全等与未成年人切身利益密切相关领域,积极、稳妥开展公益诉讼,有效发挥保护未成年人公共利益的制度效能,办理了一批典型案件和精品案件。

2021年6月1日,新修订的未成年人保护法将检察机关的实践探索上升为法律制度,明确规定未成年人合法权益受到侵犯,涉及公共利益的,人民检察院有权提起公益诉讼,为履行未成年人保护检察公益诉讼职责提供了更为有力的实体法依据。

下面，我就全国检察机关开展未成年人保护公益诉讼检察工作的主要情况向大家作一介绍。

一、未成年人保护公益诉讼检察工作的主要做法和成效

一是加大办案力度，推动解决未成年人公益保护难点痛点问题。各级检察机关聚焦人民群众关心关切、社会反应强烈的未成年人公益保护突出问题，积极、稳妥开展未成年人保护公益诉讼检察工作，推动办案规模和办案质效双提升。

2021年，全国检察机关未成年人保护公益诉讼立案6633件，是2020年的4.2倍，是2018年、2019年两年总和的3.3倍。其中，办理食品药品安全等传统领域公益诉讼案件1957件，占比29.5%；办理新类型公益诉讼案件4676件，占比70.5%，涉及向未成年人销售烟酒、网络游戏、未成年人活动场所和设施安全、校园周边安全以及点播影院、电竞酒店、密室剧本杀等新兴业态治理，通过未成年人检察工作的履职担当和积极作为，不断破解人民群众在未成年人保护方面的"急难愁盼"问题。

二是探索办案规律，不断深化未成年人全面综合司法保护。未成年人检察业务统一集中办理工作是最高检党组落实党中央部署要求，加强新时代未成年人检察工作的创新举措，目的是强化对未成年人的全面综合司法保护，防止保护未成年人权益各管一段、顾此失彼。这样的制度创设为开展未成年人保护检察公益诉讼提供了强有力支撑。

近年来，检察机关在集中办理涉未成年人刑事、民事、行政案件的同时，注重发挥"四大检察"统筹一体、融合式监督的优势，主动、及时发现个案背后侵犯未成年人公共利益的突出问题，提升公益诉讼在线索发现、证据获取方面的质效。本批指导

性案例有4件都是依托未检业务统一集中办理优势,在涉未成年人刑事案件中发现公益损害线索,进而提起公益诉讼的。

三是注重办案规范,强化重点案件督办指导。未成年人保护检察公益诉讼是维护未成年人公共利益的新型诉讼机制,需要检察机关在加大办案力度的同时,严格把握办案程序和实体规范。

近年来,最高检充分发挥检察一体化优势,建立重大敏感案件报告、诉前公告审查、跨行政区划案件联动等工作机制,对于疑难、复杂、影响大的案件,通过加强督办指导,帮助办案单位找准症结,选准角度,严谨规范办理。比如,检例第141号,就是最高检直接指导并参与办理、四级检察机关联动取得突破的重点个案,有效示范、引领了办案实践。同时,指导各地遵循未成年人司法内在规律和要求,在办案中总结形成了贯彻最有利于未成年人原则、运用未检社会支持体系等体现未成年人检察特色的办案理念和办案方法。

四是加强沟通协作,形成未成年人保护合力。各级检察机关主动对接未成年人家庭、学校、社会、网络、政府保护中的司法需求,加强与公安、法院、政府有关部门以及共青团、妇联、关工委等组织的协作配合,建立健全线索移送、案件通报、信息交流、联席会议、专业咨询等工作协调机制,合力开展涉未成年人公共利益重点领域治理,共同补齐未成年人保护社会治理短板。这批发布的指导性案例,都是检察机关针对易发多发易反弹的未成年人保护顽疾问题,促推政府和行政机关、群团组织联动治理,取得良好效果的个案示范。

二、下一步工作考虑

检察机关将认真落实《中共中央关于加强新时代检察机关

法律监督工作的意见》，持续贯彻落实"两法"，进一步提升未成年人检察公益诉讼工作水平，努力推动"六大保护"有机融合、一体落实。

一是积极主动履职。检察机关将积极回应人民群众期待，牢牢抓住公益这个核心，以深入开展未成年人检察"质量建设年"活动为契机，持续加大办案力度，重点围绕家庭、学校、社会、网络、政府等领域侵犯未成年人公共利益问题，积极开展公益诉讼工作，力争取得更多的进展和成效，更好满足人民群众对未成年人司法保护的企盼和需求。

二是提升工作质效。最高检将研究制定未成年人公益诉讼检察工作相关规范性文件和指导性意见，指导各地检察机关提升履职办案的精准性、规范性和实效性。今年将召开全国检察机关未成年人检察业务统一集中办理暨综合司法保护工作推进会，进一步总结成效经验，解决工作中存在的问题，推动未成年人公益诉讼检察工作高质量发展。

三是强化案例指导。最高检将加大案例指导力度，持续深入总结各地的办案经验，提炼体现未成年人保护特点特色的办案规则和有益经验。目前正在收集、总结涉未成年人"四大检察"综合司法保护的案例，将通过持续制发指导性案例、典型案例等方式，给各地更多的参照借鉴和示范引领。

记者朋友们，未成年人保护没有最好只有更好。检察机关将立足检察履职融入其他"五大保护"，以检察之力促各方合力，努力做到"1+5>6""1+5='实'"，为未成年人保护作出新的更大贡献！

[李雪慧] 谢谢那厅长。为了便于大家更好地了解掌握指导性案例，现在请陈晓副厅长补充介绍一下本批案例的有关情况。

[陈晓] 这批案例是从各省级院报送的40余件优秀案例中精选出来的，案件办理主要有以下几个特点：

一是体现最有利于未成年人原则。这是未成年人保护公益诉讼检察工作始终坚持和贯彻践行的工作理念和基本原则。检察机关办理未成年人保护公益诉讼案件，注重维护未成年人的长远利益和根本利益，综合考虑未成年人身心特点和健康发展需要，选择最有利于未成年人的方案和措施，给予未成年人特殊、优先保护。尤其是当未成年人的利益与其他相关因素交织甚至发生冲突，而法律规定不够明确具体时，坚持以保护未成年人利益作为首要考量。这批发布的文身案例就是运用这一原则的示范。

二是体现综合司法保护理念。未成年人保护案件中一个侵害行为往往涉及多个法律关系。强化综合司法保护，是未成年人保护检察公益诉讼的一大特色。综合司法保护不是把公益诉讼与刑事、民事、行政等案件办理简单"叠加"和"物理"组合，而是一体推动公益诉讼线索发现、调查取证、综合治理等工作，以各项职能的统筹运用、"化学"融合，全方位保护未成年人合法权益。

三是体现主动融入"五大保护"理念。新修订的未成年人保护法构建了家庭、学校、社会、网络、政府、司法"六大保护"体系，要求"六大保护"协同发力，检察机关在履行未成年人保护公益诉讼职责时，注重互促共融，以公益保护促推家庭、学校、社会、网络、政府保护落实落地，努力实现"1+5>6='实'"，合力护航未成年人健康成长。

四是体现督导不替代的理念。未成年人保护是事关国家治理体系和治理能力现代化的一项系统工程，需要各职能部门各司其职、各负其责、协力推进。检察机关开展未成年人保护行政公益诉讼，立足法律监督职责定位，督促相关职能部门履职尽责，并不是替代职能部门去做具体工作。

五是体现标本兼治的理念。未成年人保护公益诉讼的目的，在于抓前端、治未病，促进并推动源头治理和标本兼治，最大限度预防涉未成年人违法犯罪发生，避免未成年人权益受到损害。对于易复发、易反弹的顽疾问题，一直坚持"没完没了"持续监督跟进，确保治理取得实效。

本次发布的五个指导性案例的具体情况是：

检例第141号：浙江省杭州市余杭区人民检察院对北京某公司侵犯儿童个人信息权益提起民事公益诉讼、北京市人民检察院督促保护儿童个人信息权益行政公益诉讼案。北京某公司开发运营的一款知名短视频应用类App在未以显著、清晰的方式告知并征得儿童监护人明示同意的情况下，允许儿童注册账号，收集、存储儿童个人敏感信息，运用后台算法向具有浏览儿童内容视频喜好的用户直接推送含有儿童个人信息的短视频，且未对儿童账号采取区分管理措施。该App违法违规收集处理儿童个人信息的行为致使众多儿童个人信息权益被侵犯。该案的办理，在未成年人保护公益诉讼案件线索发现，综合开展民事公益诉讼和行政公益诉讼促推未成年人网络保护，管辖权确定等方面具有较强指导意义。

检例第142号：江苏省宿迁市人民检察院对章某为未成年人文身提起民事公益诉讼案。文身馆经营者章某累计为多名未成年人提供文身服务，并在未取得医疗美容许可证的情况下为未成年人清除文身。对未成年人提供文身服务，损害未成年人身心健康，影响未成年人的成长发展，侵犯公共利益。检察机关基于最有利于未成年人原则，对向未成年人提供文身服务的行为提起公益诉讼，在办理个案的基础上，针对监管盲区，提出完善管理的检察建议。该案的办理，对于如何理解适用最有利于未成年人原则，如何通过个案办理推动健全制度，完善监管，促进社会治理具有指导意义。

检例第143号：福建省福清市人民检察院督促消除幼儿园安全隐患行政公益诉讼案。检察机关在办理"黑校车"危险驾驶案过程中，发现多所幼儿园无证办学，存在选址布局、消防设施、校车营运、设施配备不达标等问题，导致诸多安全管理隐患，侵犯了广大在园幼儿的合法权益。检察机关综合运用公益诉讼检察建议和社会治理检察建议，督促行政机关疏堵结合、分类治理，采用有效方式消除幼儿园安全隐患。该案的办理，为不同类型检察建议的综合运用、督促行政机关采用有效方式履职，推动涉及未成年人合法权益问题实质性解决提供了参考。

检例第144号：贵州省沿河土家族自治县人民检察院督促履行食品安全监管职责行政公益诉讼案。未依法办理食品经营相关手续的流动食品经营者在一些中小学周边售卖食品，存在食品安全隐患，同时占道经营行为影响交通安全和社会管理秩序。检察机关在履职中通过多种渠道发现案件线索，在诉前检察建议发出后持续跟进监督，将公益保护落到实处。该案的办理，为校园周边食品安全、秩序等易发多发易反弹的未成年人保护顽疾问题提供了检察公益诉讼解决方案。

检例第145号：江苏省溧阳市人民检察院督促整治网吧违规接纳未成年人行政公益诉讼案。江苏省溧阳市所辖市区及农村地区部分网吧存在违规接纳未成年人上网的问题。检察机关通过发出诉前检察建议，监督行政机关依法履职，持续落实监管措施。该案的办理，为充分发挥未成年人检察社会支持体系作用，协同解决不适宜未成年人场所接纳未成年人问题提供了有益借鉴。

[李雪慧] 谢谢陈晓副厅长。下面进行第二项议程，请各位记者朋友提问。

[中央广播电视总台新闻频道] 我们注意到，这是最高检首次发布以"未成年人保护检察公益诉讼"为主题的指导性案例，请问发布本批指导性案例基于哪些考虑？

[那艳芳] 最高检将本批指导性案例的主题确定为"未成年人保护检察公益诉讼"，主要基于以下几点考虑：

一是主动适应人民群众对未成年人健康成长的更高需求。未成年人健康成长是人民美好生活的重要内容，人民群众对未成年人司法保护的期待也随着时代发展不断提升。特别是随着最有利于未成年人原则在我国社会治理进程中的不断深入，未成年人保护的公益属性和国家立场更加凸显。检察机关作为国家法律监督机关，履职贯穿未成年人司法保护全过程，更要注重针对涉未成年人案件开展诉源治理，通过公益保护最大限度减少相关案件易发多发、反复发生。未成年人保护检察公益诉讼能够更加直接、有效地维护未成年人合法权益，透过个案办理推动解决未成年人案件背后的社会治理问题，以小案件推动大治理。这批案例体现了检察机关"以人民为中心"、回应社会需求、推动未成年人保护社会治理现代化的司法探索和实践成果。

二是推动未成年人检察公益诉讼工作规范开展。根据新修订的未成年人保护法有关规定，检察机关提起未成年人保护公益诉讼的领域非常广泛。各地积极履职，主动探索，推动办案数量迅速增长，新类型新领域案件不断涌现，与之相应的业务规范化建设、高质量发展问题也日益突出。通过这批案例，进行必要的规则提炼与方法总结，有助于统一认识和细化标准，指导类案办理，解决实务难题，促进未成年人保护检察公益诉讼业务更加规范有序发展。

三是促进形成未成年人公益保护的良好氛围。这批案例涉及的网络保护、文身治理、不适宜未成年人活动场所治理、无证幼儿园及校园周边治理等，均为未成年人保护领域的社会痛点、舆论焦点和治理难点。发布这批案例，通过对办案经验的总结与宣传，有助于以最有利于未成年人原则引导形成未成年人公益保护的治理共识，营造全社会共同关心未成年人公共利益、护航未成年人健康成长的社会环境。

[未来网]指导性案例中提及的"无证幼儿园""校园周边食品安全""网吧接纳未成年人"等，多为当前常见、难以解决的问题。请问对于这类问题，检察机关是如何推动治理、开展保护的？

[陈晓]"无证幼儿园""中小学校园周边食品安全""网吧接纳未成年人"等公益损害问题，难根治，易反复，家长揪心，社会关切。检察机关围绕这些问题提起公益诉讼，主要把重点放在跟进监督、形成合力、标本兼治上。

一是注重推动问题实质性解决。检察机关在向行政机关提出检察建议时，既明确监管中存在问题、原因以及薄弱环节，又建议行政机关选择最有利于保护未成年人合法权益的履职方式，确保问题得到妥善解决。在检例第143号案件办理中，检察机关不是简单地以无证幼儿园关停取缔为目标，而是促推政府和教育行政部门疏堵结合，分类处理，对1500余名在园幼儿进行妥善安置，并直接推动了普惠性幼儿园的建设。

二是注重发挥社会支持体系作用。未成年人保护检察公益诉讼要实现好的效果，需要社会各界给予支持与配合。在检例第

145号案件办理中，检察机关与文旅、公安部门召开联席会议督促履职，向妇联、关工委等发出通报推动家庭教育指导，链接司法社工、"五老"、社区网格员、志愿者等资源力量构建常态化监管网络体系，化一家之力为多方发力，实现对网吧违规接纳未成年人的齐抓共管和协同治理。

三是注重"没完没了"持续监督跟进。在检例第144号案件办理中，检察机关对诉前检察建议落实情况进行跟踪监督，发现诉前检察建议没能有效落实，就以提起诉讼方式接力推动问题解决。绝不允许也绝不放任侵犯未成年人合法权益问题，这也是我们通过案例发布想向社会传递的明确信号。

[中新社] 我们注意到，在第一个案例（检例第141号）的办理中，案件涉及互联网企业和计算机算法专业知识，且案件涉及多个地域，具有一定办理难度。请介绍一下这个案子成功办理的经验做法？

[蔡永成] 确实，本案属于未成年人网络保护领域的重大疑难复杂案件，案件的成功办理，关键是在最高检的直接指挥下，浙江三级院抓好了综合统筹工作。

一是综合运用一体化优势。首先是充分发挥纵向的上下一体工作优势，杭州余杭区检察院发现案件线索后，作为重大敏感案件迅速层报最高检。最高检直接指导浙江三级检察院组成办案组，在调查取证、后续审查、法律适用、协调沟通等所有办案关键环节都充分体现上级院的指导作用和检察一体化工作优势。同时，充分发挥未检业务统一集中办理工作优势，从刑事办案中发现公益诉讼案件线索，民事公益诉讼、行政公益诉讼同步，个案办理与社会治理协同，推动较好解决未成年人公益损害问题。

二是把握网络保护要求综合开展调查取证。我们坚持以网络的手段强化网络保护，运用检察调查核实权，在办案中全面走访浙江类似的短视频应用公司了解行业规则，充分听取网信、公安、法院意见，积极组织互联网领域特别是个人信息保护、算法领域的专家进行论证，全面掌握了网络侵权行为的各个关键环节，有效把握了法律政策、取证固证的重点难点问题。工作中，还运用了网络技术开展调查取证，并运用"区块链"技术进行数据存储，保证电子数据的完整性，有效证明了相关公司收集处理儿童个人信息行为的侵权性质。

三是综合解决管辖问题。管辖问题是本案的难点之一。我们在办案中层报最高检指定管辖，考虑到调查取证、诉讼便利等因素，最高检最终指定由余杭区检察院立案。考虑到行政监管的便利，将本案的行政公益诉讼线索指定给了北京市检察院办理，推动案件最终实现"办理一案、治理一片"的效果。

[**中国青年网**] 当前，对未成年人的网络保护受到全社会高度关注，第一个案例（检例第141号）也是关于未成年人网络保护主题的。能否进一步介绍一下，在未成年人网络保护方面，检察机关都开展了哪些工作？

[**陈晓**] 检察机关一直高度重视未成年人网络保护，立足法律监督职能，通过多种途径，保障未成年人网络空间安全，保护未成年人网络权益。

一是严厉惩治侵害未成年人权益的网络犯罪。针对侵害未成年人网络犯罪手段复杂多样，作案方式不断翻新，更加带有隐蔽性等特点，最高检通过制发案例，对一些"大灰狼"通过网络聊天进行"隔空猥亵"行为，确立了与接触儿童身体猥亵行为同罪追诉原则，形成了对"隔空猥亵"的有力打击震慑。

二是依法惩戒和精准帮教涉网络犯罪未成年人。受网络使用的低龄化和不良信息等因素影响，一些网络诈骗、侵犯公民信息等犯罪案件中也有未成年人参与。2021年，检察机关起诉未成年人利用电信网络实施犯罪3555人，同比上升21.2%。检察机关坚持依法惩戒和精准帮教，对于主观恶性不大、罪行较轻、属于初犯、偶犯的未成年人，在依法从轻处理的同时，对他们进行针对性的帮教，帮助他们尽快重新回归社会。

三是积极推动网络领域未成年人公益保护。针对未成年人沉迷网络、受到不良信息侵蚀甚至遭受侵害等涉及未成年人公共利益的普遍性问题，以办理涉毒音视频传播、侵犯未成年人个人信息权益等典型个案作为突破口，通过公益诉讼、检察建议、情况通报等多种形式推动网络平台、社会、政府等多方协同、齐抓共管，促进相关问题解决。比如检例141号，检察机关发现该App的信息推送存在使儿童受侵害的风险后，依法提起民事公益诉讼，使该公司立即停止侵害行为并进行整改，同时，带动了互联网企业完善行业规则，通过小案推动了网络大环境的治理。

四是主动加强未成年人网络法治和安全教育。有效的预防是最好的保护。检察机关通过开展法治进校园、检察官担任法治副校长、检察开放日和制发"督促监护令"等多种方式，对广大青少年及家长进行法治宣讲和普法教育，引导未成年人了解网络犯罪危害，增强抵御网络不良信息能力。

[中国长安网] 第二个案例（检例第142号）是针对未成年人文身治理所开展的公益诉讼工作。我们想进一步了解，在案件办理过程中，检察机关在未成年人文身治理方面还做了哪些工作，有什么新的进展？

[那艳芳] 推进文身治理，是检察机关依法能动履职，在以"我管"促"都管"中践行"一切为了孩子"理念的生动诠释。

在推进文身治理过程中，检察机关充分发挥上下一体的优势，由地方开始主动探索，江苏、浙江、河北、河南、广东等地检察机关以不同的形式办理案件，推动行业整治。同时，各地检察机关积极延伸职能，推动地方修例促进制度完善，比如《海南省未成年人保护和预防犯罪规定》《上海市未成年人保护条例》，都对为未成年人文身作了禁止性规定。

在认真总结地方经验的基础上，最高检主要从三个方面推动。一是组织座谈研讨凝聚共识。专门召开未成年人文身治理研讨会，研究未成年人文身治理的法律依据、现实需要和域外规定，统一思想认识。二是部署专项行动推动整治。开展了"检爱同行，共护未来"未成年人保护法律监督专项行动，开展涉文身等未成年人公共利益重点领域治理。三是推动国家层面系统治理。针对文身整治中一些需要引起重视和亟待解决的深层次治理问题，最高检向国务院未成年人保护工作领导小组报送了专题报告，提出明确行业主管部门齐抓共管形成监管合力、健全完善相关法律法规、开展未成年人文身专项治理、加强宣传引导提升未成年人自护能力水平等工作建议，受到高度重视，目前正在部署系统治理。

本案办理还有一个重要收获，就是探索形成了更具未成年人检察特色的公益诉讼办案原则和方法。比如"最有利于未成年人原则"的适用。当法律规定不够明确具体，未成年人的利益与其他利益相互冲突时，要把对未成年人的特殊保护、优先保护放在首位。比如，通过民事公益诉讼与行政公益诉讼相结合的方式，从多个角度、多种途径更好保护未成年人合法权益。由于我国现行法律法规对文身在行业归属、行政监管等方面没有规定，我们选择启动民事公益诉讼，追究文身店经营者的侵权责任，及时修复受损公益。对于案件中反映出无证清除文身问题，法律明确规定了监管部门。检察机关启动行政公益诉讼，督促相关部门进行治理。通过综合运用两种公益诉讼方式，为孩子织就严密的保护网。

[中国妇女报] 刚刚通报中提到，本批案例中有4件都是依托未成年人检察业务统一集中办理工作发现的案件线索，请问"统一集中办理"对未成年人保护公益诉讼有哪些优势？

[那艳芳] 是的，这批案例的发布和未成年人保护公益诉讼工作的推进可以说是未检业务统一集中办理工作成效的具体体现。2021年，未检业务统一集中办理工作在全国检察机关稳步全面推开，涉未成年人刑事、民事、行政、公益诉讼"四大检察"职能融合发展的价值和优势也进一步凸显，体现在未成年人保护公益诉讼工作方面，主要有以下三点：

一是线索来源更广泛。案源少、线索发现难是公益诉讼案件办理中的普遍性难题。通过未成年人检察业务统一集中办理，检察机关在办理涉未成年人刑事案件时，可以发现大量侵犯未成年人合法权益问题，进而发现公益诉讼案件线索。比如检例第141号案件，检察机关通过办理徐某某猥亵儿童案，发现儿童信息泄露是导致犯罪行为发生的重要因素，进而查明某短视频App在收集、存储、使用儿童个人信息过程中，违反了民法典、未成年人保护法等规定，损害了不特定未成年人权益的事实。

二是调查取证更便捷。办理刑事案件过程中，对发现的公益诉讼案件线索，可以一并进行证据采集、固定。比如检例第142号案件，检察机关在办理多名未成年人寻衅滋事案件中发现涉案未成年人文身问题突出，依托刑事办案对看守所在押未成年人文身情况进行调查了解，进一步夯实了文身对未成年人严重危害的证据。

三是促进治理更到位。以刑事案件为依托,链接公益诉讼接续多维保护,有助于更好践行诉源和溯源治理理念,推动解决未成年人案件背后的深层次社会问题。这5个案例,检察机关均通过办案为各职能部门搭建平台,促进公益受损问题综合治理、系统解决。

[**李雪慧**] 因为时间关系,提问就到这里。

本次发布会是最高检首次发布未成年人保护检察公益诉讼主题指导性案例,也是首次在"两会"期间召开新闻发布会。孩子们的事,再小也是大事。涉及未成年人,再小的案件,都足以影响孩子的一生,对于每个家庭都是天大的事。检察机关将认真贯彻落实党中央决策部署和未成年人保护法、预防未成年人犯罪法精神,以能动履职深化全面综合司法保护,守护未成年人健康成长,守护祖国的未来、民族的希望。

特别感谢各位记者朋友在十分忙碌的"两会"期间参加我们的新闻发布会,希望你们能用生花妙笔讲好未检故事,让代表委员、社会各界了解未检工作,促进构建更为完备的未成年人保护社会支持体系,推动司法保护与家庭、学校、社会、网络、政府"五大保护"有机融合,实现"1+5>6='实'"的效果。

今天的发布会到此结束。谢谢大家!

积极履行公益诉讼检察职责 依法保护未成年人合法权益
——最高人民检察院第三十五批指导性案例解读

那艳芳　陈晓　隆赟[*]

经最高人民检察院第十三届检察委员会第八十九次会议审议通过，2021年3月7日最高检发布了第三十五批指导性案例。该批案例以"积极履行公益诉讼检察职责 依法保护未成年人合法权益"为主题，是高检院首次发布未成年人保护领域检察公益诉讼指导性案例，也是检察机关认真落实"两法"、加强未成年人公益保护的优秀样本。为深化指导性案例的理解与适用，现就该批案例涉及的主要问题、办案重点难点和指导要点等进行解读。

一、发布第三十五批指导性案例的背景和意义

未成年人是祖国未来、民族希望。党和国家历来高度重视未成年人健康成长，特别是党的十八大以来，以习近平同志为核心的党中央对未成年人保护工作做出一系列重要决策部署，修订《未成年人保护法》和《预防未成年人犯罪法》，成立国务院未

---

[*] 那艳芳，最高人民检察院第九检察厅厅长、一级高级检察官；陈晓，最高人民检察院第九检察厅副厅长、二级高级检察官；隆赟，最高人民检察院第九检察厅二级高级检察官。

成年人保护工作领导小组，构建"家庭、学校、社会、网络、政府、司法"六大保护体系，推动未成年人保护法律制度不断完善，工作体系不断健全，取得历史性成就。作为国家法律监督机关，检察履职贯穿未成年人司法保护全过程，在未成年人保护大格局中肩负重要使命。近年来，检察机关坚持以习近平法治思想为指引，认真贯彻《中共中央关于加强新时代检察机关法律监督工作的意见》，切实担当"两法"赋予的更重责任，最高检专设负责未成年人检察工作的第九检察厅，将涉及未成年人的刑事、民事、行政、公益诉讼"四大检察"职能交由未成年人检察部门统一集中行使，着力加强未成年人全面综合司法保护，推动"六大保护"相融与共。

但是，现阶段未成年人保护工作仍存在不少短板和不足。全社会形成共识、一体贯彻落实"两法"的主动性、自觉性还不够，"六大保护"落实力度不一、效果参差不齐，未成年人特殊、优先保护法律政策落实还有不小差距。比如，涉及未成年人的食品药品安全问题时有发生，校园安全隐患没有根治，宾馆、酒店、网吧、酒吧等违规接纳未成年人问题屡禁不止，侵犯未成年人个人信息权益现象比较突出，一些商家向未成年人销售烟酒，以没有明令禁止为由为未成年人文身等等。这也反映出未成年人法律政策统筹和协同不够，监管职能交叉重叠与空白现象同时存在等综合治理、社会治理问题，影响了未成年人保护工作成效。

党的十八届四中全会提出探索建立检察机关提起公益诉讼制度，为检察机关从法治轨道上解决未成年人保护的社会问题提供了实践路径。近年来，各地检察机关聚焦食品药品安全等与未成年人切身利益密切相关领域，积极、稳妥开展公益诉讼，有效发挥保护未成年人公共利益的制度效能，办理了一批典型案件和精品案件。2021年6月1日，新修订的《未成年人保护法》将检察机关的实践探索上升为法律制度，明确规定未成年人合法权益受到侵犯，涉及公共利益的，人民检察院有权提起公益诉讼，为履行未成年人保护检察公益诉讼职责提供了更为有力的实体法依据。

发布本批指导性案例，一是主动适应人民群众对未成年人健康成长的更高需求。未成年人健康成长是人民美好生活的重要内容，人民群众对未成年人司法保护的期待也随着时代发展不断提升。特别是随着最有利于未成年人原则在我国社会治理进程中的不断深入，未成年人保护的公益属性和国家立场更加凸显。检察机关作为国家法律监督机关，履职贯穿未成年人司法保护全过程，更要注重针对涉未成年人案件开展诉源治理，通过公益保护最大限度减少案件反复发生。未成年人保护检察公益诉讼能够更加直接、有效地维护未成年人合法权益，透过个案办理推动解决未成年人案件背后的社会治理问题。这批案例体现了检察机关"以人民为中心"、回应社会需求、推动未成年人保护社会治理现代化的司法探索和实践成果。二是推动未成年人检察公益诉讼工作规范开展。根据新修订的《未成年人保护法》有关规定，检察机关提起未成年人保护公益诉讼的领域非常广泛。各地积极履职，主动探索，推动办案数量迅速增长，新类型新领域案件不断涌现，与之相应的业务规范化建设、高质量发展问题也日益突出。通过这批案例，进行必要的规则提炼与方法总结，有助于统一认识和细化标准，指导类案办理，解决实务难题，促进未成年人保护检察公益诉讼业务更加规范有序发展。三是促进形成未成年人公益保护的良好氛围。这批案例涉及的网络保护、文身治理、不适宜未成年人活动场所治理、无证幼儿园及校园周边治理等，均为未成年人保护领域的社会痛点、舆论焦点和治理难点。发布这批案例，通过办案经验的总结与宣传，有助于以最有利于未成年人原则引导形成未成年人公益保护的治理共识，营造全社会共同关心未成年人公共利益、护航未成年人健康成长的社会环境。

二、第三十五批指导性案例的基本案情和指导意义

（一）浙江省杭州市余杭区人民检察院对北京某公司侵犯儿童个人信息权益提起民事公益诉讼、北京市人民检察院督促保护儿童个人信息权益行政公益诉讼案

该案基本案情：某 App 是北京某公司开发运营的一款知名短视频应用类软件。该 App 在未以显著、清晰的方式告知并征得儿童监护人有效明示同意的情况下，允许注册儿童账号，并收集、存储儿童网络账户、位置、联系方式，以及儿童面部识别特征、声音识别特征等个人敏感信息。在未再次征得儿童监护人有效明示同意的情况下，运用后台算法，向具有浏览儿童内容视频喜好的用户直接推送含有儿童个人信息的短视频。该 App 未对儿童账号采取区分管理措施，默认用户点击"关注"后即可与儿童账号私信联系，并能获取其地理位置、面部特征等个人信息。2018 年至 2019 年 5 月，徐某某收到该 App 后台推送的含有儿童个人信息的短视频，通过其私信功能联系多名儿童，并对 3 名儿童实施猥亵犯罪。

余杭区人民检察院向杭州互联网法院提起民事公益诉讼后，被告停止侵权，按照整改方案和时间推进表执行整改，公开赔礼道歉，并赔偿社会公共利益损失人民币 150 万元。同时，北京市

人民检察院以行政公益诉讼立案并督促北京市网信办依法充分履职。最高人民检察院向国家互联网信息办公室提出开展短视频行业侵犯儿童个人信息权益问题专项整治等工作建议,推动网络空间侵犯未成年人权益行为的监管整治。

该案指导意义:检察机关统筹运用"四大检察"职能,充分发挥未成年人检察工作优势,为未成年人提供全面综合司法保护。检察机关可以综合运用民事公益诉讼和行政公益诉讼职能,对网络侵犯未成年人个人信息权益的情形进行监督。对于跨行政区划的未成年人网络保护公益诉讼案件,应综合考虑案件性质、领域、诉讼便利、有利整改等因素,确定管辖机关。民事公益诉讼案件应当层报共同的上级检察院指定,一般应当由损害结果发生地检察机关管辖;行政公益诉讼案件一般应当由网络企业注册地检察机关管辖,以便利行政监管。

(二)江苏省宿迁市人民检察院对章某为未成年人文身提起民事公益诉讼案

该案基本案情:2017年6月1日以来,章某在江苏省沭阳县沭城街道中华步行街经营某文身馆,累计为数百人提供文身服务,其中未成年人40余名,章某还在未取得医疗美容许可证的情况下,为7名未成年人清除文身。其间,曾有未成年人家长因反对章某为其子女文身而与其发生纠纷,公安机关介入处理,部分未成年人及父母反映因文身导致就学、就业受阻,文身难以清除,清除过程痛苦且易留疤痕。此后,章某仍然向未成年人提供文身服务。

宿迁市人民检察院提起民事公益诉讼后,章某停止向未成年人提供文身服务,并向文身的未成年人、家人以及社会各界公开赔礼道歉。此后,沭阳县人民检察院参与起草并推动沭阳县人大常委会审议出台《关于加强未成年人文身治理工作的决议》，为未成年人文身治理提供可操作性规则，促进问题源头治理。

该案指导意义：向未成年人提供文身服务，侵犯未成年人合法权益，损害社会公共利益，属于检察机关公益诉讼监督范畴。在法律规定不够明确具体、未成年人公共利益亟待保护的情况下，基于最有利于未成年人原则，检察机关可以提起公益诉讼。检察机关可以结合个案办理，针对监管盲区，提出完善管理的检察建议，推动解决监管缺失问题，健全完善制度，促进社会治理。

（三）福建省福清市人民检察院督促消除幼儿园安全隐患行政公益诉讼案

该案基本案情：2018年3月，福建省福清市人民检察院在办理三起"黑校车"危险驾驶案过程中，发现16所无证幼儿园不符合幼儿园建设标准要求，存在选址布局、消防设施、校车营运、设施配备不达标等诸多安全管理隐患，侵犯了在园幼儿的合法权益。福清市人民检察院向福清市政府、福清市教育局及相关街道办事处和镇政府发出检察建议后，福清市人民检察院会同福清市政府召集相关街道（镇）、教育、公安、消防、安监等部门进行整改，3家经整改后符合办学条件的幼儿园已申请并取得办学许可，13家整改后不符合办学条件的均已取缔关停，原在园幼儿已妥善分流至附近公立幼儿园或有资质的民办幼儿园就读。

该案指导意义：教育服务场所存在安全隐患，行政机关怠于履职的，检察机关可以提起行政公益诉讼。不同层级人民政府和多个职能部门均具有与涉案事项相关的法定职责，可以对能够发挥统筹作用的人民政府发送检察建议。检察机关应当建议行政机关采用有效履职方式，推动涉及未成年人合法权益问题实质性解决。

(四)贵州省沿河土家族自治县人民检察院督促履行食品安全监管职责行政公益诉讼案

该案基本案情:2018年,贵州省铜仁市沿河土家族自治县7所中小学周边存在食品经营者以车辆为流动作业工具、占道制售食品供周边中小学生食用的问题。流动食品经营者所售卖食品经卫生检验未能达标,存在安全隐患,影响中小学生健康安全,同时占道经营行为严重影响交通安全和社会管理秩序。沿河县人民检察院依法向沿河县市场监管局提起行政公益诉讼后,市场监管局等部门引导流动食品经营者到划定区域经营,该县中小学校园周边安全环境得到有效治理。

该案指导意义:全面正确理解"履职中发现"的含义,多渠道拓展案件线索来源。校园周边食品安全涉及未成年人合法权益,是未成年人保护检察公益诉讼的工作重点。检察机关履行公益诉讼职责,应当持续跟进监督,推动问题整改落实到位。

(五)江苏省溧阳市人民检察院督促整治网吧违规接纳未成年人行政公益诉讼案

该案基本案情:2019年以来,江苏省溧阳市所辖市区及农村地区部分网吧存在违规接纳未成年人上网的问题。有的网吧未在入口处显著位置悬挂未成年人禁入标志,有些未成年人进出网吧时,网吧经营者未要求出示身份证件并进行核对、登记,或者明知系未成年人,仍直接使用他人身份证件为其开户上网,家长多次反映但未能得到解决。溧阳市人民检察院向市文旅局发出行政公益诉讼诉前检察建议,市文旅局推出监管措施,开展专项行动,推动网吧规范经营,网吧违规接纳未成年人现象得以遏制。检察机关充分发挥未成年人检察工作社会支持体系作用,推动形成全市未成年人保护大格局。

该案指导意义：不适宜未成年人活动的场所违规接纳未成年人进入，容易发生侵犯未成年人违法犯罪问题，行政监管不到位的，检察机关可以通过行政公益诉讼督促监管履职。充分发挥未成年人检察工作社会支持体系作用，促进构建未成年人保护大格局。

三、案件办理和理解适用中的重点难点问题

（一）浙江省杭州市余杭区人民检察院对北京某公司侵犯儿童个人信息权益提起民事公益诉讼、北京市人民检察院督促保护儿童个人信息权益行政公益诉讼案

该案办理程中的难点问题主要有：

一是本案所侵犯的儿童个人信息权益的公益性认定问题。从法律角度看，我国加入的《儿童权利公约》确立了儿童利益最大化原则，《民法典》《未成年人保护法》等明确规定对未成年人实行特殊、优先保护，在儿童权益受侵害时，国家承担最终监护责任，儿童权益是社会公益的应有之义。从个案层面看，本案中涉案的儿童用户众多，根据企业提交的数据显示，14岁以下实名用户数量7.8万；以头像、简介、背景、用户名、过往作品、地理位置等基础维度模型测算，18岁以下未实名未成年人注册数量为1000余万。如此庞大数量的群体利益受到侵害或者潜在威胁，其公益性不言而喻。

二是提起公益诉讼的必要性问题。提起公益诉讼是保护网络行业发展、推进技术进步的有效措施。一方面，有利于促进网络行业规范发展。我国尚无专门的儿童个人信息监管机构和监管模式，互联网企业对未成年人网络风险防范制度和机制建设重视不够。采取司法介入，以公益诉讼方式向企业和市场传达何种行为

合法、何种行为违法的信号，有利于弥补行业监管不足，推动互联网公司规范运营，同时也有利于互联网公司参与国际竞争。另一方面，有利于推进技术进步。互联网企业规范个人信息的处理行为并不会影响行业发展，反而会促使技术在个人信息保护方面不断创新进步。

三是公益诉讼的类型选择问题。公益诉讼作为推进社会治理的一种司法路径，补充而非代替行政执法是其定位所在。从诉讼类型上看，行政公益诉讼更加能够体现检察权的谦抑性和检察机关在公益诉讼中协同性、兜底性、补充性的特点，可给予行政机关更多自我纠错的机会，充分发挥行政机关的第一顺位职责和行政执法手段多样、高效的特点，及时制止违法行为，并对相关违法行为人进行行政惩戒。民事公益诉讼在责任承担方式和责任主体范围上更加多样，更有利于修复受损公益。在公益保护方面可以发挥行政公益诉讼难以替代的制度价值。本案综合运用民事公益诉讼和行政公益诉讼职能进行监督，形成监管合力，促进行业源头性治理并形成长效机制。

四是网络保护案件的取证问题。在充分听取网信部门、公安机关、法院、互联网法律专家和技术专家的意见后，办案团队有针对性的采用"区块链"取证技术，对涉案 App 软件的应用下载、用户服务协议、隐私权保护政策、应用界面等内容进行固定，并对该软件推送含儿童个人信息短视频及儿童账号情况进行一定时期针对性取证，最终夯实了证据，为案件的办理提供了有力的支撑。

（二）江苏省宿迁市人民检察院对章某为未成年人文身提起民事公益诉讼案

该案办理中，公共利益的认定、公益诉讼类型的选择以及法律适用是本案办理中遇到的难点问题。

一是为不特定未成年人文身行为是否能认定为侵犯社会公共利益。检察机关经过多次论证认为：首先，为未成年人提供文身服务具有开放性特征，可以认定侵害不特定多数人。最高人民法院《关于适用〈中华人民共和国民事诉讼法〉的解释》（2020年修正）第75条规定"民事诉讼法第五十三条、第五十四条和第一百九十九条规定的人数众多，一般是指十人以上"规定。综上所述，提供文身服务侵害了不特定多数人利益。其次，文身行为不利于未成年人身心健康。文身是有创行为，具有难以清除、难复原和不可逆性，清洗过程漫长、痛苦，且费用高昂。文身未成年人在就学和就业时受到限制，在未成年人群体中易被标签化，出现效仿和排斥的双重效应，有悖于健康、良好社会风尚的形成，甚至还会诱发犯罪。最后，未成年人的健康成长是重要的国家利益和社会公共利益。目前，未成年人保护呈现出国家化、社会化、公法化趋势，未成年人利益由私益向公益转变，未成年人保护职责由监护人个人职责向国家公共职责转变。当行为侵害了不特定多数未成年人利益时，不再属于个人利益范畴，而具备了公共利益属性。因此，章某为不特定未成年人提供文身服务损害了社会公共利益。

二是行业归属类别不明时如何开展行政公益诉讼。文身治理存在行业归属类别不明、行政机关监管职责不清等困境，但检察机关发现，部分文身馆在未取得医疗机构执业许可、无照经营的情况下开展清洗文身业务。而根据卫生部办公厅《医疗美容项目分级管理目录》，认定清洗文身属于医疗美容项目，需有证有照经营。针对这一情况，检察机关转变思路，从"无证无照为不特定未成年人开展清洗文身"为切入点，认为市场监督管理局、卫生健康局对未取得医疗机构执业许可、无照经营行为存在监管漏洞，侵害了社会公共利益，遂先行开展行政公益诉讼，向县卫生健康局发出行政公益诉讼诉前检察建议。

三是文身经营者的行为能否适用新修订的《未成年人保护法》。涉案文身馆为未成年人文身的行为始于2017年6月，持续至2020年，发生于新修订的《未成年人保护法》施行之前，原则上应适用行为时的法律规定。《立法法》第93条规定"法不溯及既往"原则的例外，即为了更好地保护公民、法人和其他组织的权利和利益而作的特别规定除外。检察机关认为，向未成年人提供文身服务，损害未成年人的身体权、健康权。新修订的《未成年人保护法》明确了检察机关提起未成年人公益诉讼的职权。适用新修订的《未成年人保护法》并未减损被告的利益，为了最大限度地保护未成年人，可以适用新修订的《未成年人保护法》。

（三）福建省福清市人民检察院督促消除幼儿园安全隐患行政公益诉讼案

该案办理中有三个难点问题：

一是领域探索问题。案件办理时，《未成年人保护法》尚未修订，检察公益诉讼法定领域仍限于传统"4+1"领域。无证幼儿园是否属于公益诉讼案件范畴，福清市检察院积极召开检察官联席会议进行研究论证后认为，《行政诉讼法》未对公益诉讼受案范围一一列举，而是采用了"等"的表述，从立法本意看，只要是损害了国家利益或社会公共利益的案件，都可以纳入受案范围。而且民办幼儿园属于民办教育，《民办教育促进法》《幼儿园管理条例》规定了"民办教育事业属于公益性事业"，无证幼儿园侵害了众多未成年人的合法权益，侵害的是社会公共利益,可作为公益诉讼案件办理。稳妥起见,福清市检察院积极向上级院领导请示,争取上级支持,经层报高检院,最终将该案作为公益诉讼案件办理。

二是行政处罚的执行问题。根据相关法律法规,教育局对无证幼儿园可作出行政处罚决定,辖区政府负责具体取缔工作。但教育局反映其虽有行政处罚权却无行政执法主体资格人员,无法对无证幼儿园作出行政处罚。针对上述问题,该院领导多次与教育局领导共同向市委、市政府汇报,联合市政府召集相关镇(街)、公安、市监、安监、规划、消防、供电、水务等部门召开会议,部署多部门联合执法检查,市政府出台《关于印发联合执法取缔无证幼儿园工作方案的通知》。

三是办案社会效果。时间把握上,本案立案时间为期中学习阶段,若过早启动执法程序将无证幼儿园关停取缔,将导致幼儿学习中断。该院结合行政公益诉讼期限,于4月份发出检察建议,要求相关镇(街)、教育局在两个月内依法履行职责。根据上述期限,教育局及相关镇(街)政府可于学期末启动执法程序,既不影响本学期幼儿的学习生活,又为幼儿家长预留出暑假时间为幼儿新学期的入学做好安排。宣传引导上,通过教育局微信公众号以及媒体发布通告曝光无证幼儿园名单,由教育局制发"告家长书",释明就读无证幼儿园的危害性,引导家长选择规范、合格的幼儿园。履职方式上,疏堵结合、分类清理无证幼儿园,坚决取缔存在严重安全隐患的无证幼儿园,妥善分流在园幼儿和从业人员。经过几个月的清理整顿,16所无证幼儿园中有3所经整改符合条件通过了审批,其他13所达不到办园要求的一律取缔。该院还建议建立政府购买普惠性民办幼儿园教育服务机制,通过财政补助、税费减免等,减轻经营负担,提高保教质量。建议各镇（街）根据城镇化进程中人口变动的情况，科学测算辖区内学龄前儿童数量分布，统筹设立民办幼儿园，避免出现布局不平衡或者"入园难"情况，彻底根治无证幼儿园问题。

（四）贵州省沿河土家族自治县人民检察院督促履行食品安全监管职责行政公益诉讼案

该案办理中有三个难点问题：

一是监督对象的确定。流动食品经营者在中小学校园周边占道经营的行为，该县市场监督管理部门、交通管理部门、城市管理部门及学校所在的街道办事处对此均负有监督管理职责，部门间存在职责交叉和职能不清的情况，找准监督对象成为该案立案前必须解决的难点。检察机关调取了各部门的机构编制、职能配置方案后发现，市场监督管理局的职责相对其他部门更直接，也更加具体。流动食品经营者能够长期在校园周边制售食品的行为，是造成上述问题隐患的"源头"，而这又是"源于"对此负有最直接管理职责的市场监督管理部门没有充分履职。检察机关从监督管理职责更具体、更有利于保护未成年人的角度，决定对县市场监督管理局立案并启动公益诉讼程序开展监督。

二是持续跟踪监督。被监督对象是否充分履职、促进问题有效整改是本案提起诉讼的关键点。检察建议制发后，检察机关不是"一发了事"，而是持续跟进监督，三次开展公益诉讼"回头看"，均发现市场监督管理局未按照诉前检察建议的要求落实整改，也未依法履行其职责。为切实保护未成年人食品安全，维护社会公共利益，确保将检察建议"做成刚性""做到刚性"，检察机关积极争取当地党委、政府的支持后，依法对市场监督管理局不充分履职行为提起行政公益诉讼。

三是整改落实问题。案件得到判决支持后，流动食品经营者的去向问题成了检察机关关注的重点。流动食品经营者沿街摆摊的目的是为了生计,为避免机械执法,致使这部分流动经营者无法经营引发新的社会矛盾,检察机关主动向县委、县政府汇报,得到当地党委、政府的高度重视,为更好保障民生,该县政府在沿河县城的河东、河西菜市场为流动食品经营者划定区域供其摆摊经营,将原在校园周边的流动食品经营者引导分流到该指定区域,并明确两个街道办对来此经营的流动食品经营者进行备案登记,现已有50余个经营者备案登记在册,流动食品经营者的经营活动得以保障。

(五)江苏省溧阳市人民检察院督促整治网吧违规接纳未成年人行政公益诉讼案

该案办理中的重点难点问题包括:

一是如何主动履职,挖掘公益诉讼案件线索。该案线索来源于一起未成年人盗窃案。按照通常的办案流程,经过社会调查,应该会对犯罪嫌疑人作出附条件不起诉或者相对不起诉处理。但检察官在审阅案卷中发现,该未成年人的抓获地点为一间网吧门口。经调查,该未成年人曾涉足本市多家网吧,网吧管理松散,不但未在门口张贴未成年人禁止入内的告示,而且未成年人出入自由不受限制。经进一步梳理,网吧是未成年人犯罪易发、多发领域,营业性网吧接纳未成年人,直接影响未成年人学业,严重影响到未成年人的身心健康,易滋生违法犯罪,且许多网吧还存在消防等诸多安全隐患,属于侵害了社会公共利益的行为,遂作为公益诉讼案件线索立案办理。

二是如何实现从个案办理到社会治理。发出检察建议后,检察机关主动对接多职能部门,推动妇联、关工委等群团组织发挥开展家庭教育指导,借助网格员队伍落实日常检查,联合文旅局、关工委、志愿者在重点时段突击检查及时发现问题，全方位多举措巩固效果。同时，从网吧治理扩大到对未成年人进入不宜场所、开展不宜活动、从事不宜职业的治理，与市司法局协作聘请社会工作者对进入营业性娱乐场所、酒吧、网吧的未成年人开展教育矫治、心理疏导等工作；与市公安局建立"三不宜"行为处置机制，牵头市教育局等6家单位会签《关于加强未成年人权益保护的意见》，建立市青少年法治教育基地等，致力建立长效机制，有力推动解决制约、影响未成年人权益保护和健康成长的突出问题。

三是如何将司法保护融入其他"五大保护"，构建大保护格局。检察机关在办案中充分发挥未成年人检察工作社会支持体系作用，以检察之力促进形成保护未成年人合力。面对求助无门的家长，检察机关用行政公益诉讼为他们开辟了一条绿色救济通道，积极融入家庭保护；溯源治理杜绝未成年人进入不适宜场所，融入网络保护净化未成年人成长环境；推动司法专业化办案与社会化服务有机衔接、良性互动，积极联动社会力量，发挥各自优势开展社会保护。良性合作，互相促进，合力解决未成年人保护和违法犯罪社会治理难题，助力形成未成年人保护大格局。

四、案件办理的特点

这批案例是从各省级院报送的40余件优秀案例中精选出来的，案件办理主要有以下几个特点：

一是体现最有利于未成年人原则。这是未成年人保护公益诉讼检察工作始终坚持和贯彻践行的工作理念和基本原则。检察机关办理未成年人保护公益诉讼案件，注重维护未成年人的长远利益和根本利益，综合考虑未成年人身心特点和健康发展需要，选择最有利于未成年人的方案和措施，给予未成年人特殊、优先保护。尤其是当未成年人的利益与其他相关因素交织甚至发生冲突，而法律规定不够明确具体时，坚持以保护未成年人利益作为首要考量。

二是体现综合司法保护理念。未成年人保护案件中一个侵害行为往往涉及多个法律关系。强化综合司法保护，是未成年人保护检察公益诉讼的一大特色。综合司法保护不是把公益诉讼与刑事、民事、行政等案件办理简单"叠加"和"物理"组合，而是一体推动公益诉讼线索发现、调查取证、综合治理等工作，以各项职能的统筹运用、"化学"融合，全方位保护未成年人合法权益。

三是体现主动融入"五大保护"理念。新修订的《未成年人保护法》构建了家庭、学校、社会、网络、政府、司法"六大保护"体系，要求"六大保护"协同发力，检察机关在履行未成年人保护公益诉讼职责时，注重互促共融，以公益保护促推家庭、学校、社会、网络、政府保护落实落地，努力实现"1+5>6='实'"，合力护航未成年人健康成长。

四是体现督导不替代的理念。未成年人保护是事关国家治理体系和治理能力现代化的一项系统工程，需要各职能部门各司其职、各负其责、协力推进。检察机关开展未成年人保护行政公益诉讼，立足法律监督职责定位，督促相关职能部门履职尽责，并不是替代职能部门去做具体工作。

五是体现标本兼治的理念。未成年人保护公益诉讼的目的在于抓前端、治未病，促进并推动源头治理和标本兼治，最大限度预防涉未成年人违法犯罪发生，避免未成年人权益受到损害。对于易复发、易反弹的顽疾问题，一直坚持"没完没了"持续监督跟进，确保治理取得实效。

五、以指导性案例的发布为契机，持续做好未成年人保护检察公益诉讼工作

检察机关将认真落实《中共中央关于加强新时代检察机关法律监督工作的意见》，持续贯彻落实"两法"，进一步提升未成年人检察公益诉讼工作水平，努力推动"六大保护"有机融合、一体落实。

一是积极主动履职。检察机关将积极回应人民群众期待，牢牢抓住公益这个核心，以深入开展未成年人检察"质量建设年"活动为契机，持续加大办案力度，重点围绕家庭、学校、社会、网络、政府等领域侵犯未成年人公共利益问题，积极开展公益诉讼工作，力争取得更多的进展和成效，更好满足人民群众对未成年人司法保护的企盼和需求。

二是提升工作质效。最高检将研究制定未成年人公益诉讼检察工作相关规范性文件和指导性意见，指导各地检察机关提升履职办案的精准性、规范性和实效性。今年将召开全国检察机关未成年人检察业务统一集中办理暨综合司法保护工作推进会，进一步总结成效经验，解决工作中存在的问题，推动未成年人公益诉讼检察工作高质量发展。

三是强化案例指导。最高检将加大案例指导力度，持续深入总结各地的办案经验，提炼体现未成年人保护特点特色的办案规则和有益经验，通过持续制发指导性案例、典型案例等方式，给各地更多的参照借鉴和示范引领。

第三部分

最高人民检察院第三十五批指导性案例适用指引

专家解读

公益诉讼助推未成年人综合保护

宋英辉[*]

保护未成年人健康成长是全社会的责任。未成年人是国家的未来、民族的希望，保护未成年人合法权益，本质上就是维护国家和社会公共利益。检察机关作为国家法律监督机关和公共利益的维护者，通过具体案件办理实现对未成年人全面、综合保护，是其肩负的重要职责所在。最高人民检察院发布的第三十五批指导性案例，是检察机关以公益诉讼为抓手，充分发挥检察职能，实现对未成年人优先、特殊、全面、综合保护的范本，体现了未成年人检察勇于担当、善于探索的精神，对检察机关进一步开展未成年人案件公益诉讼具有积极的示范和引领作用，也将大大推动检察机关综合司法保护融入家庭、学校、社会、网络、政府等"五大保护"的力度，更好地肩负起新时代未成年人检察的历史使命。

第一，指导性案例充分体现了检察机关各部门综合发挥刑事、民事、行政、公益等检察职能，在为未成年人健康成长提供全方位保护中发挥着十分积极的作用，也表明未成年人检察业务

---

[*] 宋英辉，北京师范大学教授，未成年人检察研究中心主任。

统一集中办理改革举措的必要性。与其他检察业务类别以"事"为标准进行划分不同，未成年人检察是唯一以"未成年人"为标准确立的独立业务类别。未成年人成长并最终实现社会化的过程涉及社会生活的方方面面，未成年人案件办理除进行证据审查、事实认定和法律适用外，往往需要解决影响其成长的相关事项。未成年人案件实行统一集中办理，并与相关业务部门保持联动，可以有效避免不同检察业务类别之间相互脱节问题，提升办案质效。例如，在办理刑事案件中发现未成年人文身、进入网吧、个人信息受到网络侵害、"黑校车"危险驾驶等问题，涉及有关营业场所侵权、相关行业监管疏漏、危害不特定未成年人合法权益的公共利益等，检察机关通过刑事案件发现的线索，综合运用民事或行政公益诉讼、检察建议等方式，既很好地处理了具体案件，又维护了涉及未成年人的社会公共利益。如果未成年人案件办理各职能条块分割，如只就刑事部分办理刑事案件，或只就民事诉讼监督进行监督，就难以实现"办理一案，治理一片"的效果，也就难以实现对未成年人的全面保护。

第二，指导性案例充分体现了检察机关秉持"在办案中监督，在监督中办案"理念，既依法履职履责积极作为，又坚持督促而不替代越位的角色定位，积极推动凝聚共识，营造有利于未成年人健康成长的良好社会环境。全方位保护未成年人，检察机关不能单打独斗，必须凝聚共识，充分发挥政府职能部门和社会各行各业的积极作用。这批指导性案例有一个共同点，就是检察机关主动与有关部门、行业进行沟通并最终形成共识，共同发力，为未成年人提供全方位保护。例如，检察机关在未成年人文身案件办理中与卫生健康、市场监管、商务等部门密切沟通，在校车行政公益诉讼中与相关街道（镇）、教育、公安、消防、安监等召开会议,在涉及校园周边食品安全公益诉讼中与市场监管、城市管理、公安、教育、街道办等进行协调,在未成年人进入网吧公益诉讼中与文旅、公安、妇联、关工委等沟通、通报,有的案件还推动妇联、关工委动员社会力量开展家庭教育指导等。

第三,指导性案例体现出检察机关坚持案件办理的系统思维和源头治理、综合治理,与相关职能部门共同履职尽责,建章立制,补足社会管理疏漏,强化社会治理薄弱环节,实现未成年人全面保护的长效化。在案件办理中,检察机关与相关职能部门、组织沟通、协作、配合,明细职责,制定规范,建立线索移送、联合调查、案件通报、联席会议、信息交流等信息共享和工作联系机制,规范了行业监管和治理。例如,针对某网络公司侵犯未成年人个人信息案件暴露的问题,北京市网信办制定了《关于开展未成年人信息安全保护专项整治的工作方案》,对属地重点直播和短视频平台逐一梳理,压实网站主体责任,并将此次专项整治工作与未成年人网络环境治理等专项工作有效衔接,形成管理合力。国家网信办、工信部、公安部、市场监管总局联合发布《互联网信息服务算法推荐管理规定》,对应用算法推荐技术提供互联网信息服务的治理和相关监督管理工作作出了进一步规范。通过文身公益诉讼案件,针对职能部门不明确等问题,推动地方人大常委会审议出台《关于加强未成年人文身治理工作的决议》,明确文身场所不得允许未成年人进入,任何人不得为未成年人提供文身服务,对各履职主体在文身治理中的职责、任务进行了规范,实现了源头治理。通过未成年人进入网吧公益诉讼案件办理,当地检察机关与教育、公安等六部门会签了《关于加强未成年人权益保护的意见》,建立了信息化监管平台和监管制度，推动形成全市未成年人保护大格局。这些规范、机制的建立，为未成年人保护的规范性和可持续性提供了保障。

第四，指导性案例的办理秉持通过检察职能发挥实现相关方双赢、多赢、共赢的理念，取得了良好的法律效果、政治效果和社会效果。在案件办理中，不论是发出检察建议，还是对有关经营者的责任认定，都对受损公益及法律适用等事项进行充分论证，兼顾多方利益，做到合法、合情、合理，体现了司法保护的温度，不仅保护了受侵权未成年人合法权益，维护了社会公共利益，促使相关职能部门切实履职尽责，提升治理水平，避免重大失职渎职，也使侵权人依法依规健康经营发展，有的经营者还以自己的实际行动加入到未成年人保护的行列之中。

第五，指导性案例为织密未成年人保护体系、实现未成年人保护融合发展提供了示范。在案件办理中，检察机关始终坚持最有利于未成年人的原则，全方位保护未成年人合法权益和维护涉及未成年人公共利益，通过具体案件办理促使司法保护与家庭保护、学校保护、社会保护、网络保护、政府保护的融合发展，织密保护体系。

总之，指导性案例在未成年人检察公益诉讼方面进行了有益探索，成效显著，积累了经验。2020年修订的《未成年人保护法》赋予检察机关对涉及未成年人的诉讼活动等行使监督权，对侵犯未成年人合法权益涉及公共利益的案件提起公益诉讼权。未检人始终秉持以国家名义呵护未来的初心使命，定能在未成年人综合保护方面继续发力，取得新的更大的成绩。

未成年人公益诉讼的检察担当

汤维建[*]

2022年3月7日，最高人民检察院以"积极履行公益诉讼检察职责，依法保护未成年人合法权益"为主题举行新闻发布会，发布最高检第三十五批指导性案例。5件未成年人检察公益诉讼指导性案例的发布具有重要的意义。

一、未成年人检察公益诉讼的原创性

2020年10月17日，第十三届全国人民代表大会常务委员会第二十二次会议第二次修订《未成年人保护法》，自2021年6月1日起施行。修订后的《未成年人保护法》对未成年人保护确定了家庭保护、学校保护、社会保护、网络保护、政府保护、司法保护在内的"六大保护"体系，今年的检察机关"两会"工作报告将其概括为"1+5>6='实'"，这里的"1"指的就是检察机关。新修订的《未成年人保护法》第106条规定："未成年人合法权益受到侵犯，相关组织和个人未代为提起诉讼的，人民检察院可以督促、支持其提起诉讼；涉及公共利益的，人民检察院有权提起公益诉讼。"据此规定，检察机关提起未成年人公益诉讼被纳入制度调整范围。

---

[*] 汤维建，中国人民大学法学院教授，全国政协委员。

理论上需要探讨的一个问题是，检察机关提起未成年人公益诉讼的法源基础何在？笔者认为，检察机关提起未成年人公益诉讼的法源基础不在《民事诉讼法》和《行政诉讼法》之中，而在《未成年人保护法》之中，《未成年人保护法》第106条是检察机关提起未成年人公益诉讼的独立法源依据。检察机关提起未成年人公益诉讼不是对《民事诉讼法》第55条①和《行政诉讼法》第25条的"等"外拓展而来，而是根据《未成年人保护法》第106条特别独立授权而获得。就此意义上而言，检察机关提起未成年人公益诉讼具有独立的制度价值和规范功能，是对检察机关公益诉讼制度的原创性发展。

二、未成年人检察公益诉讼的开放性

与《民事诉讼法》和《行政诉讼法》对公益诉讼的范围进行"列举主义+等外解释"的立法技术有所区别的是，《未成年人保护法》对未成年人公益诉讼的适用范围采取的是"概括主义+实践探索"的立法技术。《未成年人保护法》第106条为检察机关提起未成年人公益诉讼的范围所提出的要求仅仅是抽象的"涉及公共利益"这六个字。尽管不能认为凡是涉及未成年人的诉讼案件均涉及公共利益而必然演化为公益诉讼案件，未成年人私益诉讼案件在数量上仍占主流，但不能忽视的是，未成年人的合法权益往往具有极强的公益性，其私益性特征很容易扩容为公益性事件。就未成年人公益诉讼所涉及的案件范围看，除本次指导性案例所示例的个人信息保护、文身治理、校园安全隐患、食

---

① 此处是指2017年修订后的民事诉讼法，2021年修正后相应内容调整为第58条。——编者注

品安全、网吧管理等之外，实践中检察机关提起的未成年人公益诉讼案件在范围上还包括督促控辍保学、未成年人禁烟保护、整治教育培训机构、基础设施安全、校园周边交通安全、疫情期间销售伪劣儿童口罩、娱乐场所违规接纳未成年人、未落实景区门票优惠政策等一批未成年人公益诉讼案件。未成年人公益诉讼案件数量逐年增长。2021年，全国检察机关未成年人保护公益诉讼立案6633件，是2020年的4.2倍，是2018年、2019年两年总和的3.3倍。不仅如此，家事诉讼中，如撤销监护权诉讼、责令监护监督等案件中，也涉及未成年人公益诉讼的适用可能性问题。在未成年人公益诉讼适用范围上，全国检察机关首先要在指导性案例所确定的领域进行未成年人公益诉讼，将这五大领域的未成年人公益保护切实做到位，然后逐步扩展到指导性案例尚未触及的其他领域，由点到面，不断扩展，充分履行未成年人合法权益保护的检察职能。

三、未成年人检察公益诉讼的类案性

2021年4月，最高人民检察院印发《"十四五"时期检察工作发展规划》，提出探索建立类案监督机制，完善类案不同判发现、纠正和处理机制。2021年9月，最高人民检察院《关于印发民事检察类案监督典型案例的通知》发布了4件民事检察类监督典型案例，包括涉公民代理类案监督案、涉终结本次执行程序类案监督案、涉农村"三资"领域虚假诉讼类监督案、涉道路交通事故伤情鉴定类监督案。2020年4月21日，最高人民检察院在其所发布的《关于加强新时代未成年人检察工作的意见》中提出，应当加强对未成年人权益维护的法律监督，努力办成未成年人检察监督的典型案例。未检公益诉讼中的类案监督不仅仅指同案不同判型的类案监督，也指对同样的或类似的案件，检察机关应当基于同案同监、类案类监的原则实施能动监督，从而扩大指导性案例的适用效果。例如，江苏省宿迁市检察院对章某为未成年人文身提起的民事公益诉讼案之类案件效果不仅表现在其他法院对同性质的公益诉讼案件的裁判规制上，也不仅仅体现在其他检察机关对未成年人文身的检察监督上，还体现在类似的侵害未成年人合法权益的同类案件上。例如，经营者对未成年人提供的与文身类似的"服务"，如唇穿孔、鼻穿孔、舌穿孔等，检察机关发现案件线索后，也可以根据指导性案例的法律指引，提起相应的公益诉讼。其他指导性案例的扩张效果也应当做如此解释。

四、未成年人检察公益诉讼的综合性

检察机关是唯一全程参与未成年人司法保护的国家机关，未成年人受到侵害或陷入违法犯罪，其所涉及的刑事诉讼往往会同时暴露出民事法律领域、行政监管领域以及公益保护领域的综合性问题。为了最大化保护未成年人合法权益，检察机关独创未成年人检察机构，将涉未成年人的刑事案件、民事案件、行政案件以及公益诉讼案件从其他检察机构中分离出来，集中在一起统一归于同一个机构进行综合办理。2017年年底，最高人民检察院印发通知，在北京等13个省份部署试点工作，2021年在全国全面推开。指导性案例中有些案例就体现出了未成年人检察公益诉讼的综合性特征。如浙江省杭州市余杭区检察院对北京某公司侵犯儿童个人信息权益提起民事公益诉讼、北京市检察院督促保护儿童个人信息权益行政公益诉讼案，江苏省宿迁市检察院对章某为未成年人文身提起民事公益诉讼案，都是从涉未成年人刑事诉讼案件中发现案件线索，在此基础上提起民事公益诉讼或行政公益诉讼，并基于此向行政机关、立法机关提出检察建议，完善相关行政管理制度和立法制度，体现出对未成年人保护的全方位性、程序穷尽性以及源头治理性，减少了对未成年人的二次伤害或重复涉诉历程，正可谓一个案件解决一片问题，充分发挥了未成年人检察诉讼体制的独特优势，对其他公益诉讼的办理和程序完善也不乏制度启迪价值。

五、未成年人检察公益诉讼的一体性

检察一体原则是检察机关行使检察职能所必须遵循的基本原则，是指上下一体、协同配合、职能统一的检察运行方式，它反映了基于检察权的特殊性所决定的检察权运作的内在规律，是运用检察权时必须遵循的基本法理。随着未成年人检察业务统一集中办理的深入推进，检察一体化原则在未成年人检察公益诉讼中得到了强化和发展，成为检察机关保护未成年人合法权益的常规程序模式，彰显了检察机关在保护未成年人合法权益上的目标统一性、方式多元性、力量整合性和履职能动性。在所发布的五个指导性案例中，最能体现检察一体化原则的案件是浙江省杭州市余杭区检察院对北京某公司侵犯儿童个人信息权益提起民事公益诉讼、北京市检察院督促保护儿童个人信息权益行政公益诉讼案。浙江省杭州市余杭区人民检察院在办理刑事案件的过程中发现了民事公益诉讼案件线索，体现的是内部一体化办案机制。最高人民检察院直接指导，将所发现的行政公益诉讼案件线索交由北京市检察机关办理，体现的是上下一体化办案机制。浙江省杭州市余杭区检察院办理的民事公益诉讼案件和北京市检察院办理的行政公益诉讼案件都是针对同一案件而生，体现的是外部一体

化。最高人民检察院基于民事和行政公益诉讼案件所呈现出的信息和线索，将其上升到最高检察机关的高度，基于检察一体化原则中的职务转移和代理关系，向国家互联网信息办公室建议对涉未成年人网络信息进行保护性治理。一个案子，涉及上下四级检察机关，横跨刑事诉讼、民事公益诉讼、行政公益诉讼以及促进社会治理四大领域，形成了保护未成年人合法权益的"一条龙""立体式"保障新体制和新机制，充分彰显了最有利于未成年人的司法原则和检察优势，最大限度地、最高效率地、最佳效果地实现了对未成年人合法权益的司法保护。

六、未成年人检察公益诉讼的治理性

未成年人检察公益诉讼往往暴露出社会治理体系上的缺失，有时是基于行政不作为或乱作为而显示出的监管缺失，有时是基于立法规范不健全而显示出的立法治理缺位。更多的是前者，即行政监管缺失。在所发布的五个指导性案例中，其中四个都与行政不作为或乱作为有关。例如福建省福清市检察院督促消除幼儿园安全隐患行政公益诉讼案、贵州省沿河土家族自治县检察院督促履行食品安全监管职责行政公益诉讼案、江苏省溧阳市检察院督促整治网吧违规接纳未成年人行政公益诉讼案等。在这些案件中，检察机关通过提起行政公益诉讼或发出公益诉讼检察建议，敦促行政机关积极履职，取得了多赢共赢效果，不仅行政机关的履职行为更趋规范与合法，提升了行政机关的行政治理能力和水平，而且未成年人的各种权益，如人身安全权、食品安全权、信息安全权、教育安全权等，都得到了切实有效保障。未成年人检察公益诉讼的治理性效果不仅体现在行政监管领域，还体现在立法缺位所导致的立法治理领域。典型的案例是江苏省宿迁市检察

院对章某为未成年人文身提起的民事公益诉讼案。在该案办理中，检察机关没有因为立法上对未成年人文身问题没有明确规定而止步履职，而是充分发挥检察机关在社会治理上的独特功能，体现了应有的检察引领和检察担当的作用。在该案办理过程中，检察机关多次联合县市场监督管理局、卫生健康局、教育局等10余家单位召开联席会议，相关单位围绕对文身行业进行规范整顿、建立文身法律风险提示制度、身份审核等制度达成共识。宿迁市、沭阳县两级人大常委会多次到该院调研未检工作，听取情况汇报，最终促使沭阳县第十七届人民代表大会常务委员会第四十次会议讨论通过《关于加强未成年人文身治理工作的决议》，为文身治理工作进入法治轨道提供了样本，在全国产生了积极反响，浙江、河南等很多省份也开始着手在未成年人文身领域展开卓有成效的检察监督活动。

通过公益诉讼构建未成年人友好型的网络空间

林 维[*]

未成年人的网络生活、交往成为其生活交往中无法摆脱、无法分割的一部分，线上线下的二元化生活加快了一元融合的节奏。十余年来，未成年网民的规模呈现不断增长的趋势。据中国互联网络信息中心第48次《中国互联网络发展状况统计报告》显示，截至2021年6月，我国网民规模为10.11亿人，6—19岁网民占15.7%，共1.58亿人。同时根据第十次中国未成年人互联网运用调查显示，我国未成年人互联网普及率为99.2%，明显高于71.6%的全国平均普及率。

网络为未成年人带来了崭新的生存方式，也引发了未成年人网络保护的挑战问题。未成年人在网络使用中获得丰富的信息知识、获得成长和发展空间的同时，也面临来自线上线下的各方面风险，个人信息侵害、网络欺凌、不良内容、社交风险等因素交织在一起，新技术新业态的发展亟须构建与时俱进的未成年人风险防范制度和机制，公众期待检察机关不仅在传统领域中更好地履行检察职能，更要着重在网络空间中建立未成年人的权利保障机制。而检察机关的公益诉讼作为网络空间治理的重要方式之一，通过具有重大影响力的典型案件等重要实践，为未成年人友

---

[*] 林维，中国社会科学院大学副校长、教授，互联网法治研究中心主任。

好型网络空间的构筑提供了坚实有力的保障。

在最高人民检察院发布的典型案例中,"浙江省杭州市余杭区人民检察院对北京某公司侵犯儿童个人信息权益提起民事公益诉讼、北京市人民检察院督促保护儿童个人信息权益行政公益诉讼案"(检例第141号),不仅仅对于跨行政区划的未成年人网络保护公益诉讼案件明确了应综合考虑案件性质、领域、诉讼便利、有利整改等因素,确定管辖机关等规则,更重要的意义在于,这一案例集中体现了在个人信息保护、算法治理、社交平台责任、行政监管履职等未成年人网络保护多元治理机制中的关键问题上,检察机关统筹运用检察职能,充分发挥未成年人检察工作优势,为未成年人提供全面综合司法保护,取得重大的影响力和积极的社会效果,成为促进网络空间综合治理的示范性实践。

首先,检例第141号具有推进未成年人个人信息保护实践、完善未成年人个人信息规则体系的重要意义。不特定人群的个人信息权益具有公益属性,对未成年人的个人信息应予以特殊、优先保护,因此未成年人个人信息保护成为国内外广受关注的网络治理重点领域,我国《未成年人保护法》《儿童个人信息网络保护规定》等立法和相关规定,即对此规定了较为体系化的未成年人个人信息保护制度。检例第141号在这一领域又提供了重要的案例实践,针对未成年人个人信息的特殊同意规定、监护人同意的获取、未成年人敏感个人信息的处理、未成年人用户画像的规则适用等关键问题,都进行了相应的法律适用,为司法实践和规则完善提供了重要的实践依据。针对未成年人个人信息保护中,需要特别注意对于未成年人身份识别的问题,在未成年人未能主动提供有效身份认证信息时,互联网平台应当建立相应的技术识别模型,在有能力识别出未成年人身份的场景下,主动对其采取特殊保护措施。

其次，检例第141号对于未成年人网络保护中的算法治理问题也做出了探索和回应。在与检例第141号相关的刑事案件中，涉案儿童被侵害的结果与平台的算法推送行为存在因果关系，这就涉及算法治理的重要和关键方面。互联网平台在进行算法设计和个性化推荐过程中，需要承担规范运用算法的主体责任，特别是在未成年人保护领域，需要强化特定场景下的算法问责机制，一方面应积极防范算法可能带来的各种风险和不良影响，另一方面也要通过算法促进未成年人接触适合其身心健康发展的内容。检例第141号为未成年人网络保护相关的算法治理提供了重要的实践案例和规则参考，也为《互联网信息服务算法推荐管理规定》等重要规定的制定和出台提供了参考素材。

再次，检例第141号也凸显了未成年人网络社交中的风险场景和防范必要性。未成年人网络社交中的风险，与个人信息泄露、算法推送、网络欺凌等风险有可能叠加交叉，互为前提，在线上线下交织的途径对未成年人的身心造成侵害。检例第141号所涉场景从线上社交延伸到线下侵害的情形即为社交侵害的典型场景。未成年人在网络中进行陌生人社交的风险，从此前"韩国N号房"等恶性事件开始已经引起国内外高度关注。这一指导性案例既展现了对于未成年人参与的网络社交场景加强监管和治理的高度必要性，要求平台对具体技术细节和设置进行全面整改，将未成年人网络保护的职责落到实处，也为其他网络平台的社交功能合规提供了重要指引。

最后，检察机关通过刑事案件及时发现线索，并同时启动民事公益诉讼和行政公益诉讼两项职能，推进刑事案件办理与相关民事、行政、公益诉讼案件办理相互融合，这一方式体现了检察机关协调统筹运用四大检察职能实现法律正义全面、全方位实现的理念。检例第141号的情形尤其说明，在未成年人司法保护领域，在通过刑事、民事案件建立未成年人网络保护司法屏障的同时，还通过行政公益诉讼督促行政主管部门依法充分履行监管职责，通过法律监督构建网络空间综合治理的整体秩序，形成合力，在网络空间实现最大限度保护未成年人合法权益的目的。通过这样一种机制，检察机关为未成年人提供了综合全面的司法保护，为构建未成年人友好型的网络空间创造了坚实的司法基础。

2014年党的十八届四中全会公报明确提出探索建立检察机关提起公益诉讼制度，此后相关诉讼法律制度修订，正式建立了检察机关公益诉讼制度。检察机关作为公共利益的代表，对于未成年人权益保护肩负特殊且重要的责任。无论是2018年的"一号检察建议书"等措施还是此次发布的未成年人保护检察公益诉讼主题指导性案例等，都反映着检察机关在未成年人权益保护领域的担当精神和所取得的成绩。尤其作为未成年人网络权益保护的重要典型案例，检例第141号通过检察公益诉讼的积极探索，说明了检察机关及时适应新时代社会形势变化、与时俱进创新履职模式的精神，并为未成年人友好型的网络空间构建提供坚实司法保障，也为未成年人网络保护的规则构建和行业治理提供案例支撑和合规指引，为建构未成年人网络保护的中国方案做出重要贡献。

理解和适用最有利于未成年人原则的经典示范

姚建龙[*]

新修订的《未成年人保护法》的一大亮点是，正式将《联合国儿童权利公约》所规定的"儿童最大利益原则"（Best interests of the child）国内法化为"最有利于未成年人原则"（《未成年人保护法》第4条）。在法律规定中，使用类似"最大""最有利于"之类的"极端性"表述是罕见的，即便有也容易引起争议和质疑，但在未成年人法中是个例外。迄今为止，《联合国儿童权利公约》仍是签字国最多的国际公约，"儿童最大利益原则"也得到了世界上几乎所有国家的认同。

未成年人是缺乏自我保护能力、不会为自己的权利而斗争的弱势群体，其权利保护状况某种程度上取决于成年人的觉悟和认识。新《未成年人保护法》正式确立"最有利于未成年人原则"，既是总结未成年人保护经验的结果，也表达的是对成人社会的期待，也是约束。然而，尽管"最有利于未成年人原则"被奉为未成年人保护的首要原则，但是如何理解和适用这一原则却一直存在诸多模糊和争议之处。这有赖于学术研究的深入，也需要司法实践的积极探索。

---

[*] 姚建龙，上海社科院法学所所长、研究员。

"文身"不是"贴纸",其对未成年人身心健康尤其是今后成长的危害显而易见。为未成年人进行文身是非道义的,也是对身心发育尚未成熟的未成年人权利的侵犯——这是任何一位普通公民根据常理就可以形成的判断。但是,如果有经营者向未成年人提供文身服务,而法律又对此没有禁止,而且还存在文身的行业分类不明、监管主体不清、法律规范不足等问题,那将会出现什么样的结果?相信大部分人都不言自明。令人赞赏的是,江苏省宿迁市人民检察院对章某为未成年人文身提起民事公益诉讼案,打破了这样一种"不言自明",并且取得了积极的政治效果、社会效果和法律效果。

很多人以"担当作为"赞赏宿迁市人民检察院。但在我看来,江苏省宿迁市人民检察院对章某为未成年人文身提起民事公益诉讼案最值得关注之处是,为如何理解和适用最有利于未成年人原则提供了一个经典的示范。

一是最有利于未成年人原则的最大价值在于确保未成年人保护法网的严密和永不滞后。法有穷而情无限,如果机械理解法律规定,那么必然得出法律总是滞后于社会发展现实的结论。面对法律没有明确禁止对未成年人文身的"困局",也必然得出无能为力的结论。《未成年人保护法》之所以规定最有利于未成年人原则,就是为了避免这样的现象,以确保法律的不滞后。在"法条"有明确规定的情况下,并不需要适用最有利于未成年人原则,而只需依照"法条"执行即可。在此案例中,宿迁市人民检察院既找准了最有利于未成年人原则的司法适用空间,也确保了其担当作为与公益诉讼的合法性。

二是在利益冲突时,给予未成年人优先保护。在对章某为未成年人文身提起民事公益诉讼案中,宿迁市人民检察院面对文身行业局部利益与未成年人公共利益的冲突，坚定地站在了未成年人一侧，坚持了对未成年人的"优先保护"，符合《未成年人保护法》第4条第1项的要求。需要特别指出的是，在未成年人利益与其他利益相冲突时，最有利于未成年人原则对于未成年人利益优先保护的要求，实际体现的是一种"最佳选择"。例如，排除未成年人这一特殊群体，可以让文身行业获得"道义性"，这不但无损营商环境，反而还有利于文身行业的健康发展。

　　三是在解释法律时，尊重未成年人的特殊性。《未成年人保护法》第106条规定："未成年人合法权益受到侵犯……涉及公共利益的，人民检察院有权提起公益诉讼。"对章某为未成年人文身提起民事公益诉讼案，需要厘清也容易存在争议的基本问题是如何理解涉及未成年人的公共利益。未成年人是未来和希望，也是最大的公共利益。在涉及未成年人时，对于公共利益的解释应当有不同于一般案件的标准。值得赞赏的是，宿迁市人民检察院贯彻了最有利于未成年人原则的"特殊"保护要求，在"公共利益"的解释与判断中充分考虑到了未成年人的特殊性。

以发展视角和组合手段实现
涉及未成年人公共利益社会问题的溯源治理

何 挺[*]

福清市人民检察院办理的有关幼儿园安全隐患一案发挥了行政公益诉讼在保障未成年人健康成长方面弥补漏洞与凝聚共识的特有功能,充分体现了检察机关运用多种职能积极参与未成年人保护社会治理和推动建立未成年人保护长效机制方面的积极作为。该案在办理过程中展现出来的敏锐感知并挖掘案件线索、通过深入调查研判风险与问题症结所在、组合运用行政公益诉讼诉前检察建议和社会治理类检察建议以及后续的监督落实等一系列环节,对于未成年人检察公益诉讼的实践适用有较高的指导价值。其中,以下两个方面尤其值得关注与深入思考。

一是在办理涉及未成年人案件中如何合理把握"涉及公共利益"这一提起公益诉讼的条件。"公共利益"本身是一个内涵和外延并不十分明确的概念,这对检察机关提起公益诉讼的范围把握带来一定的不确定性。未成年人保护领域公共利益的范围界定还需要进一步结合未成年人的特殊性进行考虑,尤其是需要结合未成年人所享有的生存权、受保护权、发展权和参与权四项基本权利,以及从最有利于未成年人的角度国家对未成年人应当承

---

[*] 何挺,最高人民检察院第九检察厅副厅长,北京师范大学教授。

担的特殊、优先保护责任。一方面，未成年人尤其是低龄的儿童缺乏自我保护的能力，国家对未成年人的保护应当更为积极主动、前置和全面，这是特殊保护的应有之义；另一方面，未成年人本身具有发展属性，其所享有的发展权要求以发展的眼光看待对他们的权利保护，国家有责任创造有利于未成年人健康成长和发展的环境。发展权是一项典型的积极权利，要求国家积极作为。从这两方面来说，未成年人保护除了受到侵害以后的救济与恢复外，更重要的是如何预防性地消除可能对其造成危害的负面因素，为其健康成长与长远发展提供保障与支持。具体到公益诉讼中同样如此，提起未成年人保护公益诉讼不应以某一群体未成年人已经受到侵害为前提，也应当覆盖成长环境中存在的、可能对某一群体未成年人带来伤害的"隐患"，因此行政公益诉讼更能发挥这一方面的作用。在其他领域的公益诉讼中，也有对"安全隐患"提起"防患未然"的公益诉讼实践并取得较好的效果（参见检例第113号）。作为行政公益诉讼的法律依据，《行政诉讼法》第25条要求提起行政公益诉讼的前提是："致使国家利益或者社会公共利益受到侵害"，但作为未成年人公益诉讼法律依据的《未成年人保护法》第106条表述上则只要求"涉及公共利益"。这种表述和文义上的变化也从某种程度上明确了，对于未成年人保护"公共利益"的把握尺度可能需要放宽，而且更需要有一种发展和预防的视角。本案即是一种从发展和预防的视角开展公益诉讼的很好尝试。在本案中，幼儿园无证办学，存在严重安全隐患，对幼儿的生命健康权有潜在的重大威胁，同时幼儿园办学条件不符合相关要求实际上已经侵犯了幼儿在合格的幼儿园获得合格的照料与教育的权利，即使没有发生重大的安全事故，也会影响幼儿的未来发展。本案虽然在《未成年人保护法》修改前办理,当时仍然处于"等外等"探索阶段,但实际上对于《未成年人保护法》实施以后如何把握"涉及公共利益"同样有较大的参考和启发价值。

二是如何统筹合理运用行政公益诉讼和社会治理检察建议两项检察监督职能。在本案中,幼儿园无证办学所导致的安全隐患是一种表象,涉及教育行政部门、街道办事处和镇政府履行监管职责不到位的问题,但根本原因在于符合办学条件的幼儿园及可以接收的幼儿名额不足以满足所在地区幼儿入园的实际需求,学前教育资源整体不足。对相关履行监管职能不到位的政府部门提起行政公益诉讼固然能促进这些部门履行监管职责,但简单的关停无证幼儿园并不能解决背后学前教育资源不足的问题,学前教育资源的整合与补充涉及更多的政府部门,需要凝聚更多的未成年人保护力量统筹开展。在本案中,检察机关在向有关部门提出行政公益诉讼诉前检察建议的基础上,又向层级更高并具有更强统筹各部门能力的市政府提出社会治理检察建议,这种"组合拳"的使用使检察监督不仅重点突出,覆盖面更广,同时刚性监督与柔性监督并济,有助于实现问题的根本解决,实现诉源治理与溯源治理。本案的办理在这方面给我们的启示和参考价值在于:需要从问题的表象深入识别本质上存在的未成年人保护问题,以问题如何解决为导向综合运用法律赋予检察机关的公益诉讼等多种监督手段,重在问题的实质性、根本性解决和实际的效果。

检察公益诉讼促进构筑未成年人身边的安全防火墙

王贞会[*]

近年来,各地检察机关依法切实履行职责,积极推进通过提起公益诉讼的方式来推动未成年人全面综合保护和参与公共领域社会治理,取得积极成效。贵州省沿河土家族自治县人民检察院督促该县市场监管局履行食品安全监管职责行政公益诉讼一案,检察机关关注未成年人日常生活学习环境,督促并持续跟进市场监管部门履职保障未成年人"身边的安全",具有积极的指导示范意义。

本案告诉我们,应当积极发挥履职能动性,完善线索发现报告渠道,采取多种方式方法,动员社会各方面力量,不断拓宽未成年人公益诉讼案件线索来源。实践中,各地检察机关在办理未成年人保护检察公益诉讼案件时普遍存在线索发现难、来源有限、成案不及时的问题,一定程度上制约了未成年人保护检察公益诉讼的功能发挥和制度发展。检察机关应当建立完善内外部线索移送机制,加强与其他行政部门和单位的沟通合作,在履职中及时发现公益诉讼线索。加强检校合作,通过"法治副校长""送法进校园""法治夏令营"等方式发现校园安全隐患或校园周边管理问题相关线索。加大社会宣传教育,提升未成年人保护

---

[*] 王贞会,中国政法大学诉讼法学研究院教授,检察基础理论研究基地执行主任。

全民意识，营造未成年人保护社会氛围，不断提高家长、教师以及社会各界对侵害未成年人公共利益现象的辨识度和保护未成年人的社会责任感，了解或发现有关公益诉讼案件线索时及时向检察机关进行报告。推动社会支持体系建设，建立由人大代表、政协委员、学校教师、公益爱心人士等与未成年人密切接触或信息渠道畅通的人员组成的公益诉讼观察员队伍，扩大公益诉讼案件线索的来源。此外，检察机关还可以借助信息化手段或建立专门的未成年人公益诉讼案件线索收集平台，方便人民群众向检察机关报告有关案件线索。

本案告诉我们，应当关注与未成年人日常生活学习密切相关的领域开展检察公益诉讼。涉及未成年人权益保护的公共利益具有广泛性和交叉性，哪些领域关乎不特定未成年人的公共利益，哪些案件适合提起检察公益诉讼，需要检察机关在实践中积极探索。未成年人保护检察公益诉讼在某种程度上遵循一种"大处着眼，小处着手"的思路，案件往往来自与未成年人日常生活学习密切相关的领域，一般需要走进未成年人身边及其生活学习的具体场景中才能发现。检察机关要始终牢记，未成年人保护无小事，立足"家校圈""社会面""网络层"，关注与未成年人日常生活学习密切相关的重点领域，深入未成年人日常生活学习的具体场景，积极开展未成年人保护检察公益诉讼。食品安全和校园周边都是与未成年人日常生活学习密切相关的领域，应当始终高度关注。本案通过检察机关提起公益诉讼的方式，既实现对校园周边环境的综合治理，使校园周边环境得到改善，保障了学生的交通出行安全；又实现了对涉未食品卫生问题的有效处理，保障了学生"舌尖上的安全"，达到了综合治理效果。

本案提醒我们，未成年人保护检察公益诉讼不能止步于发现和提出问题,要跟踪监督,最终实现问题的有效解决,达到"办理一案,治理一片"的效果。办案是手段,综合治理是目的。通过办案消除对未成年人合法权益的现实侵害和风险隐患,营造有益于未成年人健康生活、成长的社会环境,是未成年人保护检察公益诉讼的初衷。发出诉前检察建议和向法院提起行政公益诉讼是检察机关办理行政公益诉讼案件的两种主要方式,其中诉前检察建议是向法院提起诉讼的前置必经环节。检察机关对有关机关发出公益诉讼诉前检察建议后,不能简单地一发了之,要持续对有关机关落实诉前检察建议和对侵害未成年人合法权益问题进行整改的情况进行跟踪监督,督促有关机关按照检察建议落实整改、有效履职,保证检察建议真正取得实效,治理效果真正落到实处。对于通过提出诉前检察建议能够实现未成年人保护效果的,检察机关就无需再向法院提起行政公益诉讼。对于有关机关经过诉前检察建议督促仍然没有依法履行职责或者履行职责不到位、整改不彻底、效果不明显,未成年人合法权益仍然处于受侵害状态或尚存遭受侵害风险隐患的,检察机关应当依法坚决履行法律监督职责,向法院提起行政公益诉讼。

本案的指导意义还在于,进一步彰显了检察机关的公益代表属性和最有利于未成年人原则的价值追求。随着国家亲权理念和最有利于未成年人原则在我国社会治理现代化进程中的不断深入,未成年人保护的公益属性和国家立场愈发凸显。深入开展未成年人保护检察公益诉讼,是体现"以人民为中心"、回应社会需求和全面综合保护未成年人的时代课题,是检察机关参与社会治理、服务法治建设,推进国家治理体系和治理能力现代化的重要途径,是在未成年人检察工作中落实"在办案中监督,在监督中办案""双赢多赢共赢"等检察新理念的制度抓手。

以公益诉讼助力营造
有利于未成年人的社会环境

苑宁宁[*]

  友好、积极、健康的社会环境是未成年人健康成长的基础。2020年修订的《未成年人保护法》确立了家庭、学校、社会、网络、政府、司法六大保护体系，形成保护未成年人的大格局。由于社会保护的自觉性、主动性、内在性需要有一个不断提升的过程，未成年人赖以健康成长的社会环境很容易出现薄弱环节和短板，有力高效的外部监督不可或缺。比如，网吧等不适宜未成年人的场所违规接待未成年人的现象时有发生，甚至在有些地方成为社会治理的顽瘴痼疾，引发了诸多未成年人违法犯罪的案件。针对这一问题，江苏省溧阳市人民检察院以司法保护融入其他五大保护为引领，为督促整治网吧违规接纳未成年人而启动行政公益诉讼，充分发挥了公益诉讼的制度优势，取得了良好的社会效果和法律效果。研究分析这一指导性案例，可以提炼出五个方面的启示，以进一步通过未成年人保护公益诉讼助力营造有利于未成年人的社会环境。

---

[*] 苑宁宁，中国政法大学未成年人事务治理与法律研究基地执行副主任。

一、社会环境治理是未成年人保护公益诉讼的重点领域之一

《未成年人保护法》第106条规定了未成年人保护公益诉讼制度，这意味着该类公益诉讼正式从"等外"探索上升为法定类型。与传统的四大公益诉讼相比，未成年人保护公益诉讼没有明确的领域范围限制，只要侵犯了不特定多数未成年人的合法权益，不管是造成了现实的损害结果，还是导致面临现实紧迫的风险，就可以理解为涉及公共利益，就具备了启动公益诉讼的条件。由此可知，未成年人保护公益诉讼与未成年人的合法权益密切相关，由于未成年人的权利包括生存权、发展权、受保护权、参与权，家庭、学校、社会各主体、网络有关方面、国家机关对此负有保障的法定职责，所以未成年人保护公益诉讼的范围是非常广泛的。尽管如此，但不代表未成年人保护公益诉讼工作没有重心和重点，更不应该眉毛胡子一把抓，动不动就启动公益诉讼。要做到未成年人保护与慎重启动公益诉讼之间的平衡，必须紧盯未成年人保护的薄弱环节，瞄准未成年人最容易被忽视和侵犯的合法权益。从实践观察来看，社会保护和网络保护应作为公益诉讼的重点领域。主要原因如下：一是包括各市场主体在内的社会主体和网络相关方履行保护未成年人职责的自觉性需要强有力的外部监督；二是社会环境的复杂和网络空间的千变万化给保障未成年人合法权益带来诸多挑战。因此，未成年人赖以生存发展的社会环境（包括现实空间和网络空间）治理应当成为公益诉讼的重点领域。自1991年颁布《未成年人保护法》起，禁止违规接待未成年人进入网吧等不适宜未成年人的场所是法律一贯性的要求，但多年来实践中依然存在有令不行、有禁不止的情

况，给未成年人的身心健康造成了不可估量的影响。在本案中，溧阳市人民检察院正是抓住了这一社会环境治理中的盲区、难点，通过启动公益诉讼发力，可谓是"好钢用到刀刃上"，取得了实效。

二、 充分挖掘未成年人刑事检察工作中的社会环境治理线索

在司法实践中，线索来源是公益诉讼工作面临的一个现实问题。2021年，未成年人检察业务统一集中办理工作在全国检察机关稳步全面推开，可以说为开展未成年人保护公益诉讼提供了机制上的保障。未成年人刑事检察业务是未检工作的最初形态和传统内容，背后是未成年人司法规律使然。未成年人犯罪通常是一个外部环境负面因素不断内化的过程，或者家庭监护存在严重问题，或者过早辍学步入社会，或者经常出入酒吧、网吧、营业性歌舞厅等不适宜未成年人的场所，或者受到网络空间危害身心健康信息内容的影响等。未成年人被犯罪侵害通常与社会环境中的风险因素管控不力、保护因素缺失有密切关系，比如住宿经营者接待未成年人没有尽到特殊注意义务，密切接触未成年人行业的用人单位未履行从业查询职责等。办理未成年人犯罪或者被犯罪侵害的案件，既要关注事实查明与法律适用，更要关注未成年人的社会复归。这就要求检察机关充分行使检察权，推动和参与治理导致未成年人犯罪或者被犯罪侵害的社会环境。唯有如此，才能真正提升办案质量，通过"办理一案、治理一片、规范一类"来提升未成年人司法的预防效能。其中，行政公益诉讼就是重要手段之一，通过督促行政机关履职，堵住社会环境治理中的漏洞。本案的线索正是在办理未成年人孟某某盗窃案中发现

的，溧阳市人民检察院了解到多家网吧违规接纳未成年人上网的情况后，有针对性地开展相关调查，掌握了该问题的普遍程度以及家长多次反映但未能得到解决的有关情况，于是针对行政监管不力启动了行政公益诉讼，有效地化解了诱发未成年人刑事案件的社会因素。

三、正确理解行政机关关于未成年人保护社会环境治理职责

启动行政公益诉讼的关键问题之一是查明行政机关的监督管理职责，换言之就是确定哪些行政机关没有依法履行职责。未成年人保护社会环境治理是一项复杂工作，涉及众多部门，甚至有时对同一市场主体负有监督管理职责的部门是多个。一方面，《未成年人保护法》中"社会保护"一章规定了众多社会主体、市场主体的未成年人保护职责，这就意味着相应的行政机关负有监督管理职责。另一方面，由于社会环境日新月异，经常会出现修订法律时所不可能预见的新情况，法律不可能穷尽所有社会保护内容，加之所有社会主体负有保护未成年人的共同责任，这就要求行政机关应当带有未成年人保护的视角去监管、去执法。针对以上两方面情况，如何去查明负有监督管理职责的行政机关呢？国务院《关于"先照后证"改革后加强事中事后监管的意见》中提出，坚持权责法定、依法行政，谁审批、谁监管，谁主管、谁监管，按照法律、行政法规、国务院决定，厘清各部门市场监管职责，推进市场监管法治化、制度化、规范化、程序化。国务院《关于深化"证照分离"改革进一步激发市场主体发展活力的通知》同样提出，按照"谁审批、谁监管，谁主管、谁监管"原则，切实履行监管职责，坚决纠正"以批代管""不

批不管"问题,防止出现监管真空。总结起来,核心标准就是"谁审批、谁监管,谁主管、谁监管"原则,可以有效地杜绝推诿扯皮。虽然本案中所反映出来的网吧监管问题一直是个难点,但溧阳市人民检察院根据《未成年人保护法》《互联网上网服务营业场所管理条例》相关规定,确定了市文旅局对网吧经营活动的监督管理职责。与此同时,由于公安机关负责监管落实上网实名登记等安全技术措施,所以在落实诉前检察建议的过程中和"回头看"工作中,公安机关均积极参与,体现出多部门协调治理,彻底堵塞了监管漏洞。

四、提升诉前检察建议的刚性有益于实现未成年人保护诉求

将行政公益诉讼诉前检察建议做成刚性、做到刚性,有利于通过诉前程序达到维护未成年人合法权益的目的,实现双赢多赢共赢的办案效果。相反,如果诉前检察建议缺乏刚性,很可能导致行政机关重视程度不够、整改落实不到位,最终使检察建议沦为一纸空文。办理未成年人保护行政公益诉讼案件,可以从以下几个方面保障诉前检察建议的刚性:一是用好用足《未成年人保护法》第114条规定的一个月的书面回复期。《未成年人保护法》规定,发现有关单位未尽到未成年人教育、管理、救助、看护等保护职责向该单位提出建议的,被建议单位应当在一个月内作出书面回复。该规定既适用于一般的社会治理检察建议,也适用于诉前检察建议。二是确保诉前检察建议的高质量。高质量是保障检察建议刚性的坚实基础。一方面,严格依照《人民检察院公益诉讼办案规则》对案件线索进行评估、立案后磋商、做好事实调查、找准法律依据,为制发检察建议提供全面客观的

素材。另一方面，撰写诉前检察建议过程中，必要时可以组织圆桌会议或公开听证，听取各方意见，促进理解，达成共识，减少行政机关对诉前检察建议的抵触情绪，在监督内容上应更加突出说理性，强调可操作性，对提出建议所依据的法律、法规等要具体明了。三是建立健全公开宣告制度。检察机关可以邀请人大代表、政协委员、人民监督员、未成年人代表等第三方人员全程参与诉前检察建议公开宣告、公开送达，通过社会各方力量共同督促有关部门积极依法履行职责、监督被建议单位整改落实。四是深入持续实地跟进监督检察建议的落实效果。检察机关发出诉前检察建议后，定期与被建议单位进行沟通联系了解整改进度，不定期对整改现场进行查看了解整改落实情况，确保问题不反弹。本案中，溧阳市人民检察院先对案件线索进行了全面评估，通过问卷、走访等方式调查，确保了网吧监管这一问题的客观性、真实性，随后在诉前检察建议中针对性提出五项科学合理、可操作性强的措施，既有关于执法的具体建议，也有建章立制的宏观内容，最后与市文旅局、市公安局召开联席会议，开展"回头看"工作。这些做法保障了诉前检察建议的刚性，也是该案实现共赢的关键。

五、"六大保护"协同是贯穿未成年人保护公益诉讼的重要理念

未成年人保护行政公益诉讼的直接目的在于督促行政机关依法履职，尽到保护未成年人的职责，根本目的是为未成年人健康成长创造更加有力的外部条件。办理这类公益诉讼案件，既要努力实现直接目的，也要善于延伸办案效果，坚持"六大保护"协同，将司法保护融入其他五大保护。在本案中，督促加强对网

吧的监管是直接诉求，但此问题仅仅是社会环境治理某类问题的一个缩影。在营造有利于未成年人的社会环境方面，除了行政机关切实监督管理外，离不开提升社会主体保护未成年人的自觉性、主动性、积极性，发动社会力量正确引导未成年人远离不适宜的场所，帮助家庭履行好教育职责。为此，溧阳市人民检察院抓住办理该起公益诉讼案件的契机，将办案中发现的放任未成年人进入营业性娱乐场所、酒吧、网吧的未成年人父母或其他监护人情况，向妇联、关工委等通报，推动妇联、关工委发挥自身优势，动员社会力量，开展家庭教育指导，链接司法社工、"五老"、社区网格员、志愿者等多方资源力量，推动构建常态化监管网络体系，进一步筑牢筑高了不适宜未成年人场所违规接待问题的复发和反弹。

承办检察官解读

深入践行司法为民宗旨
强化未成年人网络保护

吴文迪[*]

在科技日新月异的今天,未成年人网络保护被国家、社会高度重视,新修订的《未成年人保护法》还进行了专章规定。检察机关作为未成年人的守护者,通过公益诉讼来保障他们的合法权益更为必要。2021年3月,浙江省杭州市余杭区人民检察院诉国内某知名短视频公司侵犯儿童个人信息民事公益诉讼案,经杭州互联网法院调解结案。本案是检察机关办理的全国首例未成年人网络保护民事公益诉讼案,彰显了检察担当和责任,推动了涉未网络平台治理,取得了良好的办案效果和社会效果。

一、案件基本情况

浙江省杭州市余杭区人民检察院在办理徐某某猥亵儿童刑事案件时发现,北京某科技有限公司(属上市公司)开发运营的一款知名短视频App,推送含有儿童个人信息的短视频和账号不当,被徐某某用以获取儿童个人信息,并利用该App的私信等

---

[*] 吴文迪,浙江省杭州市余杭区人民检察院检察委员会委员、第二检察部主任。

功能联系被害儿童，实施网络猥亵行为。该 App 违法违规收集处理儿童个人信息行为主要有：未以显著、清晰方式告知并征得监护人明示同意，允许注册儿童账号，收集、存储儿童个人信息；未再次征得儿童监护人明示同意，运用算法向有浏览儿童视频喜好用户推送含儿童个人信息的短视频；未采取技术手段对儿童账号进行保护。上述行为对不特定儿童人身安全、生活安宁等造成风险隐患，少数儿童因个人信息泄露遭受侵害，损害了社会公共利益。

二、案件办理过程

（一）民事公益诉讼的办理过程

2019 年 5 月，徐某某猥亵儿童一案案发，随后公安机关将本案移送余杭区人民检察院审查逮捕，后于 2019 年 9 月移送审查起诉，2020 年 1 月余杭区人民检察院以猥亵儿童罪对其提起公诉。在此过程中，余杭区院审查发现，某平台为获取经济利益，在收集、存储、使用儿童个人信息过程中，未遵循正当必要、知情同意、目的明确、安全保障、依法利用原则，对儿童人身安全以及生活安宁造成极大隐患。余杭区院认为，涉案平台侵犯不特定儿童个人信息权益和隐私权，损害社会公共利益，决定对该平台的运营者北京某公司开展民事公益诉讼相关调查，并将情况层报省、市检察院未检部门，在上级院的指导下开始有针对性的初步调查。2020 年 4 月 1 日，余杭区人民法院以猥亵儿童罪判处徐某某有期徒刑 4 年 8 个月。2020 年 5 月 14 日，徐某某猥亵儿童一案经杭州中院裁定维持原判。刑事案件判决生效后，浙江省院结合省内涉北京某平台刑事案件发案情况，就余杭区院初期查证事实和意义进行综合分析论证，向高检院九厅作了书面汇报，并在高检院九厅指导下，抽调业务骨干成立专案组，补充完善事实证据，研究相关法律政策，及时续报案件办理进展。

2020年7月7日，高检院九厅召集浙江等地未检部门，以视频会议形式召开工作推进会，时任九厅厅长史卫忠对本案作了深入探讨研究，要求抓紧办理。浙江省院贾宇检察长也提出要求注意惩治违法犯罪与维护企业运行的平衡，将本案办成经典案件，实现"三个效果"的统一。

2020年7月至9月，专案组认真贯彻相关要求，加强取证固证，同时听取网信部门、法律专家、技术专家等各方意见，其间多次走访省高院、杭州中院、杭州互联网法院，与分管院领导及相关庭室负责人座谈交流等，论证事实证据认定和法律政策适用，了解行业规则和管理规范，听取和吸纳各方意见建议。

经过前期论证，2020年9月15日，余杭区院就本案在正义网发布诉前公告，同时和北京某公司进行联系，通过邮寄、电话告知我院拟提起民事公益诉讼的情况。

2020年9月至11月间，涉案公司多次到余杭区院、杭州市院和浙江省院对接本案，并按照检察机关的要求抓紧推进整改。与此同时，专案组多次和杭州互联网法院对接，并将情况层报高检院，在高检院的指导下开展证据补充、整改方案完善等工作，准备起诉的基本材料。

2020年12月2日，余杭区人民检察院就北京某公司民事公益诉讼案向杭州互联网法院提起诉讼。12月8日本案法院正式立案后，省、市、区三级检察院围绕审理方式、诉求落实、舆情导控等重点工作，加强沟通对接，积极推进案件办理相关工作。

2021年1月29日，本案召开了庭前会议，就案件的证据等进行了出示，并就整改方案、调解协议的初稿等达成了基本共识。

2021年2月7日，在前期工作的基础上，本案在杭州互联网法院公开审理，庭审中，北京某公司对检察机关的所有诉求均予以认可，并在法院的见证下签署了调解协议。

2月9日，本案的起诉书和双方达成的调解协议依法在《法治日报》上进行了公告。3月11日，公告期满后，杭州互联网法院依法制作调解书并送达双方，案件办理终结。

（二）行政公益诉讼的办理过程

鉴于该案同时反映出相关行政主管机关对北京某公司监管不到位的行政公益诉讼案件线索，经浙江省检察机关请示，2020年10月，最高人民检察院将该线索交至北京市人民检察院办理。

10月22日，北京市人民检察院对该案以行政公益诉讼立案，经调查向北京市互联网信息办公室提出依法履行监管职责，全面排查、发现和处置违法情形，推动完善儿童个人信息权益网络保护的特殊条款，落实监护人同意的法律规定等相关建议。

12月4日，北京市网信办将其约谈北京某公司负责人、推进该公司严格落实网络保护责任及提升优化软件等履职监管情况函复北京市人民检察院。根据检察机关工作建议，北京市网信办制定了《关于开展未成年人信息安全保护专项整治的工作方案》，对属地重点直播和短视频平台逐一梳理，压实网站主体责任，并将此次专项整治工作与未成年人网络环境治理等专项工作有效衔接，形成保障未成年人用网安全管理合力。

2021年4月16日，最高人民检察院向国家互联网信息办公室通报该案有关情况，提出开展短视频行业侵犯儿童个人信息权益问题专项治理，压实网络运营者未成年人保护责任，促进互联网企业对算法等相关技术规则改进提升，推动行业源头治理，建立健全风险防范长效机制,督促企业依法经营等工作建议,强化对网络空间侵犯未成年人权益行为的监管整治。12月31日,国家网信办、工信部、公安部、市场监管总局联合发布《互联网信息服务算法推荐管理规定》,对应用算法推荐技术提供互联网信息服务的治理和相关监督管理工作做出了进一步规范。

三、办理中的重点难点

(一)涉案企业侵权行为是否侵害了公共利益

第一,儿童个人信息系法律保护的法益。《儿童权利公约》从国际层面确立了儿童利益最大化这一普适性原则;案发时适用的《民法总则》第111条规定个人信息受法律保护;案发时即将实施的《未成年人保护法》作为未成年人保护的"小宪法",新增设了"网络保护"这一章节,由此形成了六位一体的未成年人保护新体系,明确了未成年人所享有的网络数据安全的权利,明确了儿童个人信息内容保障、投诉举报通道机制,对未成年人给予特殊和优先保护。《网络安全法》第76条厘清了个人信息的内涵与外延——能够单独或者与其他信息结合识别自然人个人身份的各种信息;案发时即将实施的《民法典》将电子邮箱、健康信息、行踪信息等也纳入个人信息范围。根据上述法律法规,公民(包括儿童)个人信息的核心特点为"可识别性",既包括对个体身份的识别,也包括对个体特征的识别。即该信息能够反映出个人的自然、社会活动情况,勾勒出个人人格形象,如姓名、身份证号码、通讯联系方式、住址、账号密码、财产状况、行踪轨迹等。

第二,涉案软件收集、管理的儿童个人信息具有可识别性,可认定为受法律保护的公民(包括儿童)个人信息范畴。一方面，该短视频软件在儿童用户注册过程中收集并且默认公开儿童网络账号、位置、联系人等信息；在用户注册时获取且默认公开的信息包括用户在第三方账户转入的昵称、头像，以及注册该短视频软件形成的该短视频软件账号，同时默认识别手机通讯录联系人、默认公开用户位置；另一方面，儿童用户上传该短视频软件的视频信息，多数包括了儿童用户本人的面部识别特征和声音识别特征。这些信息能指向识别出特定儿童，具有可识别性，符合法律法规对公民（包括儿童）个人信息的定义，系法律保护的法益。

第三，涉案企业侵害了不特定儿童，损害了社会公共利益。据涉案企业提供的数据显示，2020年，平台14岁以下实名注册用户数量约为7.8万，未实名注册未成年人用户数量以头像、简介、背景等基础模型测算约为1000余万，数量巨大。这些儿童用户防范意识弱，经常会发布含有姓名、学校、住址等个人敏感信息的短视频，这些信息与用户主体身份具有强对应关系，综合部分视频信息能反映出用户日常生活习惯、偏好等，体现出儿童社会特征，且相关信息与识别儿童个人身份的信息结合后，更能明确指向特定的儿童。这给不法分子非法收集、存储、分享儿童个人信息提供了便利，极易使得儿童的身心健康、财产安全、个人名誉受到侵害。在本案中，该短视频软件无差别向用户推送含儿童个人信息作品，且以"默认获得监护人同意"方式在注册、使用、存储等环节违法获取、使用儿童个人信息，造成不特定多数儿童利益受损的损害后果，对公共利益产生了极大的损害。

（二）如何确定本案的监督模式和合法诉求

第一，提起公益诉讼是保护网络行业发展、推进技术进步的有效措施。本案中，如何既保障儿童个人信息权益，推进网络社会治理，又防止对新经济新业态造成过大冲击，检察机关进行了深入思考。通过综合考量，检察机关最终选择了公益诉讼的方式来处理本案，并创造性通过民事公益诉讼和行政公益诉讼监督模式来进行法律监督。民事、行政公益诉讼"两条腿走路"促使涉案企业停止对儿童用户个人信息的侵害，同时推进短视频行业网络治理的堵漏。一方面，强化案例警示作用，以公益诉讼促涉案企业规范经营。检察机关立足办案，通过公益诉讼设置惩罚性赔偿金，加大对涉案企业的儿童个人信息侵权行为的惩治力度，提高违法成本，对涉案企业起到了较强的威慑作用，实现了政治效果、法律效果、社会效果的统一，这有利于促进涉案企业用正确的价值观指导算法。另一方面，强化案例示范作用，以公益诉讼促行业规范发展。采取司法介入，以公益诉讼方式向企业和市场传达何种行为合法、何种行为违法的信号。规范互联网企业个人信息的处理行为并不会影响行业发展，反而会促使技术不断创新进步。当前参与市场竞争的互联网企业不断完善个人信息保护制度和技术，完善技术可以为用户提供更优质的互联网服务，也有利于企业可持续发展。可以说，该案的办理为提升互联网行业儿童个人信息保护标准提供了有力的司法保障。

第二，本案中确定民事公益诉讼诉求是儿童个人信息保护领域公益损害能否得到恢复且实现制度化保护的关键。在明确了民事公益诉讼的必要性和可行性后，检察机关综合考量了法律法规的担责方式，厘清责任边界，最终以停止侵害、消除危险、赔偿损失、赔礼道歉作为本案诉讼请求。

1. 停止侵害。互联网的无边界性、即时性会使得潜在的儿童个人信息侵害后果传播范围扩大，因此要求涉案企业立刻停止对儿童用户个人信息权益的侵犯刻不容缓。为此，对于涉案软件已经收集、使用的儿童个人信息，检察机关要求涉案企业对涉案儿童账户进行优先、特殊保护。对于已经注册的儿童用户，检察机关要求涉案企业征求儿童用户监护人意见，若监护人明示不同意注册的，则应对该账户及信息予以删除。

2. 消除危险。儿童个人信息侵害行为发生后，如果任由侵权行为的危险后果蔓延，通过互联网进一步扩散，极易产生"二次侵权"，将可能使儿童受害人的权益遭受不可估量的损失，如本案中儿童个人信息被涉案软件非法获取后推送给徐某某，最终造成儿童被猥亵的危害结果。因此，检察机关要求推进涉案软件儿童个人信息合规化整改，其中包括有效落实儿童监护人告知同意规则、监护人二次授权规则等。

3. 赔偿损失。要求赔偿于法有据。个人信息是数字经济发展的新型生产要素，儿童个人信息采集和利用具有商业价值，该公司对儿童个人信息的非法收集、存储、利用等为其商业运营带来不法获利。根据《侵权责任法》第十五条、第二十条、第三十六条的规定（案发时《民法典》尚未施行），该公司在侵权的前提下承担赔偿损失的责任有法可依。《侵权责任法》中明确侵权责任的损害赔偿有三种计算依据：第一种是按照实际受损金额进行赔偿；第二种是按照侵权人获利赔偿；第三种是当侵权人获利难以确定且被侵权人和侵权人就赔偿数额协商不一致时，由人民法院根据实际情况确定赔偿数额。本案中，在案的证据无法确定被侵权不特定儿童个体的实际损失，也无法确定非法获利，因此，检察机关按照第三种酌定数额来认定。同时，检察机关也以司法实践中的类案作为借鉴。如在凌某某与北京微播视界科技有限公司（抖音平台）隐私权、个人信息权益网络侵权责任纠纷一案中，法院认为，抖音平台未征得凌某某的同意非法采集、利用其个人信息，构成个人信息权益的侵权行为，判决抖音平台对凌某某赔偿经济损失。在本案中，检察机关综合考虑该公司的侵权行为、侵权后果、整改态度等确定赔偿数额，该款项将专款专用于儿童个人信息保护公益活动。

4. 赔礼道歉。该案系全国首例儿童个人信息侵权公益诉讼案，检察机关要求涉案企业在全国性媒体上公开赔礼道歉，可发挥案例的警示效应，提高互联网行业对儿童个人信息保护的关注，对潜在的侵权主体予以威慑，提高公众对儿童个人信息安全保护问题的关注。

（三）本案公益诉讼的管辖确定和模式选择

本案在办理时，在检察机关考虑以公益诉讼方式进行处理时，如何确定公益诉讼的属地管辖、层级以及以何种模式进行，就成为一个应当详细考虑的问题。首先，在公益诉讼的地域管辖方面，本案涉案企业的注册地和主要经营地在北京，侵权行为地在杭州，两地检察机关都有管辖权，此时，在层报高检院后，最终综合考虑本案案件性质主要是网络侵权，属于个人信息保护领域，杭州互联网法院也是国内首家成立的互联网法院，诉讼便利，异地调查有利于工作的开展，综合考虑上述因素，最终决定本案交由杭州检察机关办理。在确定管辖地后，浙江省院、杭州市院也进行了充分考量，依照相关法规，2020年5月15日浙江省人大常委会通过的《关于加强检察公益诉讼工作的决定》第2条第2款明确规定，检察机关积极稳妥探索安全生产、个人信息保护、公共卫生安全等领域公益诉讼工作；2019年10月29日杭州市人大常委会出台的《关于加强检察公益诉讼工作的决定》第1条第2款明确规定，检察机关积极稳妥探索安全生产、互联网侵害公益、个人信息保护等领域公益诉讼工作，作为社会认知度高、敏感性强的儿童个人信息保护,应当率先开展公益诉讼探索。管辖权方面,最高人民法院《关于互联网法院审理案件若干问题的规定》第2条规定:"北京、广州、杭州互联网法院集中管辖所在市的辖区内应当由基层人民法院受理的下列第一审案件:……(九)检察机关提起的互联网公益诉讼案件;……",同时考虑到本案由刑事案件引发,由刑事案件承办检察院办理更能综合考量,收集证据等更为便利,最终确定由余杭区人民检察院来办理。

同时,本案作为一个跨行政区划的未成年人网络保护公益诉讼案件,为了达到后续整改的真正落地,强化监督效果,最终高检院决定北京检察机关同步进行行政公益诉讼。

所以,从本案的管辖确定来看,检察机关对办理跨行政区划的涉网络公益诉讼案件,民事公益诉讼案件应当层报共同的上级检察院指定,一般由损害结果发生地检察机关管辖;行政公益诉讼案件一般应当由网络企业注册地检察机关管辖,以便后续行政监管。

(四)如何实现法律规则与信息技术有机融合

在本案的办理过程中,如何将《儿童个人信息网络保护规定》《民法总则》《网络安全法》等法律规定的儿童个人数据收集、使用等处理规则落实在技术层面是重中之重。为此,检察机关以法律为准绳,兼顾当前技术实际情况,能动履职,创造性为涉案软件构建儿童个人信息保护体系,实现了法律规则与信息技术的有机结合。

第一,针对涉案软件"未取得监护人明示同意"的问题,检察机关建议开启"儿童和监护人双重实名认证"。《网络安全法》第41条、《儿童个人信息网络保护规定》第9条规定,网络运营者收集、使用、披露儿童信息需显著清晰告知监护人，是强制性义务。在本案中，该短视频软件出于商业利益考量，未设置识别儿童用户前置程序，未采取显著清晰方式有效告知监护人，明显违反了法定义务。该短视频软件推定用户注册时为完全行为能力人，将通知监护人的责任转归于儿童，加重了用户责任，属于违法行为。对此，检察机关建议涉案企业开启儿童和监护人"双重实名认证"。一方面，要求儿童用户在注册时填写监护人信息，且通过站内短信的方式联系监护人，征求监护人是否同意其子女进行实名操作；另一方面，新增《儿童个人信息保护规则》《儿童用户协议》，在实际使用、共享儿童信息前以显著方式告知监护人涉案软件对儿童个人信息、存储、使用的目的、方式和范围，保障监护人对儿童个人信息的知情权、同意权、拒绝权、更正权。

第二，针对涉案软件"默认获得监护人同意"的问题，检察机关建议增加"监护人明知—确认"环节。《民法总则》第19条、第20条和《网络安全法》第41条、第42条和《儿童个人信息网络保护规定》第7条规定，处理儿童信息必须取得监护人明示同意，以强化对儿童监管和保护。在本案中，该短视频软件采取儿童注册"默认获得监护人同意"方式获取儿童信息，无法确保监护人有效参与，剥夺监护人行使知情权和选择权，违反了法律规定。为此，检察机关建议互联网企业增加"监护人明知—确认"这一环节。为满足部分有意愿发布作品的儿童用户需求，增加家长确认环节，明示可能存在的潜在风险。家长实名确认后，该儿童上传的视频才可以被发布到公共网络中，被他人所阅览、分享、下载。

第三，针对涉案软件"未取得监护人再次同意"的问题，检察机关建议增加"一次一确认"环节。《儿童个人信息保护规定》第 14 条规定，当网络运营者超出约定的目的、范围使用儿童个人信息时，应再次取得儿童监护人的同意。在本案中，该短视频软件作为短视频软件，在使用中容易暴露儿童个人信息特别是私密信息，但其为加强互动社交和吸引更多用户、获取经济利益，在没有经过监护人再次同意的情况下，在其展示、推送、社交功能中积极推送儿童信息或放任对儿童信息访问，侵犯了儿童个人信息权益和隐私权。为此，检察机关建议企业增加监护人"一次一确认"的授权环节。在该软件每一次使用、共享涉及儿童个人信息的视频时，都应当需要监护人的确认，网络软件运营企业不能以监护人概括同意的格式性条款来规避各个环节的告知和获得监护人同意的义务。

四、案件办理中的工作创新

（一）以区块链技术赋能取证

由于网络虚拟性、隐蔽性、无界性等特点，电子证据自身存在着易被篡改、易灭失、实效性差的问题，给司法实践中个人信息侵权行为的取证带来了巨大挑战。区块链技术不可篡改性、溯源追踪、全痕记录的特性正好契合了该问题的症结。针对这个问题，检察机关应善用科技赋能，运用"区块链"取证技术固定侵权证据，有利于个人信息侵权证据链条的构建由"粗放"走向"精密"。

第一，以区块链的"溯源追踪性"确立证据的来源合法性。根据最高人民法院《关于互联网法院审理案件若干问题的规定》第 11 条、最高人民法院《关于民事诉讼证据的若干规定》第 14 条，由区块链技术固定的证据法律予以认可。在本案中，检察机关将个人信息侵权的证据采集过程经由区块链技术全程固定下来，使得证据可以溯源追踪，具有来源合法性。

第二，以区块链的"不可篡改性"确立证据的内容真实性。在本案中，检察机关借助区块链的非对称加密技术将取得的电子证据的取证时间、取证方式、取证内容固定下来，通过哈希值校验，避免证据被伪造、被篡改，使得电子数据具有不可篡改性，符合我国举证规则中对证据真实性的要求。

第三，以区块链的"全痕记录性"确保取证程序规范性。在本案中，浙江检察机关全面审查案情，运用移动设备模拟儿童个人信息在该软件中的收集、存储、使用、共享全过程，通过区块链对侵权行为进行全程的抓取分析、轨迹识别、分析研判，经调查，涉案软件经后台算法推送含有大量儿童个人信息账户，检察机关将涉案证据通过区块链技术——固定下来，使得取证全程规范化问题得以解决。

（二）以行政公益诉讼促实效

在本案中，该短视频软件造成了不特定多数儿童利益受损的后果。检察机关走访网信部门及相关互联网企业，在案发时我国尚无专门的儿童个人信息监管机构和监管模式，对儿童个人信息安全监管中发生的问题，网信等监管部门基本采用"约谈""曝光"等柔性措施，未能对违法行为予以刚性处罚，这松动了个人信息法律法规的约束力，使得大数据产业得以野蛮生长，侵犯儿童个人信息安全的行为屡禁不止。主管部门监督管理不到位与本案的侵权后果发生存在因果关系。

根据"两高"《关于检察公益诉讼案件适用法律若干问题的解释》第21条，检察机关可以提起行政公益诉讼。从监管主体上看，《网络安全法》第8条、《网络信息内容生态治理规定》

第 3 条、《互联网信息内容管理行政执法程序规定》第 2 条规定，网信部门是未成年人个人信息安全保护的适格行政主体；从执法管辖看，根据《互联网信息内容管理行政执法程序规定》第 6 条、第 7 条的规定，实施违法行为的网站备案地、工商登记地等地的互联网信息内容管理部门可以依职权管辖本行政区域内重大、复杂的互联网信息内容行政处罚案件。据此，检察机关根据《网络安全法》第 64 条规定，建议网信部门等行政执法机关，综合运用行政处罚权，包括且不限于责令改正、给予警告、没收违法所得、罚款、暂停业务、停业整顿、关闭网站、吊销相关业务许可证或营业执照等，相关行政处罚措施可以由轻到重，逐步推进。

在本案中，检察机关通过行政公益诉讼，激活行政监管职能，推动短视频行业治理，发挥行政机关专业化优势，促进互联网企业依法加强对未成年人个人信息保护，以有效增强民事公益诉讼中的停止侵害、消除危险的诉讼请求。

（三）以检察一体化汇聚合力

在实践中，网络运营企业往往存在注册管理地和侵权行为地不一致的情况，检察机关在督促监管、证据收集等方面存在较大工作难度。因此，在办理此类案件的过程中，要发挥"检察一体化"的优势，运用综合手段推动案件办理工作。在上下级检察机关间、同级检察机关间通过异地指定管辖、办案人员抽调、部门协同办理等方式集中办案优势资源。

第一，横向一体化，构建融合式监督格局。在涉未成年人案件中，违法犯罪行为背后往往隐藏着社会治理层面的漏洞和不足。检察机关不能就案办案，而应当秉持溯源治理的理念，实现由"一"到"多"的职能延伸，依托未成年人检察业务统一集中办理机制，综合运用"四大检察"，将检察监督横跨刑事、民事、行政、公益诉讼以及社会综合治理等多个领域。在本案中，检察机关正是以徐某某猥亵儿童案为基础，推进未成年人刑事案件办理与涉未成年人民事、行政、公益诉讼案件等衔接融合，依法能动履职，探寻刑事案件背后的企业机制体制性漏洞，对涉案企业提起民事公益诉讼，要求涉案企业停止侵害、消除危险、赔偿损失、赔礼道歉，促使涉案企业进行儿童个人信息合规化整改，压实涉案企业履行未成年人个人信息安全保护的法律义务；以行政公益诉讼促使网信部门强化履行监管职责，形成监管合力。

第二，纵向一体化，发挥四级联动效能。纵向一体化，旨在在重大案件办理过程中，高检院发挥高屋建瓴、谋篇布局功能，省级院发挥主导主抓、督促落实功能，市级院发挥上下协调、组织管理功能，基层院发挥精准落实、信息反馈功能，实现上下级检察机关联动，实现监督合力。

1. 由下至上的检察一体化办案机制。在办理该案过程中，余杭区院认为该公司侵犯不特定儿童个人信息权益，损害社会公共利益，拟针对涉案软件开展公益诉讼调查，但考虑到涉案企业系短视频行业头部企业，影响力大、牵涉面广，且在我国司法实践中尚无针对儿童个人信息保护提起公益诉讼的先例。因此，在公益诉讼的实体和程序方面亟须上级检察院指导。余杭区院秉持一体化办案意识，将情况层报至高检院。2020年7月，高检院九厅召集浙江等地四级未检部门，以视频会议形式召开案件论证会，对本案作了深入探讨研究，解决了涉儿童个人信息网络保护公益诉讼的必要性和可行性等根本问题，同时要求注意监督履职与保障企业合法经营有机统一，实现办案"三个效果"。省院、市院组织法律专家、业内人士等对案件进行充分论证，吸纳各方意见。同时，抽调业务骨干成立专案组，为案件办理做好人才储备。余杭区院加强取证固证，进一步调查完善电子证据，提取固定若干书证、言词证据，构建事实证据体系。在上级检察院的有力指导下，余杭区院最终对涉案企业提起民事公益诉讼。

2. 由上至下的检察一体化办案机制。鉴于该案同时反映出相关行政主管机关对互联网企业监管有待加强的行政公益诉讼案件线索，2020年10月，高检院将线索直接交给北京市检察院，并在事实定性、法律适用等方面予以指导。北京市检察院补充完善事实证据，研究相关法律政策，精准贯彻执行上级院的指示，及时知会行政主管部门，并督促相关行政机关依法履职，全面查找涉案企业侵害儿童个人信息权益的情形。依托检察一体、上下联动，最大限度释放法律监督整体效能。

五、本案办理的启示及意义

（一）延伸履职，从刑事检察到公益诉讼

本案来源于2019年发生在余杭区的一起猥亵儿童案件，被告人诱使一名不满十岁的女童在其监护人不知情的情况下拍摄了大量的裸照和视频，进而达到自己"隔空猥亵"的罪恶目的。承办检察官审查刑事案件时没有简单就案办案，经对被告人手机进行仔细勘查后发现里面还有其他儿童的裸照和私信，运用融合监督思维，在针对性讯问和取证后把握住了"稍纵即逝"的机会，发现并研判有涉未公益诉讼案件的线索。

余杭区人民检察院将案件中的问题和线索整理后逐级上报至最高人民检察院。经过深入分析、充分论证，认为该网络平台中存在的问题已经侵害了众多未成年人的合法权益，有必要进一步

调查。于是，浙江省三级检察院抽调精干未检检察官组成专案组，全力办理此案。

（二）协同发力，民事、行政公益诉讼接续监督

由于案件涉及网络平台，取证方式和策略与以往案件均有不同，承办检察官在办案过程中运用网络办案思维，在充分听取网信部门、公安机关、法院、互联网法律专家和技术专家的意见后，有针对性地采用"区块链"取证技术，对涉案 App 软件的应用下载、用户服务协议、隐私权保护政策、应用界面等内容进行固定，并对该软件推送含儿童个人信息短视频及儿童账号情况进行一定时期针对性取证，有力夯实了证据。2020 年 9 月 15 日，余杭区人民检察院发布诉前公告。同年 12 月 2 日，余杭区人民检察院向杭州互联网法院提起民事公益诉讼，请求判令：北京某公司立即停止实施利用 App 侵犯儿童个人信息权益的行为，赔礼道歉、消除影响、赔偿损失。

针对网络经营者存在民事侵权行为，属地行政主管部门也有必要协同加强监督，承办检察官提出可综合开展民事公益诉讼和行政公益诉讼的办案监督模式。经最高人民检察院指定管辖，最终本案由侵权所在地杭州市检察机关提起民事公益诉讼，行政公益诉讼线索交北京市人民检察院办理。

在检察机关和行政主管部门的共同配合下，涉案企业主动多次联络检察机关，表达积极整改并希望调解结案的意愿。检察机关基于公益诉讼的恢复性司法理念，依据相关法律法规，推动公司进行合法经营整改，提出具体要求。

（三）专项整治，推动未成年人网络保护前行

2021 年 2 月 7 日，杭州互联网法院公开开庭审理此案。涉

案公司对公益诉讼诉求均予认可,对检察机关依法履行公益诉讼职责、促进和帮助企业合法合规经营表示感谢。在法庭组织下,双方在确认相关事实证据的基础上达成调解协议,调解协议中,北京某公司对所运营 App 中儿童用户注册环节、儿童个人信息储存、使用和共享环节,儿童网络安全主动性保护等方面细化出 34 项整改措施,突出落实"监护人明示同意"等规则,重点制定单独的儿童个人信息保护规则、用户协议,建立专门儿童信息保护池、创建推送涉未成年人内容的独立算法等机制制度,并明确落实整改措施时间表。同时,该公司表示将结合整改,完善管理制度,自愿接受网信等部门合规审查。检察机关的相关诉求被告均予以认可。经 30 日公告,3 月 11 日,杭州互联网法院出具调解书结案。

六、 结语

习近平总书记指出,"依法治理是最可靠、最稳定的治理"。强化大数据时代的个人信息保护,从根本上还是要运用法治思维和法治方式。《民法典》《未成年人保护法》的出台,无疑用法治的方式再次给儿童个人信息保护加上了"安全锁";而作为社会认知度高、敏感性强的儿童个人信息保护,检察机关也通过以公益诉讼的方式来向企业和市场传达何种行为合法、何种行为违法的信号,这对于推动互联网公司规范运营、健康发展无疑也是一种积极的促进。

用检察实践擦亮未成年人保护的法治底色

俞波涛*

修订后的《未成年人保护法》为检察机关提起未成年人保护检察公益诉讼提供了法律依据。江苏检察机关认真贯彻落实《未成年人保护法》相关要求，主动作为，勇于担当，积极履行未成年人保护检察公益诉讼职能，促进未成年人公益保护的源头预防和社会治理，两个案例入选最高检未成年人保护检察公益诉讼指导性案例。

一、保持一种态度

"未成年人文身就学、就业受影响""未成年人随意出入网吧容易沾染不良习气"——这些孩子的事谁来管？

随着经济社会发展进入新阶段，未成年人保护面临很多新的复杂形势，未成年人及其监护人直接主张权利较为困难。未成年人检察业务统一集中办理后，江苏检察机关积极探索未成年人保护检察公益诉讼新职能，持续更新未成年人全面综合司法保护的理念，秉持积极、稳妥的工作态度，不仅关注涉未成年人刑事犯罪案件本身，更加关注案件背后广泛、深刻的社会治理问题，通过履行公益诉讼检察职能，让静止的法律"动"起来。

---

* 俞波涛，江苏省人民检察院党组成员、副检察长。

江苏两个案件的线索都是检察机关在办理刑事案件中发现。检察机关借助纵向层级联动化、横向职能一体化优势，逐级审核把关，联合研讨论证，准确认定向不特定未成年人提供文身服务、违规接纳未成年人上网等损害社会公共利益的行为属于未成年人保护检察公益诉讼监督范畴，依法及时确立民事、行政检察公益诉讼案件，促进各相关部门共同把人民群众关心的未成年人保护热点问题"管起来"。

二、坚持一个原则

"法律没有禁止给未成年人文身""未成年人总是能混入网吧"——这些行为怎么管？

未成年人保护检察公益诉讼作为检察机关一项新增职能，赋予检察机关广泛的履职空间。司法实践中，江苏检察机关始终坚持最有利于未成年人的原则，将未成年人利益作为首要考虑，以护航未成年人健康成长为重要指引，通过提起民事、行政公益诉讼、制发行政公益诉讼诉前检察建议等方式，制止相关人员的侵权行为，推动相关部门作出行政处罚、开展专项执法等，有效维护未成年人合法权益。

网吧治理案件中，江苏检察机关通过行政公益诉讼诉前检察建议，要求文旅局行政处罚涉案网吧，联合相关部门开展专项执法，着重加强监督宣传工作。文身治理案件中，江苏检察机关通过提起民事公益诉讼，聘请专家辅助人出庭，促使涉案的文身场所经营者停止向未成年人提供文身服务，并在国家级媒体公开向社会公众书面赔礼道歉，切实把人民群众关心关切的未成年人保护难点问题"管到位"。

三、坚守一份情怀

"我不再给未成年人文身了""我不再接纳未成年人上网了"——侵害继续怎么办?

未成年人检察工作是一份有温度、有情怀的工作。江苏检察机关不仅仅满足于通过个案办理帮助一个孩子,而是坚守一份"为了所有孩子"的真挚情怀,坚持标本兼治,探寻治本路径,通过多部门融合式监督,促进司法保护主动融入其他"五大保护",实现社会治理从"我管"向"都管"转变,进一步织密未成年人综合保护网。

案件涉及的未成年人文身、网吧违规接纳未成年人都是人民群众关心关切、现实中反复出现的痛点问题,尤其是未成年人文身治理还存在行业归类不明、监管主体不清、行政执法依据不足的现状。为切实解决未成年人文身和随意进出网吧无人监管或监管不到位问题,维护不特定多数未成年人的利益,江苏检察机关积极探索,通过提请地方人大出台决议的方式对未成年人文身说"不";督促文旅局、公安局联合推出双重严防系统,实现对辖区内所有网吧运行数据的有效监控,确保从源头上杜绝网吧违规接纳未成年人现象,实现人民群众关心关切的未成年人保护痛点问题"长效管"。

今后,江苏检察机关将更加自觉扛起检察责任,继往开来,锐意进取,持续用检察实践擦亮未成年人保护的法治底色,用心用情护航未成年人健康成长,为未成年人全面综合保护贡献更多江苏检察力量。

坚持依法能动履职
探索未成年人文身公益诉讼监督路径

叶 梅*

一、基本案情及办理过程

（一）基本案情

2017年6月以来，章某在江苏沭阳经营某文身馆，累计为数百人提供文身服务，其中未成年人40余名，文身图案包括"一生苏北""一生戮战"、艺妓、二郎神、关羽、般若、唐狮、画臂、满臂等。另外，章某还在未取得医疗美容许可证的情况下，为7名未成年人清除文身，分别收取数十元至数百元不等的费用。经检测，章某文身时使用的颜料每1kg中含有11mg游离甲醛，超出每1kg中5mg的报告检出限。

其间，曾有涉案未成年人因清洗文身导致神经受损，并有家长因反对章某为其子女文身而与其发生纠纷，公安机关也曾介入处理。部分未成年人及父母反映因文身导致就学、就业、参军入伍等受阻，文身难以清除且易留疤痕。此后，章某仍然向未成年人提供文身服务。

---

* 叶梅，江苏省宿迁市沭阳县人民检察院党组成员、副检察长。

(二) 办理过程

1. 行政公益诉讼办理经过。2020年4月，江苏省沭阳县人民检察院在办理未成年人刑事案件中发现，大量涉案未成年人有不同程度的文身，多个文身馆为未成年人提供文身服务、洗文身服务，影响未成年人入伍、就学、就业等。沭阳县院通过向卫生健康局调取该辖区所有具有《医疗机构执业许可证》的医疗美容诊所信息，走访全县文身馆、与涉案未成年人谈话等发现，部分文身馆无证为未成年人清洗文身。另外，根据卫生部办公厅《医疗美容项目分级管理目录》，认定清洗文身属于医疗美容项目。2020年10月30日，沭阳县院向县卫生健康局发出行政公益诉讼诉前检察建议，建议卫生健康局对文身馆无证给未成年人洗文身行为依法履行监管职责。县卫生健康局联合市场监督管理局在全县范围内整治无证清除文身乱象，对5家文身馆立案，并做出罚款2.5万元的行政处罚。

2. 民事公益诉讼办理经过。经过进一步调查，沭阳县院认为章某的行为侵害不特定未成年人的身体权、健康权，符合提起民事公益诉讼的条件。

2020年12月25日，经层报江苏省人民检察院批准，沭阳县院对该案立案审查并履行诉前公告程序，开展调查取证工作。围绕提供文身服务时章某主观上是否明知未成年人年龄、行为危害后果、公共利益属性等，与章某、40余名涉案未成年人及其法定代理人等开展谈话70余次；对文身馆开展现场勘查、提取相关物证，对文身照片进行拍照固定；向案件当事人调取支付凭证、门诊病历、发票等书证；收集公务员录用体检相关规定；委托上海英格尔检测中心对提取的文身颜料进行检测等。调查终结后，沭阳县院认为该案符合民事公益诉讼起诉条件，根据最高人民法院、最高人民检察院《关于检察公益诉讼案件适用法律若干问题的解释》第 5 条规定，一审民事公益诉讼案件由中级人民法院管辖。依据立案管辖与诉讼管辖分离的规则，沭阳县院按照《中华人民共和国民事诉讼法》第 36 条及《检察机关民事公益诉讼案件办案指南（试行）》的规定，于 2021 年 4 月 12 日将该案移送宿迁市人民检察院。5 月 6 日，宿迁市院向宿迁市中级人民法院提起民事公益诉讼。

2021 年 5 月 24 日，宿迁中院公开开庭审理此案。宿迁市院刘加云检察长出席法庭履职，围绕诉讼请求、争议焦点、案件的来源和程序合法性、文身行为事实、文身损害后果等 3 组 13 项证据进行多媒体示证、举证并发表质证意见。同时，还申请了南京大学法学院教授、沭阳县中医院美容中心主任医师二人作为专家辅助人出庭，证实文身对身体造成创伤，具有不可逆、难复原等特征；未成年人文身后，不易被社会接受，给未成年人造成心理创伤，且文身行为会引发未成年人互相模仿。

庭审中，公益诉讼起诉人认为为未成年人文身是侵权行为。章某明知未成年人文身的损害后果，仍为不特定未成年人文身，不仅侵害未成年人的身体权、健康权，也侵害了《未成年人保护法》规定的未成年人发展权等权利，向不特定未成年人提供文身服务损害社会公共利益，遂提请判令章某停止向未成年人提供文身服务，并在判决生效之日起 10 日内在国家级媒体公开向社会公众书面赔礼道歉。宿迁中院于 2021 年 6 月 1 日作出公开判决，支持检察机关全部诉求。2021 年 6 月 3 日，章某在《中国青年报》发表《公开道歉书》，向其曾提供文身服务的未成年人及其家人，以及社会各界公开赔礼道歉，并表示今后不再为未成年人文身。

二、办案难点及应对策略

在办理文身公益诉讼案件的过程中，遇到诸多问题，主要涉及文身公共利益的认定、公益诉讼类型的选择、诉讼请求的确定以及法律适用等四个方面问题，也是本案办理中遇到的重点难点问题。

（一）为不特定未成年人文身行为是否能认定侵犯社会公共利益

为未成年人文身是否侵犯社会公共利益，这个问题在办理案件中是最难的，也是最需要解决的法律问题。实际上，这个问题要分为以下两个层面考虑。

1. 文身是否侵害了未成年人的权益

对于这个问题，存在不同的观点。一种观点认为，文身是一种时尚文化，完全属于个人自由，况且在我国当前的法律中并没有明文禁止为未成年人文身。实践中，文身未成年人年龄大都在14—18岁之间，具有一定判断力，且为未成年人文身不存在强制、胁迫行为，不应认定为侵犯未成年人权益。另一种观点认为，文身对未成年人的身心造成伤害，对未成年人的就学、就业产生不良影响，侵害未成年人的权益。

从《未成年人保护法》和《民法典》的双重保护出发，我们认为未成年人正值成长发育期，对任何可能改变其正常身体发育状态、影响其健康成长的行为均应受到合理规制；未成年人的心智尚不成熟，外界环境及因素极易影响其逐渐社会化的过程；未成年人对自身行为甄别能力不足，对行为后果缺乏理性判断，不能真实地表达自己的意愿，不具备完全的身体处分权。为未成年人文身具备违法性属性和产生损害后果的要件，应当属于侵权行为。具体理由如下：

首先，为未成年人文身具有主观过错。文身经营者在为未成年人提供文身服务时，未对服务对象尽到审慎注意义务，明知服务对象是未成年人，未尽到告知未成年人父母等法定代理人的义务，在有家长报警及到店铺主张权益的情况下，为了营利，仍然为未成年人文身，在主观上具有明显过错。上海英格尔检测中心的检测报告证实，用于文身在人体植入的颜料含有游离甲醛等致癌危险物质。本案中为未成年人提供的文身服务质量及服务对象均存在严重缺陷。

其次，为未成年人文身是依法应当予以禁止的行为。修订后的《中华人民共和国未成年人保护法》第3条规定，国家保障未成年人的生存权、发展权、受保护权、参与权等权利；第4条规定，保护未成年人，应当坚持最有利于未成年人的原则。处理涉及未成年人事项，应当给予未成年人特殊、优先保护，适应未成年人身心健康发展的规律和特点。

从文身对身体健康造成的后果看，文身是用文身机器将针刺入皮肤，拔出后再注入墨汁、朱砂或其他染料，使色素渗入真皮层，形成永久性的色素沉着。文身过程中针入皮肤，是对皮肤组织造成伤害、破坏皮肤组织健康的过程。对文身主张参照人体损伤鉴定标准进行鉴定的观点，从法医学角度说明文身是对身体的伤害。

从去文身看，消除文身常用的方法有化学腐蚀、皮肤磨削、手术切除、激光治疗等，由于文身具有难以清除、难以复原和不可逆性，去文身需要多次、反复治疗，不仅仅过程漫长、费用高昂，特别是肉体痛苦，而且会留下疤痕，影响皮肤正常功能，也是损害人体健康的过程。

从文身对未成年人未来发展来看,《中国人民解放军内务条令》(2010年)第106条,中央军委后勤保障部、国防动员部《应征公民体格检查标准》第11条,《公安机关人民警察内务条令》(2000年)第16条,人社部、卫生部、国家公务员局《关于印发公务员录用体检特殊标准(试行)的通知》第4条均对文身作出禁止性规定,参军入伍、报考人民警察及特殊公务员岗位,均视文身为体验不合格或予以严格限制。因此,文身会影响未成年人正常生活、就业、社交或回归校园,对未成年人的发展造成不利影响。

从文身对未成年人的身心健康影响看,文身是古代五刑之一,即黥刑,又叫墨刑、刺字,是一种肉刑,给人造成肉体上的痛苦,同时蒙受精神羞辱,是负面社会评价的标记。"帮派""团伙"亚文化组织喜欢用文身作为组织标记,会给组织成员带来扭曲的文化趋向、价值趋向,亚文化组织是犯罪的高发群体。而文身不会随着时间的推移变小、颜色也不会与周围肤色一致,对未成年人精神上的影响也是持久的。因此,文身不利于未成年人的身心健康发展。

以上分析表明,为未成年人文身损害未成年人的身体健康,损害未成年人的身体权、健康权、受保护权;文身与不良少年、犯罪不能画等号,但客观上不利于未成年人接受和融入主流文化,进而树立正确的价值观;文身限制未成年人就学、就业报考,限制未成年人报名参军、报名加入人民警察队伍等,损害未成年人的发展权、参与权。对于损害未成年人身体权、健康权、受保护权、发展权、参与权的为未成年人文身的行为,依法都应禁止。

2. 如果认定文身侵害了未成年人的权益，是否就等于侵害了社会公共利益

我们都知道，百度百科对于公共利益的定义是"公共利益是一定社会条件下或特定范围内不特定多数主体利益相一致的利益"，它不同于国家利益和集团利益。那么实践中，如何理解"不特定多数主体利益"，在数量上有没有一个相对的范围？讨论过程中，有人认为是50人，也有人认为是100人，甚至更多。

面对以上问题，我们经过多次论证，咨询专家学者，最终认定章某给未成年人文身的行为侵犯了社会公共利益，主要理由如下：

首先，提供文身服务具有开放性特征，侵害结果和范围可能随时扩大。文身经营行为面对不特定文身消费者时不进行筛选，放任未成年人文身，所有进入文身馆的未成年人都是潜在顾客，文身行为可能在任意未成年人中随时、随机出现。本案中，除检察机关调查谈话的40余名涉案未成年人外，还有其他未查明的不特定未成年人文身，进一步印证了文身对象的不特定性。另外，因提起民事公益诉讼，故办案组参考办案当时最高人民法院《关于适用〈中华人民共和国民事诉讼法〉的解释》第75条"民事诉讼法第五十三条、第五十四条和第一百九十九条规定的人数众多，一般指十人以上"的规定，以文身服务的开放性认定文身服务侵害了不特定多数人利益。

其次，文身行为严重影响未成年人的身心健康。从上部分分析可知，文身是一种有创行为，具有难以清除、复原和不可逆性，清洗过程漫长、痛苦，且费用高昂。文身未成年人在就学和就业时受到限制，严重影响未成年人正常生活、就业、社交或回归校园。文身在未成年人群体中易出现效仿和排斥的双重效应。

效仿效应表现在因未成年人心智不成熟、追求个性，群体内部会对文身行为进行学习模仿；排斥效应体现在文身未成年人在社会交往中易被标签化，遭受负面社会评价。未成年人文身的图案、符号、文字往往传递着封建迷信、江湖义气、帮派文化等有害思想，有悖于健康良好社会风尚的形成，与引导未成年人树立和践行社会主义核心价值观背道而驰，有时甚至还会诱发违法犯罪，进一步扩大了文身行为对未成年人群体的潜在伤害，不利于未成年人的成长与发展。全国人大法工委《关于中华人民共和国民法典第九百九十八条释义》中也指出，与其他人格权相比，身体权、健康权等权利的价值在第一位阶，这些具体人格权是社会公共利益的体现，应当优先予以实现。

最后，未成年人的健康成长是重要的国家利益和社会公共利益。根据《未成年人保护法》第6条的规定，未成年人保护是全社会的共同责任，突出国家、社会、学校、家庭等对未成年人的多层次保护。目前，未成年人保护呈现出国家化、社会化、公法化趋势，未成年人利益由私益向公益转变，未成年人保护职责由监护人个人职责向国家公共职责转变。当行为侵害了不特定多数未成年人利益时，不再属于个人利益范畴，而具备公共利益属性。

因此，章某为不特定未成年人提供文身服务，侵害不特定未成年人利益，损害了社会公共利益。

（二）未成年人文身公益诉讼类型的选择

1. 未成年人文身行政公益诉讼类型的选择

在办理该案时，我们通过走访调查，调取市监局、卫健局等相关单位的"三定方案"、走访有关部门、文身馆等后发现，文身行业归属类别不明。具体体现在：根据国家统计局《居民消费支出分类》（2013）的规定，文（纹）身属于美容、美发和洗浴服务（代码080202）。而商务部2014年《美容美发业管理暂行办法》，卫生部、商务部《美容美发场所卫生规范》等规定，美容是指运用手法技术、器械设备并借助化妆、美容护肤等产品，为消费者提供人体表面无创伤性、非侵入式的皮肤清洁、皮肤保养、化妆修饰等服务的经营性行为。文身有侵入皮肤的行为，故不属于美容美发行业。而卫生部《关于纹身不纳入医疗美容项目管理的批复》中，明确表示文（纹）身不纳入医疗美容项目管理。此外，根据国务院《公共场所卫生管理条例》，公共场所监管范围不包括文身行业，卫生健康管理部门无法把文身馆作为公共场所进行监管，纳入卫生许可证管理范围。综上可以看出，因文身行业类别不明，行政机关缺乏履职依据，致使文身行业处于"三不管"地带，出现了监管空白。

难道法律无明确禁止规定，就要放任未成年人权益持续受损，社会公共利益被侵害吗？答案是否定的。我们要继续探索推动解决这类问题。

根据卫生部办公厅《医疗美容项目分级管理目录》，认定清洗文身属于医疗美容项目，需持有医疗机构执业许可证。经走访调查发现，文身馆在为未成年人提供文身服务时没有办理相应的营业执照，同时部分文身馆在未取得医疗机构执业许可证和卫生许可证的情形下开展清洗文身业务。针对这一情况，我们从"为不特定未成年人提供文身服务、无证无照为未成年人开展清洗文身服务"为切入点，通过召开公开听证会，听取各方意见，认为市场监督管理局、卫生健康局对未取得医疗机构执业许可、无照经营行为存在监管漏洞，侵害了社会公共利益，对怠于履职行为确立行政公益诉讼案件，2020年10月30日，我们向上述两部门制发行政公益诉讼诉前检察建议,督促其依法履行监管职责,维护社会公共利益。

2. 民事公益诉讼程序的启动

基于检察谦抑原则等方面的考量,一般应遵循行政公益诉讼优先的路径为宜。我们在对市场监督管理局、卫生健康局等行政单位开展行政公益诉前程序后,江苏省卫健委明确批复文身不纳入公共场所管理。由于现有法律没有明确规定禁止为未成年人文身,行政公益诉讼只能解决无证无照为未成年人文身或清洗文身的问题,但是无法解决为未成年人文身的根本性问题。可见仅靠行政手段难以达到个案惩治和公益保护的效果。

对此,我们及时转变办案思路、转换监督抓手。鉴于民法保护具有更加基础和兜底的作用,为发挥有效的弥补功能,我们对民事公益诉讼进行线索初查。经江苏省院批准,2020年12月25日沭阳县院对侵权行为较严重的纹绣店确立民事公益诉讼案件。正是以通过民事公益诉讼的方式,防止了因行政法律法规未授权、客观不能作为导致不特定未成年人利益持续受损,发挥对违法公益侵害行为的制裁、惩罚、预防等具有公法性质的潜功能,从而对为未成年人文身问题找到了在现有法律框架下的最优解。

同时,司法裁判对社会具有规则引领和价值导向功能,在目前文身行业归属不明、未成年人文身法律规定不明确的情况下,通过民事公益诉讼的个案,以法院生效判决的既判力,推动形成不为未成年人文身的共识,促使未成年人保护法确立的最有利于未成年人原则得到有效贯彻落实,引导全社会更加重视未成年人的保护,形成关心、关爱未成年人的浓厚氛围,为未成年人的成长营造良好社会环境。

(三) 民事公益诉讼请求的确定

最高人民法院《关于审理消费民事公益诉讼案件适用法律若干问题的解释》第13条规定,原告在消费民事公益诉讼案件中,请求被告承担停止侵害、排除妨碍、消除危险、赔礼道歉等民事责任的,人民法院可予支持。

本案中,章某为未成年人文身的行为侵害了不特定多数未成年人的身体权、健康权,也给不特定未成年人的学业、择业、社交等其他人格权造成了较大影响,影响了涉案众多未成年人的身心健康发展,侵害了社会公共利益。我们根据《民事诉讼法》第55条第2款和最高人民法院、最高人民检察院《关于检察公益诉讼案件适用法律若干问题的解释》第13条第2款的规定,依法向宿迁市中院提起民事公益诉讼,并提出以下诉讼请求:

1. 停止侵害。禁止文身经营者向未成年人提供文身的服务,组织行业协会、美容美发、文身行业经营者旁听庭审,以儆效尤,举一反三。

2. 赔礼道歉。在国家级媒体对为未成年人文身的行为及造成的损害向社会公众公开道歉,以期取得公众谅解。

(四) 章某的行为能否适用《民法典》和新修订的《未成年人保护法》

《立法法》第93条和最高人民法院《关于适用〈中华人民共和国民法典〉时间效力的若干规定》第1条规定,法律原则上不具有溯及既往的效力,法律施行前的法律事实引起的民事纠纷案件,适用当时的法律规定。但为了更好地保护公民、法人和其他组织的权利和利益而作的特别规定除外。最高人民法院《关于适用〈中华人民共和国民法典〉时间效力的若干规定》第

2 条的规定，适用民法典在民事纠纷案件中存在"更有利于保护民事主体合法权益，更有利于维护社会和经济秩序，更有利于弘扬社会主义核心价值观"情形的，可以溯及既往。该规定是对立法法中溯及例外规则以民事领域适用作出的具体安排，本案系民事公益诉讼案件，可以参照适用。

本案中，章某为未成年人文身的行为始于 2017 年 6 月，持续至 2020 年，发生于新修订的《未成年人保护法》施行之前，原则上应适用行为时的法律规定。《立法法》第 93 条、最高人民法院《关于适用〈中华人民共和国民法典〉时间效力的若干规定》第 1 条、第 2 条规定了"法不溯及既往"原则的例外，即为了更好地保护公民、法人和其他组织的权利和利益而作的特别规定。

新修订的《未成年人保护法》确立了最有利于未成年人原则，进一步强化了未成年人保护的理念，明确国家保障未成年人的生存权、发展权、受保护权、参与权等权利，更有利于保护未成年人的合法权益、规范涉未成年人的社会和经济秩序、弘扬社会主义核心价值观，且该法并未向被告施加具体义务，其承担民事责任的方式及程序并未加重，不存在减损被告利益的情形，因此可以适用新修订后的法律。

三、指导意义的理解与适用

法律上没有明确禁止为未成年人文身，但宿迁市检察院办理的全国首例未成年人文身公益诉讼案件，其指导性主要体现在三个方面：

（一）为未成年人提供文身服务，侵犯未成年人合法权益，损害社会公共利益，属于检察机关的公益诉讼监督范畴

该案中，可以综合侵权行为特征、侵害后果、受侵害未成年人的范围及人数，认定是否存在公益受损情形。

公益是指不特定多数人利益，包含利益内容的不确定性和受益对象的不确定性。对未成年人检察公益诉讼中公共利益的认定，不应以达到全体或多数未成年人的程度作为唯一的判断标准，应当综合考虑该行为是否有悖于社会主流价值观，是否对未成年人身心的健康发展、正确价值观的形成、良好社会评价的获得不利，是否具备开放性和持续性特征等，也就是说即使全体受侵害人均提起私益诉讼，仅能救济受害人的个体权益，权益受损情况仍可能在未成年人中随时、随机出现，不能达到阻却侵权行为时，可以认定公共利益受到损害。

具体而言，在实际办案过程中，在办理未成年人公益诉讼案件过程中，尤其在分析论证侵害社会公共利益问题上，需要分两步走。

首先，需要考虑的是该类行为是否侵犯了未成年人权益，如果该行为没有侵犯未成年人权益，如身体权、健康权、发展权等，那么就不会侵害社会公共利益。因此，只有在论证得出侵害了未成年人权益的前提下，才能进行下一步分析。如本案中，文身对未成年人的身心健康和发展均有不同程度的现实影响和潜在危害。未成年人身心尚未成熟，认知和辨别能力较弱，自护能力不足，对文身给自身成长和未来发展带来的影响缺乏预见和判断。为未成年人提供文身服务，侵犯未成年人合法权益。

其次，在确定该行为侵害未成年人合法权益后，需要分析

"未成年人权益"是否可以认定为"社会公共利益",其基本判断标准是:该侵犯行为是否具有持续性和反复性,侵犯结果和范围有无可能随时扩大,以此来认定是否侵犯社会公共利益。

(二)在法律规定不够明确具体、未成年人合法权益亟待保护的情况下,基于最有利于未成年人的原则,检察机关可以提起公益诉讼

《未成年人保护法》确立的最有利于未成年人的原则,是联合国《儿童权利公约》确定的儿童利益最大化原则的中国化表达,是我国社会文明进步的重要体现,是未成年人保护理念的重大发展。最有利于未成年人原则要求检察机关无论办理案件还是进行法律监督,都应当以未成年人为中心,以保障其生存权、发展权、受保护权和参与权为着眼点,考虑有利于促进未成年人正常社会化为需要,所有措施都应符合未成年人的根本利益和长远利益,为未成年人安全、健康成长创造良好环境。未成年人身心发育尚未完全成熟,对自己的行为和后果不能进行合理的评估和预判,如果相关法律规定不够完备,加上行政监管的有限性和滞后性,很容易造成未成年人权益保护的空白和盲区。这就要求检察机关在涉及未成年人利益的案件中,综合考虑未成年人身心特点和健康发展需要,选择最有利于未成年人的方案,采取最有利于未成年人的措施,给予未成年人特殊、优先保护。当法律规定不够明确具体,各部门、各方责任难以界定,但未成年人的权益受到严重侵犯或面临侵犯危险、公益亟须保护时,应立足最有利于未成年人原则,通过公益诉讼方式维护未成年人合法权益。

(三)检察机关可以结合个案办理推动健全制度、完善监管,促进社会治理

检察机关在办理公益诉讼案件过程中,应当用足用好现有法

律规定,督促行政机关依法充分履职。对于存在法律、政策不完善、行政监管缺失等问题的,检察机关可以在个案办理的基础上,推动解决因行政监管有限性和社会事务复杂性造成的监管盲区,促进健全制度和完善管理。

本案中,对于办理未成年人保护公益诉讼过程中发现的行政执法依据不足的问题,检察机关可以通过公益诉讼推动政策转化和地方立法完善,实现"办理一案、治理一片"的效果。本案开庭时邀请人大代表、政协委员现场观摩庭审,公开宣判时组织文身馆经营者开展普法宣传,判决后联合未成年人保护工作领导小组办公室等发布公开信,要求辖区内文身服务经营者作出不为未成年人文身的公开承诺,推动妇联、团委、教育等部门将不得为未成年人文身纳入法治宣传、家庭教育和社会引导内容,起到了很好的警示和威慑作用。针对文身行业监管不明、行政执法依据不足等问题,提请地方人大出台《关于加强未成年人文身治理工作的决议》,明确全县文身场所不得接纳未成年人进入,任何人不得为未成年人提供文身服务。明确相关监管部门在文身治理中的职责、任务,并对为未成年人文身的行为从约谈、信用记录等方面予以规制。同时,要求应当依法履行强制报告义务的单位、企业、个人及时报告未成年人文身内容,违反相应报告义务的,严格追责,切实保护未成年人权益。

四、 办案体会及感悟

(一)理解和适用法律时坚持"最有利于未成年人"的原则

《儿童权利公约》规定了儿童利益最大化原则,要求处理涉及儿童的事项应当将儿童利益作为一种首要考量。新修订的

《未成年人保护法》第3条、第4条规定，国家保障未成年人的生存权、发展权、受保护权等权利，还规定应当坚持最有利于未成年人的原则，处理涉及未成年人的事项，给予未成年人特殊、优先的保护。最有利于未成年人的原则是儿童利益最大化原则在中国的具体实践。

法有穷而情无限，即使在法条没有明文规定的情况下，也应当依据最有利于未成年人原则，为处理一切未成年人事项提供基本遵循。优先考虑未成年人的各项合法权益和需求，所采取的措施应保障其能够健康成长。未成年人检察公益诉讼在涉及公益诉讼模式、适用法律的选择时，应当将最有利于未成年人利益作为一种首要考量。本案中，对为未成年人文身行为是否侵权以及违法性的界定，就主要是基于最有利于未成年人原则作出的法律适用和判断，确保了法律的与时俱进。

该案的办理，集中有效体现了公益诉讼特殊的诉讼机制与未成年人国家保护责任的契合。《未成年人保护法》规定了检察机关对未成年人的公益诉讼职能。即便确实存在一时难以解决的客观困难，那么通过公益诉讼的渠道，也可以为缺乏权利保护手段的未成年人发声，引发公众和社会舆论的广泛关注，并且在持续的讨论过程中逐渐形成解决问题的共识，通过公益诉讼推动形成未成年人保护公共政策。在法律法条由字面到社会治理具体措施发挥效用过程中，对及时维护未成年人公共利益、形成未成年人权益综合司法保护起到至关重要的作用。

（二）积极稳妥探索未成年人检察公益诉讼案件范围

新修订的《未成年人保护法》第106条赋予检察机关未成年人检察公益诉讼职责，也给检察机关办理特定领域案件提供了探索空间。

新时代，未成年人保护领域面临种种新问题，除政府保护和一般司法救济手段之外，也需要检察机关依法能动履职，主动将检察保护融入其他五大保护。负有未成年人保护法律监督责任的检察机关以公益诉讼的形式针对侵害未成年人权益的突出问题，为未成年人提供带有前置性、普遍性、有效性、综合性的司法保护，促进加强相关领域或环节的社会治理。司法实践中，应当从总体上把握未成年人公益诉讼检察范围和类型，同时坚持积极、稳妥原则。在具体办案过程中，在法无明文规定特别是立法不明确的情况下，可以坚持以最有利于未成年人原则及特殊、优先保护原则，在特定未成年人保护领域范围开展检察公益诉讼。

但是，并非任何侵犯未成年人利益的案件都可以作为公益诉讼案件，否则会出现只要是涉及未成年人主体的案件，国家公权力就可以公共利益为名介入的宽泛理解。对于公益诉讼所保护的公共利益的范围边界，应当秉持一种有特定主体的法律观，而不是大而化之、无指向的多数人，应聚焦侵权行为的持续性和反复性，侵犯结果和范围的随时扩大等，对致使未成年人公共利益受到侵害的行为进行监督。对于有关机关或单位存在未成年人保护管理监督漏洞、风险预警或防控不到位等普遍性、倾向性问题，可以通过制发社会治理检察建议等方式开展监督，不宜开展公益诉讼。

（三）未成年人公益诉讼检察应当在未成年人司法保护中发挥更大作用

相较于成年人，未成年人具有权利主张的困难性、侵害后果的长期性、救济工作的复杂性以及潜在风险预防的必要性等特征。未成年人身心发育不成熟，缺少依法维护自身权益的知识和能力，甚至常常缺少对自身事务的发言权。很多情况下，未成年人对于自身权益遭受侵害并不能正确作出判断，更别说依法进行维权。未成年人公益诉讼检察工作，必须将未成年人作为权利主体去认真审视，不能脱离了未成年人特殊性去认识、研究、实践。同时，未成年人的权益被侵害通常较为隐蔽，问题的隐蔽时间较长，如向未成年人出售烟酒、网吧接纳未成年人等问题，且有些伤害后果往往是不可逆的。

未成年人保护涉及的职能部门多、专业分布散、社会层面广，需要专门的机构人员开展相关工作。未成年人检察部门作为检察系统中唯一专门以未成年人为工作对象的业务部门，在未成年人保护的专业化上，在研究未成年人权益保护的力度、深度、广度上，具有无可比拟的优势，因此未成年人公益诉讼检察应当发挥更大作用。比如文身案件的办理，如果没有检察机关通过公益诉讼来确认为未成年人文身的违法性，文身乱象就难以遏制和根治。

从全国首例为未成年人文身公益诉讼案件看，未成年人公益诉讼检察是摸着石头过河，没有先例遵循。在遇到新问题的时候，尤其是在法律没有明确规定但是可以依法推导出规则时，司法机关应当以保障未成年人健康成长为指引，以促进社会治理为目标，围绕未成年人权益保护大胆探索，实现公益诉讼制度设置的初衷和本意。

凝聚合力，共护未来，
为幼儿营造良好成长环境

陈 文*

幼儿教育事关每个家庭切身利益。福清市检察院充分发挥未成年人公益诉讼检察职能，运用法律智慧，积极能动履职，采取调查核实、法律论证、圆桌会议等举措，通过公益诉讼检察建议督促行政机关依法全面履职，以司法办案促推妥善解决近1500名幼儿的教育服务场所安全问题，维护了众多幼儿的合法权益。

福清市检察院从2018年被确定为未成年人民事行政、公益诉讼集中统一办理试点单位以来，就一直在探索未成年人行政公益诉讼案件的办理。公益诉讼对检察机关而言是一个新生事物，未成年人公益诉讼，对未检部门而言，更是一项前所未有的机遇和挑战。检察机关作为社会公共利益的代表之一，通过公益诉讼，聚焦未成年人合法权益保护问题，有利于形成全社会保护未成年人合法权益的合力，有利于形成落实未成年人社会福利的良好氛围。

2018年试点工作开展以来，福清市院不断探索未成年人行政公益诉讼新领域，比如游泳场所、眼镜行业、校园消防安全领域等，督促消除幼儿园安全隐患行政公益诉讼案是本院办理的第

---

* 陈文，福建省福清市人民检察院第七检察部主任。

一个公益诉讼案件,也是全国第一起未成年人行政公益诉讼案件,得到张军检察长批示肯定,入选最高检第三十五批指导性案例,中央电视台《法治在线》栏目也作了专题报道。

一、基本案情

2018年3月,福清市院在办理三起"黑校车"危险驾驶案过程中,发现部分幼儿园不仅使用"黑校车"且系无证办学。经走访教育局,了解到本市确实存在部分幼儿园未经审批擅自开班办学的情况,遂决定深挖线索。通过调阅资料、现场走访取证等方式,发现福清市音西街道、宏路街道等7个镇(街)共有无证幼儿园16所,在园幼儿约1500人。经调查发现无证幼儿园存在诸多安全隐患,如建在加油站对面、位于高压电线下方、园舍简陋、卫生不合格等问题。经调查取证查明,市教育局曾多次向无证幼儿园发出《责令停止办学行为通知书》,并向相关镇(街)发函要求取缔无证幼儿园,但处罚措施未落到实处,也未能有效推动相关部门共同解决问题。相关街道办事处及镇政府,对无证幼儿园未充分重视,未按照规定履行对辖区内无证幼儿园的取缔职责,部分幼儿园受检时停办,受检后又复开。

2018年4月,福清市院向无证幼儿园所在的7个镇(街),以及福清市教育局分别发出公益诉讼诉前检察建议,指出福清市教育局及相关镇(街)监督管理不力,对无证幼儿园违法违规惩处力度较小且监督持续性不强,未能与卫生、消防等职能部门形成监管合力,处罚和取缔力度不够。同时还向福清市人民政府发出社会综合治理检察建议,建议市政府牵头相关职能部门进行联合清理整顿。这也是我们首次直接向市人民政府发出检察建议。

市教育局在履职过程中,认为仅靠其一家难以有效推动问题解决,于是向我们反映了困难。随后我们多方沟通协调,联合市政府组织召开诉前圆桌会议,召集相关镇(街)、公安、市监、供电、水务等部门召开公益诉讼诉前圆桌会议,制定联合执法方案,形成监管合力,促成相关部门对无证幼儿园采取媒体曝光、安全消防检查、食品卫生督查等方式进行清理整顿,最终有3家无证园经过整改获得审批,其余13家被依法取缔。同时,我们还配合教育局、当地镇(街)妥善安排幼儿就近入学,做好分流工作。

二、办案具体程序及做法

无证幼儿园案件的发现,来源于我们办理的三起"黑校车"超载接送幼儿的危险驾驶刑事案件,当时的初衷其实是想了解"黑校车"的情况,后期在走访教育部门过程中了解到无证幼儿园存在的线索,才继续跟进调查核实从而发现问题。收集公益诉讼线索,要求我们在履职过程中要随时绷紧公益诉讼这根弦,随时注意收集广大未成年人利益可能被侵害的线索。这里的履职,不仅仅是刑事案件的办理,还包括法治进校园、帮教、履行法律监督职责的过程等。

(一)发出检察建议前

1. 发现线索,查阅相关法律法规

发现线索后,就要开始知识储备,要查阅相当多的法律法规。这里的知识,包括法律知识及与行业相关的知识。首先要明确被监督对象,也就是可能涉及到的主管行政机关。要了解该行政机关的法定职责权限和法律依据,包括该行政机关的职权范围,除法律法规规章确定的法定职责外,还应当参考地方政府制定发布的权力清单和涉及行政机关职权机构设置的文件等；该行政机关在履行职责过程中常用的法律法规、规章、内部规则、操作指南、流程指引及技术标准等；该行政机关对某一违法行为进行查处的法律依据、程序流程、处罚条件、适用情形及处罚措施的不同，行政机关存在职能或者权限交叉时各自的分工及职责等。

根据《民办教育促进法》的规定，违反国家有关规定擅自举办民办学校的，由所在地县级以上地方人民政府教育行政部门或者人力资源社会保障行政部门会同同级公安、民政或者工商行政管理等有关部门责令停止办学、退还所收费用。如果仅仅根据这个规定，应当确认教育或者民政、工商等部门为主管部门，但是根据当地的《福州市学前教育管理办法》第27条之规定，对未经批准的学前教育机构由教育行政部门依法处罚，并由辖区政府组织有关部门予以取缔。因此，我们确认福清市教育局及各相关街道办事处（镇政府）对辖区内未经审批的学前教育机构都负有取缔职责。因此，我们当时的检察建议就是分别向教育局和各乡镇街道办事处、镇政府发出的。

除了明确被监督对象外，也要熟知相关行业标准，如《民办教育促进法》关于应当经职能部门审批取得办学许可证的规定，《托儿所、幼儿园建筑设计规范》《福州市幼儿园办园基本标准》关于幼儿园规划、卫生、布点、办学等方面的强制性标准，比如加油站、高压电线附近不能建幼儿园，民宅开设幼儿园的特殊规定，比如教室必须配备双通道，就是教室必须有前后门，普通的民宅房间一般都只有一个门，就不符合规定。再比如《福州市教育局、市公安消防支队关于无证民办幼儿园审批有关事项通知》关于消防审核验收的规定，消防审批属于幼儿园办学许可证取得的前置性规定。

2. 开展调查核实

调查核实是办理公益诉讼案件必经的重要程序。我们首先向教育局了解无证幼儿园的相关情况，之后办案检察官在三天内对全市16家无证幼儿园全部进行了暗访，了解到幼儿园收费、生源、教师、内外环境、食品卫生等情况，以及存在的安全隐患。

一是选址布点不合规。幼儿园布点选址，应当避开危险路段，而有的幼儿园布点于离加油站不足30米处、有的幼儿园紧靠综合汽车站出入口且处于高压输变线电力走廊，均为《幼儿园建设标准》明确禁止布点办学区域，存在严重安全隐患。多数幼儿园直接租用民宅办学，园区环境较差，不具备办园基本条件。部分幼儿园未经教育局审批擅自改变园址，违反办园审批程序规定。

二是安全条件不达标。首先，消防设施不达标。根据榕教综〔2010〕38号《福州市教育局、市公安消防支队关于无证民办幼儿园审批有关事项通知》规定，新开办的幼儿园必须依法办理消防审核验收手续。但上述幼儿园均未按规定配备消防设施，多数园内安全出口、安全疏散楼梯、教室、活动室等出口少于2个，未经消防审批验收合格，消防安全存在严重隐患。其次，应急能力不达标。未编制突发事件应急预案，未按《幼儿园建设标准》配备保安、医务或专职保健人员，未对教职工应对突发事件能力进行培训，应急力量无预备。最后，交通安全不达标。部分幼儿园使用无资质车辆集中接送幼儿，甚至出现超载情况，交通安全无保障。

三是园舍设施不齐全。园舍建筑方面，上述幼儿园均不符合《托儿所、幼儿园建筑设计规范》JGJ39－（〔87〕城设字第466号）、《幼儿园建设标准》等规定的规划、抗震、卫生等方面强制性标准。设施设备方面，玩教具配备、室内外设施设备、保健室设施、卫生设施及其他附属设施配置简陋，制约幼儿身心健康发展。

四是教职工配备不到位。人员配备方面，未按规定配备园长、专任教师、保育员、保健员及足额配备教职工数量，出现一人身兼数职情形，致使对幼儿教育关注不周全。资格资历方面，多数教职工未取得资格证或未经岗前培训而无证上岗，存在教职工素质不高问题，影响对幼儿教育保育质量。

3. 开展法律论证

本案难点在于，督促消除幼儿园安全隐患是否属于公益诉讼案件范畴，检察机关能否对不履行职责或履行监管职责不到位的行政机关提起公益诉讼。根据当时的公益诉讼司法解释对行政公益诉讼范围的规定，是指生态环境和资源保护、食品药品安全、国有财产保护、国有土地使用权出让、英烈权益保护等领域，而督促消除幼儿园安全隐患是否属于这个"等"领域，作为首起涉未成年人公益诉讼案件的探索，我们进行了详细的法律论证。一方面，对内加强论证，详细查阅了所有的民办教育相关法律法规，多次召开检察官联席会议研究讨论。经研究，认为行政诉讼法未一一列举公益诉讼受案范围，只要是损害了国家利益或社会公共利益的案件，都可以纳入受案范围。根据《民办教育促进法》《幼儿园管理条例》等相关规定，民办幼儿园属于民办教育，民办教育事业属于公益性事业，公共利益涉及不特定多数人的利益，关系国家、集体、个人安全、秩序、环境以及公民的生命、健康、教育等基本权利，对民办教育的整顿与规范，在本质上符合公共利益的特征，属于公共利益的范畴。无证幼儿园存在的诸多安全隐患侵害了众多未成年人的合法权益，侵害的是社会公共利益，可以理解为《行政诉讼法》第25条第4款规定的人民检察院可以提起公益诉讼的"等领域"之中。对于教育等行政主管部门履行职责不到位或者怠于履行职责，未依法取缔、惩处无证民办教育的，检察机关可以提起行政公益诉讼。同时，与当地法院多次深入探讨交流，达成共识，最终形成了以公益诉讼来推动民办教育清理整顿的报告，并积极向上级院请示，听取指导意见，争取上级支持。经层报高检院，时任高检院未检办领导批示可以大胆进行探索，并要求做好诉前工作。上级的肯定给了我们莫大的动力。同时，新修订的《未成年人保护法》明确规定，涉及未成年人公共利益的，人民检察院有权提起公益诉讼。这为我们接下来的未成年人公益诉讼的开展提供了强有力的法律依据。

4. 制发检察建议

该案是通过调查核实和部分抽查，发现某个行业存在的普遍性问题，检察建议内容不仅仅是要求对发现的问题进行单一的整改，而是要促成整个行业的整顿。在实践中，未成年人公益诉讼工作要与未成年人综合保护相结合，积极推进社会治理。在多个行政机关负有监管职责而主管部门无力履行监管职责的情况下，可综合运用行政公益诉讼检察建议和社会治理检察建议这两种类型检察建议。

行政公益诉讼检察建议是人民检察院在履行职责中发现生态环境和资源保护、食品药品安全、国有财产保护、国有土地使用权出让、未成年人保护等领域负有监督管理职责的行政机关违法行使职权或者不作为，致使国家利益或者社会公共利益受到侵害时，向行政机关发出的督促其依法履行职责的检察建议。面向的是行政机关，是政府的职能部门，维护的是社会公共利益和人民的根本利益。

社会治理检察建议是人民检察院在履行职责中发现需要消除违法犯罪隐患、完善风险预警防范、堵塞管理监督漏洞等情形时，向有关单位和部门提出的健全制度、改进工作、完善社会管理和服务的建议。在社会治理类检察建议中，检察机关与被建议机关之间，更多是一种良性建议与协作配合的关系。

本起行政公益诉讼案中，幼儿园安全隐患问题涉及教育、公安、消防、市场监管、安监、供电、水务、镇（街）等多部门，我们不仅向教育、镇（街）发出公益诉讼诉前检察建议，还向各职能部门的共同上级主管部门——市人民政府发出社会综合治理检察建议，建议市政府进行统筹，通过召开圆桌会议方式，协调各职能单位联合执法，共同推动问题解决。针对该无证幼儿园案件，我们提出了以下建议：

第一，疏堵结合，分类妥善处理。各镇（街）应当针对本辖区内无证园开办情况进行全面摸底调查，并采用"一园一策"办法，结合实际对无证园进行分类处理。对于缺乏基本办园条件（如在民宅里办园），存在严重安全隐患的无证园，坚决予以关停、取缔，并妥善分流在园幼儿；对于符合基本办园要求，有条件取得办园许可证的无证园，要主动引导整改，并根据整改情况颁发办学许可证。

第二，树立典型，促进头雁效应。对于已经审批的民办园，可以根据生数给予财政补助，也可以制定优惠政策给予税费减免，减轻经营负担，进而引导改善办学条件，规范办学行为，提高保教质量，力求办出特色、办出水平，对表现突出园所，给予表彰奖励，树立典型，形成头雁先飞领飞、群雁跟飞齐飞的局面，促进其他无证园积极主动配合整改，也促进民间资金投资学前教育。

第三，科学规划，形成合理布局。学前教育发展要符合城镇化进程中人口变动情况，各镇（街）要科学测算辖区内学龄前儿童数量分布，本着方便群众接送、靠近居民区原则，做好统筹规划工作，引导民办幼儿园合理布局，解决公办幼儿园资源不足问题，与公办幼儿园互补互惠，避免出现布局不平衡或者"入园难"情况。

第四，齐抓共管，落实责任主体。无证园是一个复杂的社会问题，必须综合治理，并落实责任主体。市政府需牵头各镇（街）、教育、消防、卫生、食药监局等部门各司其职、齐抓共管，形成监管合力。教育局负责对无证园整改工作进行指导评估，落实审批后民办园的年检制度及分类管理工作；镇（街）负责对无证园实施动态监管、指导整改、执法取缔工作；卫生、消防、物价、食药监局等部门根据职能，负责指导监督、检查整治工作。通过责任主体落实以及绩效考核指标设定，将无证园综合治理工作落到实处，并常抓不懈，避免出现运动式、走过场式的监管形态。

工作中也有部分同志认为，通过这种方式督促行政机关采取如此细致的措施，是否造成"越权"，或者说"越位"？我们认为，在这里要明确权力边界，处理好检察监督和政府履职的关系，做到监督但不越位。涉及未成年人切身的、迫切的利益问题，不能发现一个问题要求整改一个问题，而要发现普遍性问题，要求整个行业进行整改。关系到孩子的事情都不是小事，都是迫在眉睫的问题，我们希望这样的整改是行之有效的，是能够取得预期效果的。为了这样的目标，我们要加强和被监督行政机关的沟通协调，要共同确立解决问题的一致目标，达成共赢双赢多赢的理念,而且从整改的难度上来看,整个行业的整顿,有的行政机关也存在一定畏难情绪,对他们而言也可以借检察机关的力来达成更好的效果。监督也是支持,监督也是配合。就像无证园案件,教育局同志就多次表示,如果仅仅靠他们一家,是无法取得这么好的效果的,这是借了检察机关的力,检察机关出面向市委、市政府沟通协调,才促成了最大力度的执法效果。

(二)发出检察建议后

围绕检察建议内容,跟踪督促职能部门依法履职。具体措施如下:

一是注重社会效果和舆论效果。幼儿教育事关每个家庭切身利益,福清是全国著名侨乡,新福清人多,留守儿童也多,学前教育资源整体不足,学位的紧张为无证幼儿园提供了滋生的土壤。而我们要做的不仅仅是取缔,更重要的是做好家长解释、学生分流工作,避免处理不慎引发舆论,保证社会效果。在整个办案过程中,我们注重舆论引导、处置,不片面追求宣传效果,避免造成当地政府、行政机关对立情绪,也不利于案件的处理和后续其他公益诉讼案件的开展。一方面督促办学者自查自纠,营造规范办学的氛围,另一方面提醒学生家长选择规范、合格的学校。比如我们建议通过福清市教育局微信公众号以及福清官方媒体微信公众号发布通告曝光无证幼儿园名单,并由教育局向无证幼儿园在读学生家长制发"告家长一封信",释明就读无证幼儿园的危害性,阐明可以根据家长意愿进行妥善安置,安排到附近公立幼儿园或者有资质的幼儿园就读,形成舆论宣传氛围。

二是推动职能部门联合执法。检察建议发出后,市教育局在履职过程中遇到一个问题,根据《民办教育促进法》规定,对于无证办学的，教育行政部门可以进行行政处罚，根据《行政处罚法》规定，应当由具有行政执法主体资格人员进行处罚，但是福清市教育局工作人员均没有取得行政执法资格证书，不具有执法资格，无法对无证幼儿园作出行政处罚，经咨询上级教育部门称已经多年没有举行相关资格考试。同时我们认为，幼儿园存在极大安全隐患，使学龄前未成年人处于危险状况，如何更快更有效地取得整治效果，需要多个职能部门沟通协调，形成合力。针对上述问题及单一部门处罚力度有限的问题，教育局向福清市院申请召开圆桌会议协调解决。公益诉讼诉前圆桌会议是2018年福建省检察机关首创，被誉为公益诉讼的"枫桥经验"。通过运用群众工作方法和多元化纠纷化解机制，召集相关部门、组织及群众代表召开圆桌会议，共商对策措施，提出整改方案，督促责任部门加快实施，促使公益受损问题及时高效处理。2019年5月，福建省检察机关出台《福建省人民检察院关于建立行政公益诉讼诉前圆桌会议机制的规定（试行）》，该规定对行政公益诉讼诉前圆桌会议作了基本定义，即检察院在向行政机关发出检察建议之后，针对受建议单位虽有整改意愿但因客观原因整改确有困难，或案件涉及多个行政机关需要协调配合共同履职的，检察院通过召集相关部门、组织以及群众代表召开诉前圆桌会议，共同研究解决方案和措施，推动责任主体更好地履行公益保护职责。诉前圆桌会议由受建议的行政机关申请召开，检察机关负责召集。召开圆桌会议，检察机关可通知利害关系人、邀请党政群众代表和专业技术人员参加。

收到召开圆桌会议申请后，福清市院于2018年5月底，联合福清市政府召集相关无证幼儿园所在的7个镇（街）、教育、公安、消防、安监、水电等部门召开诉前圆桌会议，针对无证幼儿园选址布局、消防设施、校车营运、饮食卫生、教学秩序等隐患与问题，制定联合执法方案，要求各部门发挥专长优势，在自身管辖范围内，有针对性地进行处罚、整改。经协商，明确各部门具体分工情况如下：（1）教育部门负责做好无证办园人员和幼儿家长的法律法规和教育方针、政策的宣传工作，通过微信公众号以及媒体通告曝光无证幼儿园名单，并会同街道（镇）做好被取缔幼儿园幼儿的疏散、分流、安置等善后处置工作；（2）公安部门负责维持联合执法取缔现场秩序及突发性事件处置；（3）消防部门负责查封消防不合规的无证幼儿园；（4）交警部门负责查处违规使用的"黑校车"及取缔现场的交通疏导工作；（5）市场监督部门负责查处无证幼儿园食品卫生违规行为的执法工作；（6）城管局负责查处无证幼儿园违章建筑等违规行为的执法工作；（7）安监部门负责指导、督促各镇（街）和有关部门履行安全生产工作职责；（8）供电、供水部门负责对无证幼儿园进行断电、断水工作；（9）街道（镇）负责维持取缔现场秩序，稳定围观民众思想工作，同时联系医疗救护车辆，防止意外事件发生；（10）市政府办公室负责各项协调工作。依照该方案，我们督促相关街道（镇）联合教育、公安、消防、安监等部门，在6月中旬本学期即将结束前几天，对16家幼儿园进行了为期三天的执法检查。经过前期动员和现场执法，有部分无证园经营者当场承诺学期结束后就不再续办，但仍有部分"钉子户"，我们又联合市政府先后多次召集相关镇（街）各职能部门分管领导，由乡镇政府分管领导逐家汇报取缔进展，对每个幼儿园逐个制定方案，实行一园一策，乡镇和教育局工作人员随后多次上门走访动员释法说理，有的就由公安人员通过房东做思想工作，陈明利害关系，要求房东不得继续出租房屋给无证幼儿园经营者，这样也解决了几家，最后剩下的几家只能釜底抽薪，由乡镇干部逐门逐户到每个学生家里，动员家长不要把孩子送到无证幼儿园就读，并帮忙解决到公立园或者其他正规民办园就读，最终这些条件不符合无法进行整改审批的无证幼儿园才全部关停、取缔。

三是疏导结合、分类治理。帮助无证民办幼儿园规范办学、消除隐患，修复被侵害在园幼儿受损权益。对无法消除安全隐患的幼儿园依法取缔关停，并妥善安排幼儿分流就学。市政府指示各镇（街）作为发现和取缔非法办园第一责任人，坚决取缔存在严重安全隐患的无证幼儿园，有3所无证园经过整改已通过审批，其他条件不符合的，在学期结束后予以全部取缔。在园1500名幼儿均按照家长意愿妥善分流到附近有资质的幼儿园就读。同时，根据学前教育资源不足问题，我们还建议建立政府购买普惠性民办幼儿园教育服务机制，通过财政补助、税费减免等，减轻经营负担，提高保教质量。建议各镇（街）根据城镇化进程中人口变动的情况，科学测算辖区内学龄前儿童数量分布，统筹设立民办幼儿园，避免出现布局不平衡或者"入园难"情况，彻底根治无证幼儿园问题。

四是及时开展回头看。虽然办案系统中案件已审结，但是我们的工作还远远没有结束，如何预防死灰复燃卷土重来，也是一项重要考验。经过联合执法、清理整顿后，有3家经过整改通过审批取得办学许可，另外13家全部取缔，我们仍然通过定期持续走访了解、明察暗访，调查有无出现反弹或新增现象，同时向市教育局发函，建议教育部门依托各镇（街）中心幼儿园和群众反映，重点把握开学初关键时间点，定期开展"回头看"工作，及时发现无证幼儿园反弹或新增线索。市政府还专门发文，落实各镇（街）作为发现和取缔非法办园第一责任人，建立长效管理机制，做到发现一家、查处一家，防止整治后出现反弹。同时扩大公立、民办幼儿园的招生规模，促使教育局及相关镇（街）通过财政补助、税费减免等，减轻经营负担，进而改善办学条件，提高保教质量，满足群众实际需要。此后，福清市未再发现无证民办幼儿园，政府部门持续推动普惠性幼儿园建设，公办幼儿园学额比为66%，较2017年上升6个百分点，全市普惠学额覆盖率达92.62%。

三、指导意义

（一）教育服务场所存在安全隐患，行政机关没有充分履职的，检察机关可以开展行政公益诉讼

对未成年人负有教育、照顾、看护等职责的教育服务场所，明知不符合办学条件，存在安全隐患，仍向未成年人开放，使未成年人合法权益面临风险，行政主管部门未依法充分履职，致使公共利益受到侵犯的，检察机关可以依法开展行政公益诉讼。

（二）不同层级人民政府和多个职能部门均具有与涉案事项相关的法定职责的，检察机关可以向能够发挥统筹作用的人民政府发出检察建议

相关人民政府、行政部门未依法完全充分履职导致公益损害的，检察机关可以通过公益诉讼检察建议督促履职。为提升监督效果，可以向能够发挥统筹作用的人民政府发出社会治理检察建议，推动人民政府对下级政府及相关职能部门进行协调调度，形成治理合力。

（三）检察机关应当建议行政机关采用有效履职方式，推动涉及未成年人合法权益问题得到实质性解决

行政机关对安全隐患无法消除的教育服务场所依法取缔关停时，检察机关应当建议行政机关疏堵结合、分类治理，根据未成年人及家长实际需要妥善安置受教育的未成年人，保障未成年人继续享有接受教育、照顾、看护、健康发展等权利，落实检察公益诉讼双赢多赢共赢理念。

四、办案感悟

（一）办案时机精细把握

我们在检察建议发出的时间点上充分考虑并尊重幼儿的受教育权和家长的选择权，整改反馈的期限为相关职能部门预留了充足的执法时间。案件立案于期中学习阶段，若过早启动执法程序，将无证幼儿园关停取缔，将导致幼儿学习中断，也容易引发社会问题。我们于4月发出检察建议，为后续整改留出了时间。根据公益诉讼案件的两个月期限，市教育局及相关街道办事处、镇政府可于学期末启动执法程序，既不影响本学期幼儿的学习生活，又为家长预留出暑假时间安排新学期的入学。

（二）强化检察建议刚性

办理公益诉讼案件，要注重发挥检察建议的重要作用。一是注重检察建议的可操作性。在检察建议中明确被建议单位存在的问题及原因、薄弱环节或制度漏洞以及堵塞漏洞的意见建议，确保提出的建议切实可行。二是注重推动解决行业问题，注重调查研究和证据材料收集，通过检察建议推动整个行业的清理整顿。三是加大"震慑"力度。明确告诉被监督行政机关，公益诉讼

诉前检察建议和其他社会综合治理类检察建议的区别,特别是不履职后果上的不同,是有可能作为被告被起诉到法院的,更能引起他们的重视,加大执法力度。

(三)积极推进社会治理

我们始终注重检察机关的职责使命,当好党委、政府法治参谋。在案件办理过程中,我们以"未成年人利益最大化"作为工作的出发点和落脚点。面对无证幼儿园数量多、隐患大、影响广、处理难的问题,结合实际情况,不是简单以关园取缔为目标,不一味强调打击处罚,而是充分考虑疏堵结合,先自查自纠,能整改的整改,确实不符合条件无法整改的,坚决取缔。同时充分征求家长意愿,妥善分流在园幼儿至附近公立幼儿园或者有资质的民办幼儿园就读。既彰显了检察建议的"刚柔并济",又实现了政治效果、社会效果和法律效果的有机统一。

(四)多方协调争取支持

要善于借力,不搞单打独斗。一是积极争取党委、政府的支持。党委、政府的支持是顺利开展公益诉讼工作的重要保障,我们在检察建议发出前就主动向党委、政府汇报清理整顿无证幼儿园工作进展情况,阐明无证幼儿园的危害性、怠于履职行为的违法性,共同探讨有针对性的整改落实方案,时任市委书记明确指示:"无证幼儿园要坚决取缔,一个都不能留"。二是加强与被监督行政机关的沟通。我们不是以监督者的身份高高在上,而是发现线索后多次与被监督行政机关沟通协调,在发出检察建议前后,每个阶段进展均及时互相沟通、共商解决执法难题。三是注重加强与被执法对象的沟通。办理无证园案件中,分别通过媒体曝光、制发"告家长一封信""告无证幼儿园经营者书"释明无证幼儿园的危害性，做好释法说理工作，避免引发社会矛盾。

（五）诉前程序的充分运用

通过诉前程序推动侵害未成年人公益问题的解决是公益诉讼制度价值的重要体现。特别是在行政公益诉讼中，提起诉讼并不是最终目的，根本目标还是通过凝聚合力，督促行政机关依法履职，保障未成年人的合法权益。

最终，福清市检察院以最有利于未成年人原则作为工作出发点和落脚点，推动无证幼儿园问题妥善解决，保障学龄前未成年人群体享有接受学前教育、健康发展的权利，这既是检察机关责任担当的体现，也为办理未成年人公益诉讼案件积累了经验。

行政公益诉讼破解"都管"难题
持续监督共护未成年人权益

邱 桢[*]

2021年6月1日，修订后的《未成年人保护法》在总则中明确规定"保护未成年人，应当坚持最有利于未成年人原则"。同时修订后的《未成年人保护法》赋予检察机关对涉及未成年人的诉讼活动等可以依法行使检察权开展监督。在实践中，检察机关未检部门应怎样落实好这项监督任务、在未成年人保护行政公益诉讼中如何启动程序、以什么为切入点、以怎样的方式更为合适等问题都是亟须解决且有研究必要的。我们结合检察工作实际，围绕入选最高人民检察院第三十五批指导性案例（检例第144号）的贵州省沿河土家族自治县人民检察院督促履行食品安全监管职责行政公益诉讼案进行解析，对案件办理中遇到的问题和主要做法以及对未成年人保护行政公益诉讼的一些思考作简要讲解。

一、案例内容

（一）简要案情

2018年秋季学期开学后，贵州省铜仁市沿河土家族自治县

---

[*] 邱桢，贵州省沿河土家族自治县人民检察院党组书记、检察长。

（以下简称"沿河县"）民族小学等 7 所中小学周边存在流动食品经营者占道制售肠粉、炒粉、油炸土豆、奶茶等食品，供周边中小学生食用的问题。流动食品经营者在未依法办理食品经营相关手续的情况下，以车辆为餐饮作业工具，未配备食品经营卫生设施，未按规定公示健康证明，未穿戴清洁的工作衣帽，所售卖食品存在安全隐患，影响中小学生身体健康，同时占道经营行为严重影响交通安全和社会管理秩序。相关行政主管部门怠于履行监管职责，致使社会公共利益遭受侵害。

（二）办案经过

1. 调查核实和督促履职

2018 年 9 月，沿河县院检察长接到人大代表和家长师生反映："沿河县民族小学等学校周边存在流动食品经营者以车辆为餐饮作业工具，违法向未成年学生售卖食品的现象，影响未成年人食品安全、交通安全和校园周边秩序。"获取该线索后，沿河县人民检察院经调查认为："流动食品经营者未经办理经营许可或备案登记等相关手续，即以车辆为餐饮作业工具进行食品经营活动，存在食品卫生安全隐患，危害未成年人身体健康，对校园周边交通安全和社会秩序造成影响。沿河县市场监管局怠于履行食品安全监督管理职责，导致食品经营者在中小学校园周边占道经营、制售食品的行为形成多发乱象，侵犯了未成年人合法权益，遂决定作为行政公益诉讼案件予以立案。

同年 9 月 13 日，沿河县人民检察院依法向沿河县市场监管局发出行政公益诉讼诉前检察建议，建议其依法履行职责，依法调查处理城区学校周边的流动食品经营者违法经营行为。11 月 12 日，沿河县市场监管局书面回复称，已取缔了所有学校周边以车辆为餐饮作业工具的食品经营活动，对校园周边环境联合开展了专项执法检查。沿河县人民检察院对诉前检察建议落实情况进行跟踪监督，发现沿河县市场监管局在检察机关发出检察建议后，虽采取了取缔、劝离等措施，但食品经营者以流动作业方式在校园周边向未成年学生制售食品的问题仍时常反弹，未能得到有效遏制，社会公共利益持续处于受侵害状态。

2. 诉讼过程

2019 年 8 月 8 日，沿河县人民检察院根据贵州省高级人民法院关于行政案件集中管辖的规定，向贵州省铜仁市思南县人民法院提起行政公益诉讼，请求确认被告沿河县市场监管局对城区校园周边无证食品经营者的违法经营行为怠于履行监督管理职责违法，判决沿河县市场监管局对城区校园周边无证食品经营者的违法经营行为依法履行职责。

同年 12 月 27 日，思南县人民法院公开开庭审理本案。沿河县市场监管局辩称，其不具有划定临时区域和固定时段供食品摊贩经营的职责，无直接管理流动食品摊贩的职权。沿河县人民检察院答辩指出，食品摊贩是食品经营者的类型之一，对食品安全的保护是未成年人保护的重要内容，不应因食品经营者无固定经营场所而放松对食品安全的监管。根据《食品安全法》《贵州省食品安全条例》及市场监管局"三定"方案等规定，市场监管局承担食品生产经营监督管理职责，负有食品安全监督管理、组织实施食品生产经营许可管理、指导食品生产小作坊、小餐饮登记管理和食品小摊贩备案管理的职责，对违法情形应当由其责令改正、给予警告、处以罚款及没收违法所得等。

3. 判决结果

2020 年 8 月 1 日，思南县人民法院作出判决，支持沿河县人民检察院全部诉讼请求。沿河县市场监管局在法定期限内未提出上诉，该判决生效。

二、遇到的问题和主要做法

（一）适格监督对象的确定

办理本案时，我们遇到的第一个问题就是如何确定适格的监督对象。校园周边流动食品经营者向未成年学生售卖食品，经营者既未向街道办备案，又未办理卫生许可证，经营者没有从事食品经营的许可，制售的食品安全问题得不到保障，长期占道向未成年学生售卖食品，给学生身体健康安全和学校周边的交通安全带来隐患，同时也严重影响市容市貌。有职权监管的部门涉及乡镇人民政府（街道）、市场监督管理局、城市管理局、交通管理部门，这些职能部门因为职权范围的不同和交叉，只要一个部门不依法充分履职，就会导致这个侵害状态持续得不到解决或者短暂解决后又"复发"，选定哪一个行政机关作为监督的适格对象尤其重要。

因此，选定哪个行政部门或者全部作为监督对象成为检察机关启动公益诉讼程序的首要难题。若只选定一个行政部门作为监督对象，就要考虑到被监督的行政机关依法充分履职后是否能实际起到解决问题的效果。若将涉及的部门均作为监督对象，又有可能导致出现司法资源的浪费，违背司法的谦抑性。

经分析研判，我们认为应把握两个立足点，找准最优且适格的监督对象：

1. 立足优先选择保护未成年人特殊群体利益的出发点，选择以食品安全问题启动初步调查

当多个法益处于被侵犯的状态时，未成年人群体利益只属于其中一个法益的时候，要坚持最有利于未成年人原则，优先选择

保护未成年人群体利益。一个社会治理问题长期得不到有效治理，其必然反映出社会管理制度存在漏洞和相应监管部门职责履行的缺失。校园周边食品安全问题是极易复发反弹的社会顽疾问题，本案中中小学生站在机动车道上购买食品，危及交通安全，就涉及到交通管理部门的职能职责；购买食品食用后，对盛放食品的包装盒、塑料袋等垃圾随地乱扔，影响环境卫生，则涉及城市管理部门的职能职责；而无证的食品经营者向中小学生销售食品，存在食品安全隐患，则涉及食品安全监督管理部门的职能职责。

在办案初期，部分办案检察官认为，可同时向三个部门发出行政公益诉讼诉前检察建议，但深入审查后认为，这样做可能出现监督主体不准、检察建议刚性不足、司法资源浪费等问题。如从交通安全领域发出检察建议，在当时（2018年）的环境下，虽符合积极探索公益诉讼"等"外领域，但毕竟法律层面并未规定该领域，且在行政机关不履行职责时，提起行政公益诉讼，行政机关定会提出不符合法定领域、主体不适格的抗辩，增加了败诉风险，从而影响检察机关公信力。针对以上顾虑，我们通过评估认为，本案中未成年人身体健康和生命安全的法益较为明显且紧迫，决定坚持最有利于未成年人原则理念，选择从启动校园周边未成年人食品安全监督角度着手，开展调查核实等工作。

2. 立足"专管优先"原则，精准把握"一因多果"的关键源头，进一步明确最适格的监督对象

本案的校园周边流动食品无证经营者占道经营食品的问题，属于典型的"一因多果"，只需要找准监督的最适格主体，解决了其无证经营食品行为，即可促进其他如交通安全、市容市貌等问题得以解决。但在调查核实初期，我们发现行政机关之间存在

职责不清或相互交叉，法律规定又较为笼统，校园周边流动食品经营者无证经营的问题到底由谁监管一时难以断定。

经深入分析后，我们决定通过实地走访，查找相关法律规定后，再调取职能部门"三定方案"开展审查，从而找准相关部门的管理职责。通过分析查明，根据《食品安全法》第36条的规定，食品生产加工作坊和食品摊贩等的具体管理办法由省、自治区、直辖市制定。《贵州省食品安全条例》第6条、第83条规定，食品药品监督管理部门承担食品生产经营、食用农产品市场销售等监督管理职责，并对违反该条例第47条的行为进行处罚。又根据《中共沿河土家族县委办公室关于印发市场监督管理局职能配置、内设机构和人员编制规定的通知》第3条的规定，市场监管局负责食品安全监督管理，组织实施食品生产经营许可管理，指导食品生产小作坊、小餐饮登记管理和食品小摊贩备案管理，将原沿河县食品药品监督管理部门的监督管理职责调整由沿河县市场监管局履行。最终通过政府部门授权职责的文件，在充分考察下级人民政府与上级职能部门之间、同级职能部门之间的行政职能配置，坚持"专管优先"原则，从监督管理职责更具体、更有利于保护未成年人的角度，选择将市场监督管理局作为本案的监督对象。2018年9月13日，沿河县检察院向沿河县市场监管局发出公益诉讼诉前检察建议，建议其依法履行职责，对城区学校周边的流动食品摊贩违法经营行为依法调查处理。

（二）稳妥提起公益诉讼

在向该县市场监督管理局发出检察建议后，2018年11月12日县市场监管局书面回复称，已取缔了所有学校周边的流动食品经营者，对校园周边环境开展联合专项执法检查。收到回复后，我院持续跟踪检察建议落实情况，并于2019年3月27日、5月7日至5月9日开展"回头看"检查，仍发现较多流动食品经营者在前述校园周边向未成年学生制售食品。为促进问题得到实质解决，我院多次与该局召开座谈，并要求该局要完全充分履职，但该局并未穷尽其职能手段去充分履职，校园周边学生食品安全问题亟待得到有效保护。

针对本案情况，我们坚持两个"全面审查"，依法稳妥提起公益诉讼：

1. 全面审查校园周边食品安全隐患问题是否仍然存在，未成年人公共利益遭受侵犯状态是否得以改变

收到县市场监督管理局的回复后，我院及时对回复的内容进行审查，因注意到校园周边食品安全问题属于易复发易反弹且不易根治的顽疾问题，对该局回复的内容中其取缔学校周边的流动食品经营者，对校园周边环境开展联合专项执法检查的方式以及效果，需要开展实地审查后再予以结案。经研究决定后，及时开展"回头看"工作，跟踪该局回复内容的落实情况，全面审查本案所涉的校园周边未成年人食品安全问题是否得到有效整改。但在多次"回头看"后，发现校园周边的流动食品经营者依然存在，检察建议反馈的问题并未得到有效改善，校园周边未成年人公共利益仍然处于受侵犯状态。

2. 全面审查县市场监督管理局是否依法充分履职，是否有阻却其不能充分履职的法定理由

在发现诉前检察建议并未得到真正落实且未成年人公共利益仍然处于被侵犯状态后，研究决定启动公益诉讼起诉程序。根据《行政诉讼法》第25条和最高人民法院、最高人民检察院《关于检察公益诉讼案件适用法律若干问题的解释》第21条的规

定，人民检察院在履行职责中发现生态环境和资源保护、食品药品安全、国有财产保护、国有土地使用权出让等领域负有监督管理职责的行政机关违法行使职权或者不作为，致使国家利益或者社会公共利益受到侵害的，应当向行政机关提出检察建议，督促其依法履行职责。行政机关不依法履行职责的，人民检察院依法向人民法院提起诉讼。上述条文中，对于如何审查行政机关不依法履职，并未详细规定。如果提起诉讼，除了要证明未成年人公共利益持续处于被侵犯状态，还需要对行政机关不依法完全履职行为进行认定，因此对"不依法履职"这一起诉标准进行准确把握成为提起公益诉讼的关键问题。

经过深入研究，我们从以下四点开展论证：第一，审查市场监督管理局在接到诉前检察建议后行政机关是否制定了措施，措施是否起到明显的治理效果。本案中，经"回头看"期间的调查核实，能证实该局只是简单的在某一时间点对无证经营者进行驱离，专项执法检查时间较短，短短几天后，校园周边食品经营者又继续占道无证经营，向未成年学生售卖食品，该局的措施明显起不到治理问题的效果。第二，审查该问题是否需要市场监督管理局在一定期限内长期整治，如果短时间内无法消除检察建议指出的问题，行政机关是否采取措施进行长效监管。本案中的食品经营者无证经营行为，确实属于需要长期整治的问题，但从检察建议制发到决定启动诉讼程序，时间近一年之久，县市场监管局在此期间也并未采取措施进行长期监管，仅仅在很短时间内履行职责了事，不长期监管的不依法不充分履职，导致问题持续复发。第三，审查县市场监督管理局是否属于"能为而不为"，能履职而不履职，是否未穷尽其自身具备的管理手段。本案中，通过调取"三定方案"，已经明确市场监督管理局对该问题具有主要管理职责,且在接到检察建议后只是简单采取措施予以治理,并未在后续整改中用尽其所有职能手段以做到完全充分履职,属于典型的"能为而不为"。第四,审查县市场监督管理局是否存在不能依法充分履职的法定事由。在开展"回头看"和拟决定提起诉讼过程中,我们多次与市场监督管理局座谈,这期间并未出现法定可以阻却其不能履职的事由。

综合以上情况,经层报市检察院和省检察院共同把关指导后,评估认为,县市场监督管理局并未依法充分履职,且其不依法履职行为已经严重侵犯未成年人公共利益,决定对该局提起公益诉讼。

(三)持续监督判决后的执行

本案办理中,提起诉讼的目的是要求县市场监督管理局依法充分履职,保障未成年人合法利益。又因为该案中存在的问题是易复发易反弹的社会治理难点问题,在诉求得到法院支持后,我们并未"胜诉了事",而是继续对判决的执行情况进行监督。那么如何在判决后,监督法院督促县市场监督管理局对判决情况执行到位?该局是否依照判决执行,依法开展工作,履职行为是否取得一定的效果,侵犯未成年人合法利益的社会问题是否因该局的履职得以改善或者解决?上述问题成为本案中的难点重点问题。

根据最高人民法院、最高人民检察院《关于检察公益诉讼案件适用法律若干问题的解释》(2018年)第12条规定,人民检察院提起公益诉讼案件判决、裁定发生法律效力,被告不履行的,人民法院应当移送执行。民事诉讼法、行政诉讼法均规定检察机关对诉讼活动有权进行监督,诉讼活动当然包括审判活动和执行活动。我们认为,未成年人保护行政公益诉讼虽具有其特殊性,但是对于行政公益诉讼案件法院判决的执行情况,检察机关可以参照民事诉讼法和行政诉讼法的有关规定。因此,我们对该案的审判活动全程开展了监督,同时也对判决生效后法院是否移送执行的情况开展监督,以确保该案裁判价值在执行环节得以实现。

经过不懈努力,我们促成沿河县政府责成沿河县食品安全委员会制定《沿河土家族自治县城区校园周边食品安全综合治理实施方案》,组织沿河县市场监管局、城市管理局、公安局、教育局、街道办事处开展县城区校园周边食品安全综合治理专项行动,取缔流动食品经营者13个,整改31个,对县城区校园周边的流动食品经营者进行法治宣传,引导流动食品经营者到新划定的区域经营,加强食品卫生监管。从2019年至今,我院已经连续四年与该县市场监督管理局开展校园周边食品及环境安全专项治理行动,并且推动县政府定期召开县辖区内所有乡镇街道主任参加的专题会议,专项治理的范围从本案发出检察建议所涉及的几所城区学校拓展到县辖区内所有学校,开展的工作从最初的校园周边食品安全拓展到校园内食堂采购、校园周边网吧、烟酒专卖店等方面的综合治理。

(四)保障民生服务大局

在本案的办理中我们注意到,在校园周边无证经营的食品经营者,有的为无正常收入的流动人员,系租住在县城,想摆摊谋生,却又苦于无更多的钱租住门面摊点,迫于生计在人流量多的校园周边摆设摊点;有的是因为并不知道经营食品许可证和备案应去哪个部门、需要什么资料以及嫌麻烦等原因未履行备案登记和许可程序。案件的办理,如果仅仅是简单地不让其摆摊,那么这些无证经营者的生计问题如何保障,成为压在我们心中的又一个大难题。

为解决问题，我院与县市场监督管理局共同协商后，向县委、县政府专题汇报，争取到党委、政府的支持后，县政府在县城的河东、河西两个菜市场为流动食品经营者划定区域供其摆摊经营，将原在校园周边的流动食品经营者引导分流到指定区域，同时还明确两个街道办对来此经营的流动食品经营者进行备案登记。现已有 50 余个经营者备案登记在册，流动食品经营者的经营活动得到保障。

三、办案思考

（一）持续做强传统领域涉未公益诉讼工作

习近平总书记对食品安全提出"四个最严"，即"最严谨的标准、最严格的监管、最严厉的处罚、最严肃的问责"，以确保食品安全。检察机关作为国家利益、公共利益的保护主体和未成年人的"国家监护人"，更加责无旁贷。从检察机关开始开展公益诉讼试点以来，食品药品安全领域的行政公益诉讼就是公益诉讼工作的主要内容，并从食品药品安全等关键、重要的领域开始，带动了公益诉讼"等"外探索的进一步开展。

根据最高检发布的数据，2021 年全国检察机关办理的未成年人保护公益诉讼案件立案 6633 件，其中，办理食品药品安全等传统领域公益诉讼案件 1957 件，占比 29.5%；办理新类型公益诉讼案件 4676 件，占比 70.5%。近年来，检察机关积极、稳妥开展未成年人保护公益诉讼检察工作，办案规模和办案质效得到双提升，特别是在办理新类型公益诉讼方面有了较快发展。但是未成年人食品安全问题，仍然是群众最关心、社会反映最强烈的突出问题。从最早的"毒奶粉"事件，到近年发生的"成都七中实验中学食堂事件"、河南新乡市封丘县"校园营养午餐"事件等，均引发了社会的广泛关注，不难看出未成年人的食品安全问题仍然是人民群众的"急难愁盼"问题。《中共中央关于新时代检察机关法律监督工作的意见》的出台，更要求我们积极能动履职。食品安全尤其是事关未成年人的食品安全，是关乎民生的大事，未检公益诉讼在开拓新的领域并呈现欣欣向荣发展态势的当下，要立足食品药品安全传统领域这个"牛鼻子"，坚持传承和创新相结合，不断深化拓展办理新类型案件，着力加强未成年人全面综合司法保护。

（二）坚持多渠道拓展案件线索来源

办理本案时，《人民检察院公益诉讼办案规则》还未公布，本案的线索是电视台曝光后，人大代表转交而来。现在根据2021年公布的《人民检察院公益诉讼办案规则》第24条规定，检察机关办理公益诉讼案件线索的来源渠道有六种：一是自然人、法人和非法人组织向检察机关控告、举报；二是检察机关在办案中发现；三是行政执法信息共享平台上发现；四是国家机关、社会团体和人大代表、政协委员等转交；五是新闻媒体、社会舆论等反映；六是其他在履职中发现。未成年人因其年幼，存在不知、不能、不敢反映等实际困难，而未成年人保护领域涉及面特别广泛，检察机关在实践中开展公益诉讼线索的来源十分有限，除履职和办案中发现，仍有大量侵害未成年人合法权益的公益诉讼案件没有进入检察机关办理案件的范围和司法保护领域，因此未成年人检察公益诉讼工作普遍存在线索发现难、信息获取滞后等问题。

应当正确理解"履职中发现"的含义，坚持多渠道拓展案件线索来源。未成年人保护公益诉讼案件线索，既可以在办理其他涉未成年人案件中发现，也可以通过人大代表、政协委员转交、新闻媒体反映以及法治副校长送法进校园、开展未成年人保护主题检察开放日活动、参加未成年人保护联席会议等渠道发现。要立足法律监督职能，注意拓展未成年人保护案件线索发现渠道，通过依法履职，切实维护未成年人合法权益。

（三）持续维护涉未公益诉讼诉前检察建议的"刚性"

在办理涉未成年人公益诉讼案件中，我们坚持的理念是促进行政机关履职，问题得到解决，未成年人合法权益得到维护。在制发诉前检察建议前，应当积极与相关部门沟通联系，能磋商结案、达到解决问题的目的，也可以磋商结案。如果制发检察建议，就应当维护检察建议的"刚性"，促进建议的刚性落实。通过办理本案，我们认为应当做到如下两点：

第一，及时开展"回头看"，跟踪诉前检察建议的落实情况，确保检察建议的"刚性"。检察机关向行政机关制发未成年人保护行政公益诉讼诉前检察建议后，被监督的行政机关在期限内以书面方式回复检察机关，回复内容称已经开展整改的，检察机关不能"一发了事"，单纯提高案件数量而不追求案件的质量和效果，简单草率结案，应当对书面回复的情况进行"回头看"。"回头看"要重点关注行政机关是否已经围绕检察建议反映的问题采取措施予以整治，反映的问题是否得到了有效治理。若行政机关仅仅是书面整改，就应该对行政机关的履职行为启动全面审查。

第二，认真审查评估，依法运用诉讼手段维护检察建议的"刚性"落实。对不积极落实诉前检察建议，又不依法履职，导致未成年人合法利益持续受到侵犯的行为，我们应当积极能动履职，在充分沟通和督促后仍未起到实质性作用的，应当向党委、政府汇报，积极争取支持，坚持提起诉讼，用诉讼保障检察建议内容得到落实，从而实现保护未成年人公共利益的目的。

（四）可探索利用异地审判管辖机制更好保障案件质效

本案的成功办理，异地审判管辖机制有效保障了案件质效。根据《贵州省高级人民法院关于推行行政案件相对集中管辖改革工作方案》第6条规定，铜仁中级人民法院辖内有两个集中管辖法院分别为碧江区人民法院和思南县人民法院，思南县人民法院管辖原碧江区、德江县、印江县、沿河县、石阡县人民法院管辖的一审行政诉讼案件。根据该规定本案起诉后，由贵州省思南县人民法院异地管辖本案的审判工作。在办理本案时得到了当地党委、政府的大力支持。异地审判管辖，对于本案的判决和执行，都起到了很好的保障。异地审判管辖，由当地检察机关启动行政公益诉讼程序、提出诉讼、出庭应诉，异地审判机关管辖、审理、判决，既便于案件就地调查取证，又有利于防止案外干扰，推进诉讼顺利进行，确保案件审判中立、客观、公正，更好保障检察机关依法独立行使职权，维护行政公益诉讼公正、权威。

四、结语

未成年人是国家的未来、民族的希望，保护未成年人合法权益，事关亿万家庭幸福，社会和谐稳定，全社会要担负起保护未成年人健康成长的重任。而检察机关作为国家法律监督机关和"国家监护人"，要通过具体案件办理，实现对未成年人优先、特殊、全面、综合司法保护，加强司法保护融入家庭、学校、社会、网络、政府等保护的力度，更好地肩负起新时代未成年人检察的历史使命。

守护"舌尖上的安全" 护航未成年人成长

杜 涛[*]

校园周边食品安全存在问题和隐患，势必会对未成年学生的身体健康和生命安全带来威胁，甚至可能直接导致侵害后果的发生，检察机关在食品安全领域尤其是涉未成年人食品安全领域开展公益诉讼，其价值在于及时制止侵害，消除隐患，从而达到防患于未然的目的。本案立足于未成年人"舌尖上的安全"，准确找准适格的被监督主体，争取党委、政府的支持后提起诉讼，持续关注判决后的执行情况，促进职能部门联合整改，实现了"以我管促都管"，合力护航未成年人健康成长。

一、服务民生，发现问题并找准问题源头

县城区中小学周边长期存在大量流动食品经营者占用道路摆摊设点，向中小学生制售肠粉、炒粉、油炸土豆、奶茶等食品。这些流动食品经营者既未取得食品经营相关手续，也未配备卫生安全防护措施，存在严重的食品安全问题，且对未成年人的身体健康具有极大的隐患。检察机关在履职中发现该问题后，及时回应社会关切，主动作为，组建办案团队对存在的问题开展初步调查。

---

[*] 杜涛，贵州省沿河土家族自治县人民检察院党组成员、副检察长。

经过调查，流动食品经营者在中小学校园周边占道经营制售食品的行为，不仅对未成年人身体健康造成了威胁，同时给上下学高峰期校园路段造成交通安全隐患，也影响了县城校园周边的社会管理秩序。检察机关经过多次走访和评估，发现校园周边流动食品经营者的无证经营行为是造成上述问题的"源头"，而流动食品经营者能够长期在校园周边制售食品，又是"源于"对此负有直接管理职责的部门没有充分履职。检察机关以保护未成年人利益作为首要考量，决定对此立案并启动公益诉讼程序开展监督。

二、严格证据标准和程序，稳妥提起行政公益诉讼

检察机关围绕发现违法、核实违法、纠正违法等关键环节及时固定证据，是提起行政公益诉讼的扎实基础。启动程序后，检察机关通过收集证人证言、提取现场照片、被监督机构编制文件和职能配置的方案等系列证据，为案件的起诉工作打下牢固的证据基础。

检察机关在发出检察建议，要求市场监督管理局依法履行监管职责后长达半年的时间里，三次开展了公益诉讼"回头看"，均发现市场监督管理局未按照诉前检察建议的要求落实整改，也未依法履行其职责，校园周边食品安全隐患问题仍然突出，亟待解决。为切实保护未成年人生命安全，维护社会公共利益，确保将检察建议做到"刚性"，检察机关依法对市场监督管理局不充分履职行为提起行政公益诉讼。

三、争取横向支持、纵向指导，联合整改落实

在办理本案时，《未成年人保护法》尚未修订，对侵害不特

定未成年人健康安全的行为是否符合提起公益诉讼条件没有明确规定，检察机关充分发挥检察一体化优势，省、市、县三级检察院对该案能否提起行政公益诉讼等问题进行充分研究论证后达成一致意见。同时，检察机关主动向县委、县政府汇报，取得当地党委、政府的理解和支持，向法院提起了诉讼。案件判决后，检察机关持续监督判决的执行，促成政府责成县食品安全委员会制定《沿河土家族自治县城区校园周边食品安全综合治理实施方案》，市场监督管理局、教育局、城管局、街道办事处等单位联合开展校园周边食品安全综合治理专项行动。为更好保障民生，检察机关还关注流动食品经营者的去向问题，促成政府在沿河县城的河东、河西菜市场为食品经营者划定区域供其摆摊经营，明确街道办对经营者进行备案登记，流动食品经营者的经营活动也相应得以保障。通过本案的办理，实现了学生舌尖、足下双安全的长效保护，检察机关进一步加强与党委、政府有关部门的沟通，共同促进问题解决，实现了未成年人保护权益部门的双赢多赢共赢。

净化未成年人成长环境
公益诉讼推进未成年人网络保护

谢 靖*

一、基本案情

2019年11月13日，溧阳市公安局对孟某某盗窃一案移送本院审查起诉。经审查，孟某某出生于2002年5月9日，2019年4月19日下午2时许，为去溧阳市溧城镇南大街的某网吧炫耀，趁机盗窃了他人停放在溧阳市万达广场停车场内的一辆摩托车，经鉴定该摩托车价值为5951元，当晚孟某某在前往该网吧炫耀时被溧阳市公安局民警抓获。因犯罪时孟某某刚满16周岁且数额不大，犯罪情节轻微，本院于12月13日依法对其作出不起诉决定。

在审查孟某某案件时，承办检察官发现溧阳市所辖市区及农村地区部分经营性网吧存在违规接纳未成年人上网的问题。有的网吧未在入口处显著位置悬挂未成年人禁入标志，有的网吧经营者在未成年人进入网吧时未要求其出示身份证件并核对年龄，有的网吧经营者发现未成年人进入后，仍然使用成年人身份证帮助其开户上网，家长多次反映但未能得到解决。

---

* 谢靖，江苏省溧阳市人民检察院第四检察部主任。

二、 办案过程

2019年11月,溧阳市人民检察院通过发放120份调查问卷、调查走访全市所有58家网吧等方式,全面了解辖区内未成年人随意进出网吧的数量和比例,发现120名受访未成年人中有随意进出网吧未受制止经历的占32%。未成年人出入网吧严重影响身心健康,易沾染不良行为习气,甚至滋生违法犯罪问题。根据《未成年人保护法》、国务院《互联网上网服务营业场所管理条例》相关规定,市文旅局负责对依法设立的互联网上网服务营业场所的经营活动进行监督管理。

2020年3月2日,溧阳市人民检察院向市文旅局发出行政公益诉讼诉前检察建议:一是结合实际情况,处罚涉案网吧;二是联合相关部门,推动专项执法;三是发挥社会力量,加强监督宣传;四是加强监督管理,规范网吧经营;五是完善制度,建立长效机制。

收到检察建议后,市文旅局对涉案网吧分别给予警告并罚款3000元的行政处罚,对相关责任人进行了约谈。市文旅局、市公安局运用信息技术,联合推出"人防+技防"双重严防系统,短短一周内,要求全市所有网吧全部强制上线运行该系统,将网吧经营管理后台数据接入公安机关,实现对网吧运行数据的实时有效监控,确保从源头上杜绝网吧违规接纳未成年人现象。市文旅局还在全市开展了为期6个月的"清风行动",通过定期通报、签订承诺书、"文明网吧"创建等形式,推动网吧规范经营。

5月2日,市文旅局向检察机关书面回复检察建议落实情况,提出进一步加强网吧监管的工作措施:一是严格审批,强化退出机制,对违法违规的网吧一律列入"黑名单";二是对照标准,完善监管体系,会同公安机关建设信息化监管平台;三是依法管理,推进社会监督,聘请200余名市场监督员对网吧进行监督;四是定人定岗,实行网格监管,全市每个网吧均有对应的管理执法人员,进行滚动式巡查;五是严管重罚,在寒假、暑假和法定节假日开展专项治理。

溧阳市人民检察院与市文旅局、市公安局召开了联席会议,从2020年6月开始开展为期三个月的"回头看"工作。检察机关将办案中发现的放任未成年人进入营业性娱乐场所、酒吧、网吧的未成年人父母或其他监护人情况,向妇联、关工委等通报,推动妇联、关工委发挥自身优势,动员社会力量,开展家庭教育指导。积极协同相关职能部门,链接司法社工、"五老"、社区网格员、志愿者等多方资源力量,推动构建常态化监管网络体系,有效防止网吧违规接纳未成年人进入的问题复发和反弹。溧阳市人民检察院注重延伸办案效果,扩大保护范围,牵头与市教育局、公安局、司法局、团市委、卫健局、妇联等6家单位联合会签《关于加强未成年人权益保护的意见》,建立市青少年法治教育基地,推动形成全市未成年人保护大格局。

三、办案难点

(一)检察机关提起未成年人保护行政公益诉讼的基础和依据

《行政诉讼法》(2017年)第25条规定,人民检察院在履行职责中发现生态环境和资源保护、食品药品安全、国有财产保护、国有土地使用权出让等领域负有监督管理职责的行政机关违法行使职权或者不作为,致使国家利益或者社会公共利益受到侵害的,应当向行政机关提出检察建议,督促其依法履行职责。行政机关不依法履行职责的,人民检察院依法向人民法院提起诉讼。行政诉讼法对行政公益诉讼范围采取"列举主义+等外解释",本案并不属于生态环境和资源保护、食品药品安全、国有财产保护、国有土地使用权出让这四个领域,是在 2017 年修正的《行政诉讼法》第 25 条 "等" 的基础上的一种拓展和探索。

但 2020 年 10 月修订,2021 年 6 月 1 日正式生效的《未成年人保护法》增加了第 106 条,该条规定:"未成年人合法权益受到侵犯,相关组织和个人未代为提起诉讼的,人民检察院可以督促、支持其提起诉讼;涉及公共利益的,人民检察院有权提起公益诉讼。"因此,检察机关提起未成年人保护公益诉讼是根据《未成年人保护法》第 106 条授权而获得。

《未成年人保护法》第 106 条对未成年人保护公益诉讼赋予了实体法依据。在不特定多数未成年人的合法权益受到侵犯的情形下,无论是造成了现实的损害结果,还是导致面临现实紧迫的风险,都可以理解为涉及公共利益,具备了启动公益诉讼的条件。但需要注意的是,不是只要侵犯了不特定多数未成年人的合法权益就可以启动行政公益诉讼程序,行政公益诉讼的启动还有另一个必要条件,就是主管行政机关的行为具有"违法性",即法律法规对行政机关的职责有明确规定,而行政机关没有完全充分履职或者怠于履职,同时这种没有完全充分履职的行为导致了未成年人公共利益受到侵犯的后果。目前《未成年人保护法》第 106 条对检察机关提起未成年人保护行政公益诉讼的范围所提出的要求仅是"涉及公共利益",但是涉及未成年人权益保护的公共利益具有广泛性和交叉性,哪些领域关乎不特定未成年人的公共利益,哪些案件适合提起行政公益诉讼,还需要检察机关在实践中继续探索。

本案涉及的互联网上网服务营业场所违规接纳未成年人进入，之前一直属于"等"外探索，在《未成年人保护法》修改之后，已经纳入了第58条，该条规定："营业性歌舞娱乐场所、酒吧、互联网上网服务营业场所等不适宜未成年人活动场所的经营者，不得允许未成年人进入。"未成年人随意出入互联网上网服务营业场所会影响身心健康，易沾染不良习气，会受到网络空间危害身心健康信息内容的影响，甚至会滋生违法犯罪问题。然而互联网上网服务营业场所违规接纳未成年人进入这一问题，未成年人家长已经多次向相关部门反映但仍未能得到有效解决。因此可以说，本案既侵犯了不特定多数未成年人的合法权益，同时也满足了行政机关未充分履职这一条件，检察机关可以通过行政公益诉讼督促行政机关充分履职。

"公共利益"本身是一个内涵和外延并不十分明确的概念。未成年人保护领域"公共利益"的范围界定需要进一步结合未成年人的特殊性进行考虑，尤其是需要结合未成年人所享有的生存权、受保护权、发展权和参与权四项基本权利以及国家对未成年人应当承担的特殊、优先保护责任。一方面，未成年人尤其是低龄的儿童缺乏自我保护能力，国家对未成年人的保护应当更为积极主动和全面，这是特殊保护的应有之义；另一方面，未成年人本身具有发展属性，其所享有的发展权要求以发展的眼光去看待对他们的权利保护，国家有责任创造有利于未成年人健康成长和发展的环境。发展权是一项典型的积极权利，要求国家积极作为。从这两方面来说，未成年人保护除了受到侵害以后的救济与恢复外，更重要的是如何预防性地消除可能对其造成危害的负面因素，为其健康成长与长远发展提供保障与支持。具体到公益诉讼中同样如此，提起未成年人保护行政公益诉讼不应以某一群体未成年人已经受到侵害为前提，应当覆盖成长环境中存在的、可能对某一群体未成年人带来伤害的"隐患"，行政公益诉讼更能发挥这方面的作用。当然，预防性公益诉讼并不是只要存在风险就可以行使检察监督权，还要从风险的大小、现实紧迫性、实害可能性等方面综合把握，慎重行使行政公益诉讼的权力。

（二）未成年人保护行政公益诉讼线索的发现

在司法实践中，线索来源是行政公益诉讼工作面临的一个现实问题，尤其是检察机关在办理未成年人保护行政公益诉讼案件时普遍存在线索发现难、来源有限、成案不及时的问题，一定程度上制约了未成年人保护行政公益诉讼的功能发挥与制度发展。

2021年，未成年人检察业务统一集中办理工作在全国检察机关稳步全面推开，为开展未成年人保护行政公益诉讼提供了机制上的保障。我们应该积极发挥未成年人检察业务统一集中办理优势，综合运用各项检察职能，从不同类型的案件挖掘监督线索。本案的线索就是依托未成年人检察业务统一集中办理优势，在办理孟某某盗窃罪刑事案件中发现的，一张孟某某在网吧门口被抓获的照片引起了承办检察官的重视。在开展社会调查时，带着对公益诉讼线索的敏感，承办检察官着重调查了未成年犯罪嫌疑人平时上网的情况，经调查发现他多次进出网吧，网吧经营者从未要求其出示身份证，直接使用他人的身份证件为其开户上网，或者网吧经营者发现他是未成年人以后仍然使用他人的身份证件为其开户上网，导致他多次通宵在该网吧上网，沾染了不良风气，影响了身心健康，并间接导致了初三时辍学。溧阳市人民检察院了解到多家网吧违规接纳未成年人上网的情况后，又针对性地开展了相关调查，掌握了该问题的普遍程度以及家长多次反映但未能得到解决的困境，于是针对行政机关监管不力启动了行政公益诉讼，有效化解了诱发未成年人刑事案件的社会因素。

未成年人刑事检察业务是未检工作的最初形态和传统内容，背后是未成年人司法规律使然。未成年人犯罪通常是一个外部环境负面因素不断内化的过程，或家庭监护存在严重问题，或过早辍学步入社会，或经常出入酒吧、网吧、营业性歌舞厅等不适宜未成年人的场所，或受到网络空间危害身心健康信息内容的影响等。未成年人被犯罪侵害，通常与社会环境中的风险因素管控不力、保护因素缺失有密切关系，比如住宿经营者接待未成年人没有尽到特殊注意义务，密切接触未成年人行业的用人单位未履行从业查询职责等。公益诉讼案件线索限于检察机关在履行职责中发现的情形，因此，对于未成年人保护行政公益诉讼的线索发现，一方面要立足监督职能，保持检察权的谦抑性，不可盲目通过联合检查等摸排线索，不可模糊检察权与行政权界限。要审慎行使权力，严守检察权边界，坚持合法性审查原则，不自我扩权，不越权解释，确保检察监督在法治轨道上运行，坚持督导而不替代的原则。另一方面要拓展案源渠道，采取多种方式方法，动员社会各方面力量，不断拓宽未成年人公益诉讼案件线索来源，包括检察机关可以建立完善内外部线索移送机制，加强与其他行政部门和单位的沟通合作，及时发现公益诉讼线索；加强检校合作，通过"法治副校长""送法进校园""法治夏令营"等方式发现校园安全隐患或校园周边管理问题相关线索；加大社会宣传教育，提升未成年人保护的全民意识，营造未成年人保护的社会氛围，不断提高家长、教师以及社会各界对侵害未成年人公共利益现象的辨识度和保护未成年人的社会责任感，了解或发现有关公益诉讼案件线索时及时向检察机关进行报告；推动社会支持体系建设，建立由人大代表、政协委员、学校教师、公益爱心人士等与未成年人密切接触或信息渠道畅通的人员组成的公益诉讼观察员队伍，扩大公益诉讼案件线索的来源。此外，检察机关还可以借助信息化手段或建立专门的未成年人公益诉讼案件线索收集平台，方便人民群众向检察机关提供有关案件线索。

（三）固定证据，做到有理有据

《人民检察院公益诉讼办案规则》第27条规定："人民检察院应当对公益诉讼案件线索的真实性、可查性等进行评估，必要时可以进行初步调查，并形成《初步调查报告》。"第28条规定："人民检察院经过评估，认为国家利益或者社会公共利益受到侵害，可能存在违法行为的，应当立案调查。"可以说，做好公益诉讼检察工作，调查取证是第一步。只有通过层层递进的方法抽丝剥茧，及时固定证据，才能综合利用客观证据证明违法行为。

检察机关调查取证方式包括：查阅、摘抄、复制有关行政执法卷宗材料，收集书证、物证、视听资料、电子证据，委托鉴定、评估，勘验、检查物证、现场等多种调查方式。但是在实际办案中最有效、最常用的是收集书证、物证、视听资料、电子证据等，其他需要相关行政机关、违法行为人、鉴定机构、现场人员配合的调查方式。

但是诉前检察建议制发必须有理有据，假如为了完成公益诉讼数量而走走形式，则违背了涉未公益诉讼制度的初衷。司法实践中，检察机关主要采用走访调查、询问当事人、与行政机关协商等最为初步、基础的方式进行调查取证。

在本案办理过程中，虽然有刑事案件做支撑，但未成年人为何自由出入网吧而无人制止，未成年人通宵上网等行为的背后原因是什么等疑问都需要进一步去了解。为此，我们首先开展了科学、有效的询问，询问曾进入网吧上网的未成年人，了解目前网吧违规接待未成年人上网的方式，并通过询问这些未成年人的父母，以及对未成年人开展心理疏导，从而确定网吧违规接待未成年人上网对未成年人身心健康带来的损害，同时通过调查走访、调查问卷等方式扩大调查的范围和受众面，对相关问题展开全面调查，在此基础上固定了文旅局应当履行职责而未履行的充分依据。

（四）有效确定未成年人保护行政公益诉讼的对象

启动行政公益诉讼的关键问题之一是查明行政机关的监督管理职责，换言之，就是确定哪些行政机关没有依法履行职责。未成年人保护社会环境治理是一项复杂工作，涉及众多部门，甚至有时对同一市场主体负有监督管理职责的部门也是多个。如何查明负有监督管理职责的行政机关？依照国务院《关于"先照后证"改革后加强事中事后监管的意见》和国务院《关于深化"证照分离"改革进一步激发市场主体发展活力的通知》要求，按照"谁审批、谁监管，谁主管、谁监管"原则，可以有效地杜绝推诿扯皮。同时，根据《人民检察院公益诉讼办案规则》第72条规定，人民检察院认定行政机关监督管理职责的依据为法律法规规章，可以参考行政机关的"三定"方案、权力清单和责任清单等。例如本案反映出的网吧监管一直是个难点，根据《互联网上网服务营业场所管理条例》等相关法律规定，营业性网吧是由公安机关、工商行政管理部门、文化行政管理机关等多部门进行监管的。针对分属不同职能部门监管的本案情形，承办检察官通过查找各个行政机关的"三定"方案，如《溧阳市文体广电和旅游局职能配置及内设机构》等，迅速明确了各单位职责界限，并从监督管理职责更具体、更有利于保护未成年人的角度，最终确定本案中网吧违法行为的监管部门是溧阳市文旅局。

在初步确定对象之后，要注意把握好公益诉讼检察工作的"双赢多赢共赢"理念、"诉前实现保护公益目的是最佳司法状态"理念，因为行政检察公益诉讼设置的目的是完善行政诉讼制度，优化司法资源配置，保护社会公共利益，促进社会治理。要以这种理念为指导，与行政机关保持良性沟通，了解问题发生的原因、履职遇到的困难，与行政机关共同努力形成合力，解决实际问题。因此在发出诉前检察建议之前，承办检察官积极主动与溧阳市文旅局沟通磋商，释明检察机关作为公益诉讼代表人，在回应社会关切、发挥公益诉讼案件在助力国家治理体系和治理能力现代化中的地位作用，消除了行政机关的顾虑，并在与溧阳市文旅局沟通中，更加明确该行政机关在未成年人进入网吧问题上的行政职责。与此同时，由于公安机关负责监管落实上网实名登记等安全技术措施，所以在落实诉前检察建议的过程中和"回头看"工作中，公安机关也积极参与，体现了多部门协调治理，彻底堵塞监管漏洞。

（五）保障诉前检察建议的"刚性"

提升诉前检察建议的"刚性"有益于实现未成年人保护诉求。将行政公益诉讼诉前检察建议做成刚性、做到刚性，有利于通过诉前程序达到维护未成年人合法权益的目的，实现双赢多赢共赢的办案效果。

办理未成年人保护行政公益诉讼案件，保障诉前检察建议的"刚性"，最重要的一点是深入、持续、实地跟进监督检察建议的落实效果。未成年人保护检察公益诉讼不能止步于发现和提出问题，还要跟踪监督最终实现问题的有效解决。"办理一案，治理一片"。办案是手段，促进社会治理是目的，通过办案消除对未成年人合法权益的现实侵害和风险隐患，营造有益于未成年人健康生活、成长的社会环境，是未成年人保护检察公益诉讼的初衷。发出诉前检察建议和向法院提起行政公益诉讼是检察机关办理行政公益诉讼案件的两个重要程序环节，其中诉前检察建议是向法院提起诉讼的前置必经环节。检察机关对有关机关发出公益诉讼诉前检察建议后，不能简单地一发了之，要持续对有关机关落实诉前检察建议和对侵害未成年人合法权益问题进行整改的情况予以跟踪监督，督促有关机关按照检察建议落实整改、有效履职，保证检察建议真正取得实效，治理效果真正落到实地。对于通过提出诉前检察建议能够实现未成年人公益保护效果的，检察机关无需再向法院提起行政公益诉讼。对于有关机关经过诉前检察建议督促仍然没有依法履行职责或者履行职责不到位、整改不彻底、效果不明显，未成年人合法权益仍然处于受侵害状态或尚存遭受侵害风险隐患的，检察机关应当依法坚决履行法律监督职责，向法院提起行政公益诉讼，提起诉讼是检察建议的刚性保证。因此，对于易发多发易反弹的未成年人保护顽疾问题，检察机关发出诉前检察建议后，要持续跟进落实情况，行政机关回复书面整改后，不仅要结合诉前检察建议内容及时开展书面审查，还应当采取实地查看、走访调查等方式对行政机关是否依法履职进行实质审查。如本案中检察机关发出检察建议后，主动与文广体局、市公安局对接，联合对辖区内网吧进行疫情防控清查，在全市开展了为期6个月的"清风行动"（网吧规范经营专项整治行动），之后还开展了3个月的"回头看"工作。

另外，还可以从其他三个方面发力提升检察建议的刚性：一是用好用足书面回复期。诉前检察建议是法律文书，应明确整改回复期限，即要求行政机关在2个月内或者紧急情况下15日内整改回复。行政机关应按照检察建议书规定的期限回复，并按照检察建议内容积极全面履职。送达时可以告知行政机关如果不在书面回复期内积极履职，整改不彻底或者效果不明显的，将会承担怎样的法律责任。二是确保诉前检察建议的高质量。高质量是保障检察建议刚性的坚实基础。本案中发出诉前检察建议之前，承办检察官积极主动与溧阳市文旅局沟通磋商，更加明确该行政机关在未成年人进入网吧问题上的行政职责，以及现有制度举措存在的漏洞，找准要点，制发有实实在在举措和思路、有建设性、可操作性的检察建议，避免为制发而制发，制发检察建议笼统概括、泛泛而谈，不精准建议的情况。三是建立健全公开宣告制度。检察机关可以邀请人大代表、政协委员、人民监督员、未成年人代表等第三方人员全程参与诉前检察建议公开宣告、公开送达，通过社会各方力量共同督促有关部门积极依法履行职责、监督被建议单位整改落实。

四、指导意义及其理解适用

（一）不适宜未成年人活动的场所多次违规接纳未成年人进入，行政监管不到位的，检察机关可以通过行政公益诉讼督促监管履职

营业性娱乐场所、酒吧、网吧等不适宜未成年人活动场所违规接纳未成年人，以及旅馆、宾馆、酒店等住宿经营者违规接待未成年人入住等，易对未成年人身心健康造成不良影响甚至诱发违法犯罪。上述违规行为发现难、监管难、易反弹，检察机关发现行政机关未依法充分履行监管执法职责的，可以通过行政公益诉讼，督促和支持行政机关依法履职，及时查处违规接纳未成年人的行为，避免出现侵犯未成年人合法权益和诱发违法犯罪等危

害后果。

修订后的《未成年人保护法》已经赋予检察机关法律监督责任。其第57条规定:"旅馆、宾馆、酒店等住宿经营者接待未成年人入住,或者接待未成年人和成年人共同入住时,应当询问父母或者其他监护人的联系方式、入住人员的身份关系等有关情况;发现有违法犯罪嫌疑的,应当立即向公安机关报告,并及时联系未成年人的父母或者其他监护人。"第58条规定:"营业性歌舞娱乐场所、酒吧、互联网上网服务营业场所等不适宜未成年人活动场所的经营者,不得允许未成年人进入。"因此,当这些场所违规接纳未成年人进入时,行政监管不到位的,检察机关应当通过行政公益诉讼督促监管履职。

另外,《未成年人保护法》还涉及其他未成年人群体公共利益的领域,具体包括:第36条保障校车安全;第45条保障交通优惠票价的平等权;第55条生产、销售符合国家或行业标准的食品、药品、玩具、用具和游戏游艺设备、游乐设施;第58条学校、幼儿园周边不得设置营业性娱乐场所、酒吧、互联网上网服务营业场所等;第59条禁止向未成年人销售烟、酒、彩票或者兑付彩票奖金;第72条网络信息安全保护等。在这些方面如果有可能或者已经侵害未成年人合法权益的,行政监管不到位的,检察机关也应当通过行政公益诉讼督促监管履职。

(二)充分发挥未成年人检察工作社会支持体系作用,促进构建未成年人保护大格局

检察机关在积极履行未成年人司法保护职责的同时,应当充分发挥未成年人检察工作社会支持体系优势,加强跨部门协同协作,引入并汇聚更多社会资源和专业力量参与,深入推进未成年人检察办案与社会化保护优势互补,促进齐抓共管和协同治理,

以更强的综合保护合力，促进未成年人保护法律规定不折不扣地落到实处。

新修订的《未成年人保护法》和《预防未成年人犯罪法》确立了最有利于未成年人的原则，构建了"家庭、学校、社会、网络、政府、司法"六大保护体系，并对社会组织、社会工作者参与未成年人保护和违法犯罪预防工作作出具体规定，为进一步加强未成年人检察工作社会支持体系建设提供了明确法律依据。

未成年人保护行政公益诉讼的直接目的在于督促行政机关依法履职，尽到保护未成年人的职责，根本目的是为未成年人健康成长创造更加有力的外部条件。办理这类公益诉讼案件，既要努力实现直接目的，也要善于延伸办案效果，坚持六大保护协同，将司法保护融入其他五大保护。在本案中，督促加强对网吧的监管是直接诉求，但此问题仅仅是社会环境治理某类问题的一个缩影。在营造有利于未成年人的社会环境方面，除了行政机关切实监督管理外，离不开提升社会主体保护未成年人的自觉性、主动性、积极性，发动社会力量正确引导未成年人远离不适宜的场所，帮助家庭履行好教育职责。为此，溧阳市人民检察院抓住办理该起公益诉讼案件的契机，将办案中发现的放任未成年人进入营业性娱乐场所、酒吧、网吧的未成年人父母或其他监护人情况，向妇联、关工委等通报，推动妇联、关工委发挥自身优势，动员社会力量，开展家庭教育指导，链接司法社工、"五老"、社区网格员、志愿者等多方资源力量，推动构建常态化监管网络体系，有效防范不适宜未成年人场所违规接待问题的复发和反弹。

社会治理是系统工程，唯有共建共治，才更有力有效。因此，未成年人保护是一项系统工程，需要全社会共同参与。只有凝聚各方面力量，才能形成未成年人保护合力。只有各职能部门和相关主体依法履职尽责，才能把未成年人保护相关法律法规落到实处。职能部门和相关主体工作专业化、专门化、社会化特征明显，是未成年人保护的基础性工作，检察机关必须紧紧依靠、助推落实，而不是有缺补位、不足替代。检察机关在专项行动中要推动解决未成年人保护的普遍性、系统性、源头性问题，推动解决人民群众反映强烈的未成年人保护热点、难点和痛点问题，要充分运用政治智慧、法律智慧、监督智慧，积极参与未成年人保护工作协调机制建设，认真履行专门教育指导委员会成员单位职责，加强与公安、法院，政府有关部门，共青团、妇联、关工委等组织的协作配合，形成良性、互动、积极的工作关系，共同保障未成年人合法权益，推动完善"家庭、学校、社会、网络、政府、司法"未成年人保护大格局，努力做到"办理一案，治理一片"。

五、体会与思考

（一）注重"惩救并举""轻轻重重"办案理念

一些未成年人由于法治意识淡薄，缺乏对法律最起码的尊崇和敬畏，同时未成年人心智发育尚不成熟，易冲动或受到引诱，以至于走上违法犯罪道路。办案过程中，应当严格落实宽严相济形势政策，坚持"轻轻重重"理念，对于侵害未成年人犯罪或者未成年人涉嫌严重刑事犯罪的，依法逮捕、起诉，给予必要的法律惩治；对于犯罪情节轻微、自愿认罪悔罪的未成年犯罪嫌疑人，依法适用附条件不起诉等特殊制度开展帮教。同时，全面落实社会调查、犯罪记录封存等未成年人案件特殊程序、特殊制度，保障涉罪未成年人合法权益，通过依法惩治与教育挽救并重，促使"浪子回头"。本案中的孟某某一贯表现良好，出生于一个普通的简朴家庭，其犯罪根源在于沉迷网络的不良行为习惯，通过办案风险评估，孟某某是一名具有可塑性的典型未成年犯，对于未成年人罪错或者违法犯罪行为的治理，应当更多地从未成年犯的主观方面、犯罪原因、可挽救性等方面去考量，并在综合判断的基础上做出最有利于未成人的处理结果，避免过早地给未成年人贴上犯罪的标签，阻断罪错或违法犯罪未成年人正常的社会化进程。

（二）注重"溯源治理""诉源治理"办案模式

未成年人是国家的未来，民族的希望，未成年人涉及千千万万的家庭，涉及未成年人利益的事，不仅仅是个案的事情，往往有国家利益、社会公共利益在其中。经营性场所违规接纳未成年人，侵害了未成年人利益，涉世未深的未成年人深陷其中，轻则厌学逃学，重则走上违法犯罪道路，检察机关作为法律监督机关，以"我管"促"都管"，坚持"监督"但不"越位"，通过行政公益诉讼检察建议，助推相关职能部门履职尽责，形成未成年人保护大格局。在办案过程中发现，由于监管部门的监管措施不到位、无成效，导致未成年人从不良习惯逐步演变成违法犯罪。在厘清职能部门职责的基础上，检察机关坚持把诉前实现维护公益目的作为最佳司法状态，向监管部门发出检察建议，并追求未成年人利益最大化原则，追本溯源，与相关部门协作，联动社会力量，开展了"回头看""清风行动"等，都着眼于从源头、从根本上彻底杜绝经营性场所违规接纳未成年人现象。

（三）始终坚持"四大检察""六大保护"办案目标

办案中，检察机关应当充分发挥未成年人司法保护主导责任,发挥未成年人检察业务统一集中办理优势,融合公益诉讼与刑事检察业务,有效预防未成年人犯罪。通过未成年人检察业务统一集中办理,在涉未成年人刑事犯罪案件中,及时发现民事、行政公益诉讼线索,坚持督导而不替代,开展公益诉讼检察工作,着力弥补受损公益、纠正违法行为。同时,对案件中反映的引发未成年人犯罪易发、多发领域,深挖背后的深层次社会因素,依法督促相关行政机关强化源头治理、依法治理、系统治理,让公益诉讼检察业务与刑事检察业务互相增益、协同发展,推动解决制约和影响未成年人权益保护和健康成长的突出问题,引导未成年人自觉抵制不良行为,着力降低未成年人刑事犯罪率,以刑事、民事、行政、公益诉讼"四大检察"助推未成年人"六大保护"。孟某某的案件是千千万万个网瘾少年的一个缩影,对其作出不起诉决定不是案件的终结,而是检察机关司法保护实现与其他五大保护的链接点。对监管部门发出行政公益诉讼检察建议,目的在于为未成年人保护存在的疑难杂症施策,问需社会普遍关注的共性问题,共同营造有利于未成年人的成长环境。本案中,检察机关没有止步于对孟某某的不起诉。检察机关作为法律监督机关,是未成年人"六大保护"体系建立并完善的见证者、亲历者、建设者。"六大保护"没有轻重,我们能做的,就是充分发挥职能,达到"1+5>6""1+5='实'"的目标。要始终坚持最有利于未成年人原则,更加注重涉罪未成年人合法权益和社会利益双向保护,将"六大保护"融入"四大检察",对接社会治理,用心用情用力呵护未成年人健康成长。

附 录

系列节目

少年"网事"[*]

> 叛逆少年网吧彻夜不归,最终走上犯罪道路。未成年人为何能随意进入网吧?
>
> 十岁女孩将自拍视频上传网络平台,却不料被人隔空侵犯,不法分子为何能轻易获取女孩个人信息?
>
> 两起指导性案例,看检察公益诉讼如何保护未成年人合法权益。

案例一:《彻夜不归入迷途》

讲述人:白鹤 江苏省溧阳市人民检察院党组书记、检察长

2019年4月19日下午,公安局"110"指挥中心接到报警,一名失主说,自己刚买的一辆高档摩托车在商场门口被盗。经查看监控,民警迅速锁定了一个小小的身影,他以熟练的手法骑上摩托车,快速离开现场。晚上9点多,他又骑着盗窃来的摩托车在马路上飙车、兜风。大约10点钟,又出现在一家网吧门口,向他的小伙伴们炫耀自己的坐骑,大家都很羡慕。正当这个男孩得意时,两名警察突然出现,现场空气一下子凝固。发现车是偷

---

[*] 2022年8月29日在央视社会与法频道《法律讲堂》栏目播出。

来的，小伙伴们纷纷投来了异样的目光，这个男孩的脸也瞬间憋得通红，呆呆木木地上了警车。

解说一：

其实，民警对这张稚气未脱的脸并不陌生，这个男孩叫小伟（化名），因为他经常更换不同的地方上网，他的爸爸多次到派出所求助寻找，民警对他已经比较熟悉了，可没想到，这次居然演变成了盗窃，触犯了刑法。一个花季少年是怎样走上犯罪道路的呢？

该案移交溧阳市人民检察院审查起诉后，承办检察官对小伟开展了社会调查，深入了解了小伟的成长、生活轨迹，详细询问了小伟的父母，走访了小伟的邻居、老师以及社区工作人员，揭开了他走上违法犯罪道路的原因。

原来，小伟一家不是溧阳本地人，爸爸在一个商场做保安，妈妈在商场做保洁，一家人的生活比较清贫，夫妻俩的工作量也很大，经常忙到半夜才回家，天不亮又要出去工作。那时候的小伟才14岁，经常一个人在家，也就是在这个时期，他迷上了网游，并深陷其中，学习成绩不断下滑，他也从厌学到逃学，最后索性弃学。忙碌的父母顾不上管他，他就索性吃住在网吧，"火腿肠加泡面"是他的最佳拍档。小伟说，他最长的一次上网是不眠不休整整大战了三天三夜。网吧的开销也不低，平时也要吃好的、穿好的、还要买装备。自己微薄的打工收入也不足以支付日常的开销，为了凑钱进网吧，他多次偷拿过父母的钱。

为了防止爸爸阻止自己上网，小伟学会了和爸爸打游击战，不断地更换网吧。而小伟的爸爸为了找到儿子，经常在全市多家网吧四处寻找。父子之间的矛盾不断升级，小伟爸爸直接在网吧动手打了小伟。简单粗暴的教育方式让正处于青春期的小伟更加叛逆、更加变本加厉地上网，小伟爸爸也是无可奈何、无计可施。

现实中的小伟面对家人的埋怨、责备，学业的下滑、挫败，同学的排挤、孤立，迷失了人生的方向。但是网络中的小伟，在虚拟世界里找到了归属感、成就感。游戏里的小伟不再是一个自卑的处处不受人待见的"坏孩子"，而是人人仰慕、满血复活的"大英雄"，他找到了自己存在的价值。这样的快乐与刺激让他分不清现实与虚拟，分不清白天与黑夜。

回忆起作案的经过，小伟说："我下班时看到这辆摩托车，一眼就爱上了，就像网络里的豪华大赛车一样，感觉自己当时仿佛游戏附体了，它属于我，只属于我，我必须开走它，我骑上它，就好像在赛车一样，很刺激。"

面对眼神迷惘但仍稚气未脱的小伟，检察官问："你知道这次犯错的严重性吗？"小伟怯怯地说："我不知道，但我很害怕坐牢……"当检察官再次问他："那你愿意戒除网瘾吗？"小伟突然就哭了起来，"只要不坐牢，要我做什么都可以。"

小伟的爸爸眼含泪水，满脸悔意，向检察官求助，希望检察官再给他一次机会。

解说二：

小伟对自己的行为追悔莫及，表示愿意改过自新。检察机关本着教育、感化、挽救的原则，经过检察官联席会议充分讨论后，对小伟依法作出不起诉的决定。案件虽然办结了，但小伟爸爸的一番话让检察官陷入了深深的思考。

小伟爸爸说之前因为网吧总是接纳小伟上网，多次向相关部门反映，可是都没能将儿子挡在网吧之外。儿子还是能天天上网，夜夜不归，父亲很无力，却又无法放弃孩子。小伟为什么每次都能顺利地进出网吧呢？目前又有多少个像小伟一样的孩子在随意进出网吧呢？检察官心头一紧，这个缺口必须堵上！

  为进一步了解全市未成年人上网的情况，检察官随机选取了多个学校，开展了未成年人进出网吧情况调查问卷，在参与问卷调查的120名学生中，竟然有38名学生表示曾有随意进出网吧不被制止的经历，占比高达31.67%。他们表示有的网吧经营者对他们很欢迎，从来不问他们的年龄，也从不要求出示身份证。

  事情的真相到底是什么？检察官决定深入网吧，暗访原因。

  经调查，检察官发现，未成年人能够随意进出经营性网吧的原因主要有三：其一，有的网吧没有在入口处显著位置悬挂明显的未成年人禁入标志。其二，有的网吧经营者在未成年人进入网吧时，没有要求其出示身份证件并核对年龄。其三，有的网吧经营者虽发现是未成年人，但为了利益，仍然使用成年人身份证或者"公卡"帮助其开户上网。

  未成年人真的可以随意到网吧上网吗？当然不可以。我国《未成年人保护法》中明确规定，互联网上网服务营业场所等不适宜未成年人活动的场所，不得允许未成年人进入，经营者应当在显著位置设置未成年人禁入标志，对难以判明是否已成年的，应当要求其出示身份证件。国务院《互联网上网服务营业场所管理条例》中也明确规定，互联网上网服务营业场所经营单位不得接纳未成年人进入，应当在入口处显著位置悬挂未成年人禁入标志，如若违反将予以警告、罚款等行政处罚。

解说三：

  法律明确禁止未成年人进入网吧，网吧经营者却有令不行。为保护未成年人身心健康，防范违法犯罪的滋生，溧阳市人民检察院依法履行公益诉讼职责，向溧阳市文体广电和旅游局发出诉前检察建议,督促文旅局充分履行监管主体职责,加大对网吧经营场所的监管。

收到检察建议后,文旅局对涉案网吧分别给予警告并罚款3000元的行政处罚,同时训诫相关责任人。该局还协同公安局运用信息技术,联合推出"人防+技防"的双重系统,将网吧的后台数据接入公安机关大数据平台,实现对网吧运行数据的有效监控,确保从源头上杜绝网吧违规接纳未成年人的现象。此后,文旅局还能动履职,在全市开展了为期6个月的"清风行动",通过定期通报、签订承诺书、"文明网吧"创建等形式,推动全市网吧文明、规范经营。

检察机关还积极协同相关职能部门,链接司法社工、"五老"、社区网格员、志愿者等多方力量,推动构建常态化监管网络体系,防止网吧违规接纳未成年人的问题复发、反弹。

为建立全市未成年人保护大格局,溧阳市人民检察院牵头市教育局、公安局、司法局、团市委、卫健局、妇联等6家单位会签了《关于加强未成年人权益保护的意见》,建成了溧阳市青少年法治教育基地。

如今的小伟已在溧阳高新区一家企业上班。我们经过跟踪、回访,欣慰地看到了小伟的变化:他的网瘾戒除了,心理阳光了,人际关系融洽了,也懂得感恩了,他自认为生活更有意义、更有价值了。

今天,我们介绍的这个案件,虽然是小案,但对未成年人和其家庭来说,都是"天大的事情"。因此,在案件办理过程中,检察机关秉持"小案不小看,小案不小办",以"如我在诉"的司法理念,推进涉未领域的社会综合治理,努力做到"办理一案,治理一片",坚决杜绝类似案件的发生,让每一个孩子"向阳而生，逐光而行"！

案例二：《隔空陷阱》

讲述人：吴文迪 浙江省杭州市余杭区人民检察院第二检察部主任

2019年5月26日，杭州市"110"接警中心接到一位女性报案人的电话，称自己刚上小学四年级的女儿芳芳（化名）要去同学家玩，并上了一辆自称是同学家长的车出了门，但事后她经过核实，接走芳芳的并不是同学家长，而是一个陌生男子，孩子现在已经失联，情况紧急，希望警方能尽快帮她把女儿找回来。这个男子究竟是谁？带走芳芳是什么目的？孩子会不会有危险？

芳芳为什么瞒着家人，愿意跟一位陌生男子独自出门？警方迅速锁定了接走芳芳的那辆车，就在警方全力开展追查工作的时候，芳芳妈妈突然接到了女儿打来的视频通话申请。原来在芳芳的屡次要求下，那个陌生人无奈开启网络，芳芳用随身携带的平板电脑跟她妈妈取得了联系。

在通话中，芳芳妈妈几次引导这个陌生人调转车头把孩子送回来，但都没能成功，无奈之下，她只好说出自己已经和真正的同学家长取得了联系，知道对方在冒充他人身份。这个陌生人被突如其来的消息吓了一跳，慌乱之下同意将孩子送回。此时，警方不敢掉以轻心，他们和家长一边等待，一边继续调动路面监控进行观察。通过视频，他们终于看到涉案车辆掉头往芳芳所住小区返回。那么芳芳能就此安全到家脱离险境吗？没有。警方人员在耐心等待了一段时间后，发现按照路程计算，早该回来的芳芳，却始终没有出现。

为防止意外发生，公安机关迅速调集警力，及时拦截了车辆。警方从车上解救了芳芳并抓获了那个男子。

孩子终于回来了，大家都松了口气！经过审讯，带走芳芳的陌生男子徐某31岁，从外地来杭州务工。那么，他是怎么跟芳芳认识的呢？他为什么要带走芳芳，芳芳又为什么愿意跟他走呢？原来，芳芳和徐某是在网上认识的网友，两人通过社交软件已经沟通交流有一段时间了，今天是他们第一次在线下见面。一个30多岁的男人，和刚上小学四年级的孩子保持长期联络，我们作为成年人很容易就能判断出，这种反常举动的背后目的不单纯，果然在接下来的讯问过程中，徐某的交代让办案民警倒吸一口凉气。

解说四：

刚上四年级的芳芳天真活泼，喜欢唱歌跳舞，爱好做手工，芳芳发现网上有个短视频软件，注册登录后可以发很多小视频在上面，于是她就悄悄用父母的手机号注册了短视频账号，并发了一些自拍视频在上面，此时的她没有想到，一双邪恶的手正通过网络向她伸来。

徐某经常在网上浏览含有儿童色情的内容，别有用心的他在网络上伪装起来，在这个短视频平台上寻觅可以下手的目标。一天，芳芳所拍的短视频就映入他的眼帘，而且，根据账号上可见信息显示，这个小姑娘就住在杭州。随后，徐某开始了一系列的表演：他先用自己的账号把自己伪装成一个小姑娘，并通过软件上的私信功能和芳芳聊天，芳芳则把自己的兴趣爱好一股脑的都讲给这个虚拟的"小姐姐"。芳芳说自己想当童模，网上的"小姐姐"告诉芳芳，自己的哥哥就是给童模拍照的，随后，顺理成章，这个"哥哥"和芳芳取得了联系。他仿佛很了解芳芳的喜好,渐渐地芳芳放松了警惕,也对他产生了信任。这个"哥哥"还让她发裸照,说是可以帮助她去当童模,芳芳居然也照做了。一次、两次……年幼的她浑然不觉自己已经被隔空侵害。

时间回到案发当天,徐某在得到裸照后,有了更加邪恶的计划,他竟然想单独约芳芳出来,企图面对面地给女童拍更多的裸照和视频,以满足他不可告人的欲望。在他的诱导下,芳芳同意以去同学家玩为理由,骗取家人同意出去跟他见面,并在案发当天帮助其隐瞒身份,坐上了那辆充满危险的汽车。幸运的是,徐某的企图被及时发现并制止。

公安机关随即以猥亵儿童罪对徐某立案侦查,并移交检察机关提请批准逮捕。在审查案卷材料时,检察官通过查看徐某的手机发现,在涉案的这个平台软件私信聊天记录中,还有其他地方的小女孩也像芳芳一样,发给了徐某裸照,触目惊心!

解说五:

2020年4月,被告人徐某因犯猥亵儿童罪被杭州市余杭区法院判处有期徒刑4年8个月,罪恶最终被惩罚。在办理刑事案件的同时,检察官们也陷入了深深的思考:为什么同样的侵害会一再发生?家长们为什么都不知情?如何才能从源头上杜绝此类案件的发生?

经过分析,我们发现这些孩子都有一个共同的特点,即都是在家长不知情的情况下,在某短视频平台注册并上传视频。而罪犯徐某正是在平台根据他浏览喜好推送的视频中寻找自己下手的猎物,显然,孩子们的信息在平台上没有得到有效保护,否则,徐某很难在短时间内诱骗这么多未成年女孩。但是,如何取得更加确凿的证据,证明这个短视频平台的推送规则和信息保护对未成年人没有依法尽到保护责任呢?

针对这些问题，我们开始查找有关法律法规，发现国家网信办《儿童个人信息网络保护规定》中明确规定："网络运营者收集、存储、使用、转移、披露儿童个人信息的，应当遵循正当必要、知情同意、目的明确、安全保障、依法利用的原则。"而这款涉案的 App 软件运营者，在儿童用户的注册、使用、推送等环节，都存在与规定不符合的情形，而这后续引发的案件已经说明，这款软件如果不加以完善，将对儿童人身安全以及生活安宁持续带来威胁！

通过什么方式解决这个问题？可否尝试从没接触过的涉未成年人网络保护的公益诉讼入手？接下来的问题是，这个 App 软件到底哪里存在问题，在哪些环节侵犯了儿童的个人信息权益，诉讼证据如何收集、证明，通过什么方式来解决这个问题……一个个棘手、具体的问题摆在我们面前。

公益诉讼最重要的是取证到位，证据能够支持诉求，而如何取证到位也成为该网络公益诉讼案件能否成案的"关键"。2020年7月初，我们开始着手采用"区块链"取证设备取证，这套设备可以全程保存所有采集的电子数据，并确保证据今后的效力。一台新手机上，检察官成功在 App 上模拟未成年小女孩"可可"的信息完成注册，并上传了"可可"私人的小视频，通过上传下载视频、观察推送信息等综合判断案件证据情况。这个取证过程用了近两个月，每天检察官们要做的一件事就是登录 App 观察"可可"账号的信息推送等情况并进行取证。一个多月下来，上百个 G 的电子证据和数百个儿童账户映入检察官的眼帘，基础证据已经到位，检察官的内心也逐步形成确信，软件背后的技术和算法，包括软件的注册协议等确实存在问题，孩子们在网络中的合法权益，明显已经受到了侵犯。

为了保护更多孩子的网络安全，不再出现更多的"芳芳"被隔空侵害，2020年9月，检察机关正式启动民事公益诉讼，在公开媒体发布诉前公告，同时与涉案公司取得联系，在数次面对面的沟通后，该公司对于公司产品在儿童个人信息保护方面存在的问题有了较为清楚的认识，最终提出了34项整改措施。

2020年12月2日，余杭区人民检察院就该起民事公益诉讼案向杭州互联网法院提起诉讼，请求：（1）判令被告公司立即停止实施利用App侵害儿童个人信息的侵权行为。（2）判令被告公司在国家级媒体及App软件首页公开对侵害儿童个人信息的行为赔礼道歉、消除影响。（3）判令被告公司赔偿不特定多数被侵权儿童，款项应交至相关公益组织，专门用于儿童个人信息保护公益活动，同时承担本案的诉讼费用。

解说六：

2021年2月7日，杭州互联网法院公开开庭审理此案。北京被告某公司对公益诉讼诉求均予认可，并依法履行了前期所有承诺。3月11日，杭州互联网法院出具调解书，这起国内首例未成年人网络保护公益诉讼案件至此圆满结案。在民事公益诉讼进行的同时，浙江检察机关也在思索，涉案公司地处北京，如何才能对远在北京的企业进行长期有效的监管？

鉴于该案也反映出相关行政主管机关对北京某公司监管不到位的行政公益诉讼案件线索，经浙江省检察机关请示，2020年10月，最高人民检察院将该线索交至北京市人民检察院办理。10月22日，北京市人民检察院对该案以行政公益诉讼立案，经调查向北京市互联网信息办公室提出依法履行监管职责，全面排查、发现和处置违法情形，推动完善儿童个人信息权益网络保护的特殊条款，落实监护人同意的法律规定等相关建议。12月4

日，北京市网信办将其约谈北京某公司负责人、推进该公司严格落实网络保护责任及提升优化软件等履职监管情况函复北京市人民检察院。根据检察机关工作建议，北京市网信办制定了《关于开展未成年人信息安全保护专项整治的工作方案》，对属地重点直播和短视频平台逐一梳理，压实网站主体责任，并将此次专项整治工作与未成年人网络环境治理等专项工作有效衔接，形成保障未成年人用网安全管理合力。

本案中，检察机关的行政公益诉讼和民事公益诉讼相辅相成，有力配合，最终促成本案的圆满办理，这也为检察机关办理未成年人网络保护公益诉讼案件积累了有益的经验。

这起公益诉讼案件的办理，给社会、家庭、企业上了一堂生动的"法治教育"课。它告诫那些漠视未成年人权利者，在孩子身后还站着以维护公共利益为己任的检察机关，保护未成年人的法律也有"牙齿"，侵犯未成年人权利，必将付出应有的代价！

校园内外的安全隐患*

> 一起黑校车危险驾驶案揭开无证幼儿园办学乱象,安全隐患让人揪心。
>
> 学校门口流动摊贩占道经营、堵塞交通,三无食品危害学生健康。
>
> 两起指导性案例,看检察公益诉讼如何守护未成年人安全健康的成长环境。

案例一:被查的无证幼儿园

讲述人:郑小波 福建省福清市人民检察院党组书记、检察长

福清是全国著名侨乡,福清人多,留守儿童也多,学位的紧张也为无证幼儿园提供了滋生的土壤。2018年,福建省福清市人民检察院从办理的三起"黑校车"危险驾驶案中发现线索,通过调查取证、法律论证、圆桌会议等举措,成功探索办理了全国首起涉及未成年人行政公益诉讼案件,在彻底根治无证幼儿园问题的同时,也妥善解决了近1500名幼儿的学前教育问题,维护了众多幼儿的合法权益,实现法律监督"双赢多赢"。

这起案件要从2018年3月说起。

---

* 2022年8月30日在央视社会与法频道《法律讲堂》栏目播出。

解说一：

2018年3月，福建省福清市人民检察院检察官在审查起诉一起危险驾驶案中发现，一部6人座的小车，竟然塞了13名幼儿，同时在对近期另两起同类型案件梳理分析时还发现，"黑校车"超员接送的，全部来自民办无证幼儿园。是个案巧合还是背后另有隐情？民办无证幼儿园除使用"黑校车"超载外，是否还存在其他安全隐患？

幼儿安全事关重大，职业的敏感使检察官意识到，案件背后的问题并不简单，需要进一步摸清情况。院领导听取汇报后，迅速召集成立了检察官办案小组，决定派未成年人检察部门深入实地调查，掌握第一手材料。

不查不知道，一查让人忧。

调查中，两名检察官乔装成家长，以小孩从外地移居回来上学为由进园察看暗访。其中一名检察官主要负责向老师了解幼儿园收费、生源、教师以及观察内外环境、食品卫生等情况；而另一名男同志则利用执法记录仪进行拍摄，捕捉无证幼儿园存在的安全隐患。

在前后三天的暗访中，两名检察官先后跑了7个镇（街），接连暗访了16所民办无证幼儿园，在园幼儿共涉及1500人。而暗访后发现的情况，比想象得更加触目惊心，除了普遍存在的"黑校车"问题外，其他安全隐患更令人揪心，执法记录仪也一一记录了无证幼儿园的办学乱象——

比如：一个幼儿园离加油站不足30米，一个紧靠汽车站出入口且处于11万伏高压输变线电力走廊；部分幼儿园栖身居民楼，没有保安把守，外人可随意出入；多数无证幼儿园都是家庭作坊式，空间狭小逼仄，光线昏暗，墙面斑驳，室外活动场地普遍缺乏，消防设施配备不足，厨房卫生条件差……

暗访中，根据多名老师描述，福清市常住人口约 140 万，随着生育政策的放开，公立幼儿园学位变得愈加紧张，不管在城市还是农村许多孩子都面临入园难的问题。而入园就读的孩子，多为留守儿童和在福清创业、务工人员的孩子，只要方便老人和家长接送，价格又不贵，即使无证，他们也可以接受。

解说二：

令检察官担忧的是，这些无证幼儿园园内孩子多且师资力量有限，再加上幼儿园的很多孩子还不懂事，生性好动，而危险又仅距离他们一步之遥，万一发生触电等意外事故，后果不堪设想。那么长期以来，这些无证幼儿园暗藏的诸多问题为何没能得到重视与解决？相关部门为何不对无证幼儿园进行清理整顿？

经走访教育部门了解到，福清市教育局也曾多次向无证幼儿园发出《责令停止办学行为通知书》，并向相关镇（街）发函要求取缔无证幼儿园，但多数幼儿园受检时停办，检查后又复开，相关部门未能形成执法合力推动问题有效解决。

无证幼儿园长期存在，影响幼儿的生命权、健康权、受教育权，福清市人民检察院决定开展行政公益诉讼，督促行政机关依法充分履职。

无证幼儿园是福清市检察院办理的首起未成年人公益诉讼案，也是在摸索着前进。当时的难点在于，清理整顿无证幼儿园是否属于行政公益诉讼案件范畴，检察机关能否对不履行职责或履行监管职责不到位的行政机关提起公益诉讼？

我们先来看看什么是行政公益诉讼？行政公益诉讼是指人民检察院在履行职责中发现负有监督管理职责的行政机关违法行使职权或者不作为，致使国家利益或者社会公共利益受到侵害的，应当向行政机关提出检察建议，督促其依法履行职责。行政机关不履行或者怠于履行的，检察院可以起诉。

摆在办案检察官面前的难题是：教育安全事关国家和社会公共利益，涉未成年人公益诉讼更是一项全新的未检业务。当时的公益诉讼司法解释规定受案范围为：生态环境和资源保护、食品药品安全、国有资产保护、国有土地使用权出让、英烈权益保护等损害国家利益或社会公共利益领域，并没有涉及未成年人保护。

清理整顿无证幼儿园是否属于这个"等"外领域呢？在国内尚无先例，全国检察机关也没有现成的经验可参考。

于是，我们组织召开了检察官联席会议研究行政诉讼法规定的公益诉讼受案范围。根据《民办教育促进法》《幼儿园管理条例》规定，"民办教育事业属于公益性事业"，我们认为民办幼儿园属于民办教育，属于公益性事业，无证幼儿园侵害了众多未成年人的合法权益，侵害的是社会公共利益，可作为公益诉讼案件办理。

当然，在2021年6月1日起施行的最新的《未成年人保护法》里，已经把未成年人权益保护纳入公益诉讼案件范围，明确了检察机关提起未成年人公益诉讼的职责。

2018年4月，福清市人民检察院向福清市教育局、相关街道办事处和镇政府发出行政公益诉讼诉前检察建议，建议疏堵结合，妥善处理无证幼儿园。对缺乏基本办园条件，存在严重安全隐患的无证幼儿园，依法关停、取缔，并妥善分流在园幼儿和从业人员。对经整改后有条件取得办园许可证的无证幼儿园，主动引导，给予支持，积极促进整改以达到办学许可条件，确保在园幼儿安全、健康。

解说三：

本案立案时间正好为期中学习阶段，若过早启动执法程序，将无证幼儿园关停、取缔，会导致幼儿学习中断。福清市人民检察院充分考虑这一现实情况，结合行政公益诉讼办案期限，于2018年4月发出检察建议后，要求行政主管机关在两个月内依法履行职责。根据这一期限，福清市教育局、相关街道办事处和镇政府可于学期末启动执法程序，既不影响本学期幼儿的学习生活，又为幼儿家长预留出暑假时间为幼儿新学期的入学做好安排。

检察建议发出后，福清市人民政府会同福清市人民检察院，召集相关街道（镇）、教育、公安、消防、安监等部门举行圆桌会议，制定联合执法方案，针对无证幼儿园选址布局、消防设施、校车营运、设施配备不达标等方面存在的隐患与问题，进行整改落实，同时明确各部门具体分工，全程监督联合执法进展。经整改，福清市教育局及相关街道（镇）回复检察建议落实情况：3家经整改后符合办学条件的幼儿园已申请并取得办学许可，13家整改后不符合办学条件的均已取缔关停，原在园幼儿已妥善分流至附近公办幼儿园或有资质的民办幼儿园就读。福清市人民检察院持续跟进检察建议的落实情况，定期走访、了解、调查无证幼儿园取缔后是否有反弹现象，并建议福清市人民政府定期组织开展"回头看"工作。

检察机关通过案件办理，既推动消除了幼儿园安全隐患，又妥善解决了幼儿就读问题，取得了良好的社会治理效果。此后，福清市未再发现无证民办幼儿园，政府部门持续推动普惠性幼儿园建设，公办幼儿园学额比为66%，较2017年上升了6个百分点，全市普惠学额覆盖率达92.62%。

在本案中，我们以"未成年人利益最大化"作为工作的出发点和落脚点，积极推进社会治理。面对无证幼儿园数量多、隐患大、影响广、处理难的问题，结合实际情况，不是简单地以关园取缔为目标，不是一味强调打击处罚，而是充分考虑疏堵结合，先自查自纠，能整改的整改，确实不符合条件无法整改的坚决取缔。同时充分征求家长意愿，妥善分流在园幼儿至附近公立幼儿园或者有资质的民办幼儿园就读，既彰显了检察建议的"刚柔并济"，又实现了政治效果、社会效果以及法律效果的有机统一。

案例二：学校门口的"烟火气"

讲述人：邱桢 贵州省沿河土家族自治县人民检察院党组书记、检察长

学校校门口"路边摊"火爆，卫生状况却令人堪忧，孩子们吃到肚子里的食品干净、卫生吗？

多数流动商贩靠摆摊维持生计，他们与执法部门玩起了躲猫猫，路边摊顽疾难以根治。

既要还校园周边安宁，又要守住"人间烟火"，问题如何才能得到真正有效的解决？

在大家的印象中，学生时代上学路上最快乐的时光是什么？我记得小时候最幸福的事，就是每天能有点零花钱，在校门口买一包辣条和薯片，然后捧着热气腾腾的小吃走进校园。

相信这种场景不只是存在我的记忆里，现在依然是随处可见。今天我要给大家讲述的案件，就是关于校园门口的那些"烟火气"。

贵州省沿河县某小学校门口真实的景象：伴随着车流涌动的

喇叭声，人行道上、斑马线上到处都是流动商贩。豆浆油条、炒粉炒面，各种琳琅满目的"美味小吃"香味扑鼻，而站在流动商贩车边的学生也是不计其数，学生们吃的是津津有味，拥挤的街道上充满了浓浓的"烟火"气息！

然而这样的场景，又不得不让人担忧：孩子们吃到肚子里的食品干净、卫生吗？有没有过期食品？在这样混乱的交通环境中，会不会有安全方面的问题？

一直以来，很多家长只关心小孩子是否吃早餐，而不关心早餐吃什么，吃的是否安全。有的家长由于工作忙等原因，不能在家为孩子准备早餐。因此，很多学生选择在路边摊点随意吃些油炸食品或简易快餐。这一现象是否存有隐患呢？又由谁来管理这些路边摊，保护未成年人的身心健康呢？除了大家熟知的行政执法机关，还有一个选项，就是肩负法律监督职责的检察机关。

解说四：

2018年9月，贵州省沿河土家族自治县人民检察院接到人大代表及老师的反映，在某小学校门口的街道和斑马线上，有很多小商贩当街售卖，每天把学校门口围的水泄不通。接到线索反映后，沿河县人民检察院立即展开调查，到学校周边拍照取证，向商贩、学生家长、教师询问了解情况，收集了大量的证据。

经过一段时间的调查了解，我们发现，这些流动商贩不但没有在相关单位办理经营证照，而且占道经营造成学校周边的交通环境拥挤，也存在很大的食品安全隐患，对校园周边交通安全、环境和社会秩序都造成了影响。

发现这种情况，我们先后到交通管理部门、城市管理执法部门、市场监督管理部门等相关单位，把所接到的反映情况和实地调查情况向他们进行了反馈。

我们了解到：流动商贩占道经营，影响交通是交通管理部门的责任，影响市容市貌是城市管理执法部门的责任，经营手续和食品安全又是市场监督管理部门的责任。各家单位都有一定的执法权，但又各有侧重。虽然有的单位开展过执法行动，但是如果没有有效的应对方案，这些流动商贩还是会选择继续摆摊。这种现象如此往复，难以管制。如何进行有效治理？我们开始了更深入的思考。

有的学校告诉我们：没办法，学生人数太多了，咱们学校也没有开设食堂，更无法对流动商贩进行驱离，只能教育学生，不要吃不健康的食物，根本没办法直接制止。

那么，学生和家长是如何看待这些问题的呢？

作为未成年人的在校学生，并没有辨别食品安全的意识和能力，也不知道这些吃的是否卫生，只是觉得这些东西好吃，单纯的为了填饱肚子。有些家长因为工作的原因早出晚归，根本没有时间给孩子做早餐，就给孩子一点钱，让孩子自己买点吃的，凑合一下。

未成年人是全社会共同关注、关心和保护的群体，我们如何为他们营造一个良好健康的成长环境呢？

《未成年人保护法》第 106 条规定："未成年人合法权益受到侵犯，相关组织和个人未代为提起诉讼的，人民检察院可以督促、支持其提起诉讼；涉及公共利益的，人民检察院有权提起公益诉讼。"未成年人的合法权益，一直是检察机关非常重视的问题，公益诉讼作为检察机关的新型职能，在维护未成年人合法权益方面发挥着重要的作用。面对未成年人食品安全等易发、多发、易反弹的顽疾问题，检察机关可以通过监督，促使各个行政执法机关，共同为保护未成人合法权益，履行应有的职责。只要一个部门不依法充分履职，未成年人权益持续被侵犯的状态就难以得到解决。

根据相关法律规定，沿河县检察院决定对学校周边食品安全问题作为行政公益诉讼案件予以立案。我们认为，校外食品经营者既未进行备案登记，也未采取必要的保障食品卫生的措施，且占道经营，侵犯了未成年人的食品安全和人身安全，检察机关根据《未成年人保护法》《行政诉讼法》《食品安全法》《贵州省食品安全条例》等相关法律法规，向市场监督管理局制发了公益诉讼诉前检察建议。

解说五：

沿河县市场监督管理局在接到检察建议后，再次开展了执法检查，但是执法过程还是不理想。学校门口这些流动商贩大多不富裕，有的还是贫困户，靠路边摊维持生计，他们每天依然会冒着被罚没的风险出来摆摊。看来，问题还得从"根子"上解决。

经过我院检察官多次"回头看"实地调查，认为市场监督管理局还没有充分、全面的履职，还处在治标不治本的阶段。最终我们于2019年8月8日向人民法院提起行政公益诉讼，请求确认被告县市场监督管理局，对城区校园周边流动商贩违法经营行为，怠于履行监督管理职责违法；责令该局依法履行法定职责。法院开庭审理后，检察机关的诉讼请求得到了法院判决的确认。

判决生效以后，我们持续监督判决的执行，主动向当地党委、政府汇报，并得到了理解和支持。我们与政府相关职能部门一起深入分析解决路径，并且促成县政府牵头制定了《校园周边食品安全综合治理实施方案》，组织县市场监督管理局、城市管理局、公安局、教育局、街道办事处定期、联合开展综合治理行动，同时也充分考虑了商贩们的经营和生计，牵头在学校附近划定经营区域，引导流动商贩进行备案登记、规范经营。

在执法过程中，一开始有的商贩不愿意配合，为了达到执法目的，实现各方共赢，我们耐心地给商贩宣讲政策。告诉他们不但可以卖，还要好好的卖，只是需要到相关部门办理手续，接受监督管理，并在指定区域经营。这样既不耽误生意，还不用提心吊胆。看到穿着制服的执法人员如此耐心细致，还主动帮忙办理相关手续，商贩们放下了戒心，转而配合工作，不久就有50多个商贩进行了备案登记，并入驻指定区域经营。

经过这起公益诉讼案件，沿河县学校周边食品安全问题得到了真正有效的治理。

曾经的被告单位，县市场监督管理局更加关注全面履职，除了划定区域依法引导商贩取得食品经营许可外，还对学校食品配送单位、供餐单位、学校食堂及校园周边小餐饮店强化了日常监督检查。

曾经的流动商贩在各个单位共同的关心帮助下，完善了相关营业许可手续，拥有了自己的固定摊位，保证了食材的安全卫生。

曾经，说自己"管不了"的学校，有的开设了食堂，对进入学校的食品严格把关，让学生吃的健康，家长们也放心了。

曾经不太重视的家长们，也深受教育，懂得自己孩子的健康才是最大的财富，必须要负起应有的责任。

最重要的，曾经捧着问题"零食"满大街乱跑的孩子们，现在拥有了更好、更安全的生活和学习环境。

今天的这两起案件，不仅仅是为了彰显检察机关的法律监督职能，而是通过公益诉讼的手段，呼吁全社会共同关注青少年的合法权益，实现"双赢共赢多赢"，达到"办理一案，治理一片"的社会效果，更好地守护人民群众的安全感和幸福感。

被"刺痛"的青春*

> 他们迷茫又叛逆,在皮肤上刺刻下文字和图案,本想留下个性的符号,却没想到成了难以修复的创伤。文身对未成年人到底会造成怎样的伤害?检察机关是如何推动未成年人文身源头治理与制度完善的?

案例:被"刺痛"的青春

讲述人:刘兆东 江苏省宿迁市人民检察院副检察长

文身店可以给未成年人文身吗?未成年人文身是家事、私事吗?带着这样的疑问,我们开始今天的讲述。

2020年4月,江苏省某地发生了一起未成年人聚众斗殴案件。两群十五六岁的小伙起了冲突,互相动手。这起发生在闹市区的案件被市民传到网上,在当地引起了比较大的轰动。

很快,公安机关抓获了涉案人员,检察院也提前介入了案件。在检察官提审的过程中,突然发现了这样一个细节:其中一名未成年犯罪嫌疑人小李(化名)不停地往下拉扯自己的衣袖,好像是想盖住什么。已经是初夏,并不冷,他的胳膊上有什么不为人知的东西?他是想掩饰什么?带着这个疑问,检察官撩开了小李的衣袖。

---

* 2022年8月31日在央视社会与法频道《法律讲堂》栏目播出。

大片的刺青映入了检察官的眼帘，小李的两条胳膊布满了"一生杀戮""黑白无常"等文身图案。小李惭愧地说："自从纹了这些文身，我就觉得自己不是好人了，实在不想给别人看见。"

"那你为什么会去文身呢？"这个现象引起了检察官的好奇，和小李聊了起来。小李说，他是和朋友学的，当时觉得朋友的花胳膊看上去很炫酷，而且朋友告诉自己，是兄弟就要一起上。一时冲动，之后小李很快就后悔了，因为亲朋好友和同学们的眼光让自己觉得很难堪，去文身店问了之后才知道清洗文身很贵也很痛。小李只好每天遮遮掩掩，天气再热也不敢穿短袖。过了段时间，小李加入了朋友的"帮派"，一群半大的少年，纹着统一式样的文身，招摇过市。这个案件涉案的其他十几名未成年人身上也均有不同程度的文身。

解说一：

小李的情况是个别情况吗？这个案子又是个案吗？在梳理了三年来的未成年人聚众斗殴、寻衅滋事等刑事案件后，检察官发现，70%左右的涉案未成年人身上都有文身，而且大部分都是暴力图案。满臂、满背的大面积文身让检察官们感到震惊，那么文身到底会不会给未成年人成长造成不良影响？检察官决定深入调查。

是文身导致了未成年人犯罪？还是犯罪的未成年人都会去文身？这个疑问首先进入了检察官的视野。初步调查后检察官发现，未成年人文身和犯罪这二者之间，虽然没有直接的因果关系，但对未成年人成长过程中的心理健康确实会有影响。当未成年人出于好奇或者模仿等原因选择文身，特别是纹上一些暴力图案后，这种一时冲动的盲从行为所导致的"社会"情结又对未成年人造成思想上的束缚。特别是帮派标志一样的图案，时时刻刻提醒着这些小孩：你是这个团伙的人。14岁的小韩说，当自己改过自新好好学习的时候，身上的天眼好像永远都在盯着自己。像小韩一样在付出巨大的经济代价、承受巨大的精神压力之后，还是走不出这段经历的人比比皆是。

　　对这个情况，沭阳县金色花未成年人司法社会服务中心的社工也看在眼里、急在心上。她告诉检察官，在对临界违法未成年人进行预防，对不捕不诉未成年人帮教工作中，也发现帮教对象文身现象较为普遍。很多小孩在挨过异常痛苦的清洗后，文身依然难以清除，对返校就读、就业造成很大困扰。家住农村的小林就是其中一个例子，多方打听后，小林得知清洗身上的文身价格在15万元以上。可文身不"除"，工作中就要承受别人另类的目光，让他陷入无法专心工作的困境，而这份工作承载的，是他希冀的未来。

　　在调研的过程中，检察官也走访了一些家长。面对检察官，14岁女孩小羽的妈妈气愤又自责。小羽妈妈说，女儿学习成绩优异，小升初还考了全县前几名。看别人有文身，她便也找了家店"加工皮肤"。小羽妈妈担心会影响女儿的前途，就带小羽去打激光消除"花臂"，不仅人遭罪，还花费了近3万元。小羽被激光打过的胳膊泛红明显，那是洗文身留下的疤痕。小羽说文身店给自己文身时并没有询问年纪，选完图就开始了文身。

　　小李、小林、小羽都是在一条步行街上文身的。熙熙攘攘的步行街上，遍布着大大小小十几家文身馆。章某的文身店坐落在步行街上。因为店面小、收费低，文身店自2017年6月1日营业以来，生意一直很好。2019年5月，15岁的小王去文身店纹了左手臂,后来陆续又纹了肚子和腿。虽然小王看起来就小,但章某也没有问他年龄,也没有劝他不要文身。没有营业执照、卫生许可证、医疗许可证,没有核实身份,没有征得父母同意,章某一共为40余名未成年人进行了文身,为7名未成年人清洗文身。章某说,也曾因为给小孩文身被家长殴打,公安机关介入处理。

解说二:

随着社会的多元化,公众对文身现象逐渐宽容,越来越尊重成年人的选择与审美。然而未成年人心智不成熟,缺乏对事物的判断力和自我保护能力,文身对于他们来说,可能会成为一生之痛。那么文身对于未成年人将造成怎样的心理和身体上的伤害呢?它又为何会成为青少年融入社会的阻碍呢?

有人认为,未成年人文身是私事,小孩愿意就行;有人认为,未成年人文身是家事,只要家长认可、同意就行了。其实,未成年人文身,不但事关孩子的心理健康,还关乎孩子的身体健康,不可小觑。

文身的原理是使用文身针穿刺皮肤,把颜料植入表皮层下的真皮层,绘制图案并显现在皮肤上,可能会面临感染、过敏的风险。文身过程中,针刺对人体组织造成损伤,颜料渗入真皮层,形成永久性的色素沉着。而这些颜料含有重金属及化学物,对于人身具有潜在的危害,也是皮肤病和皮肤癌的诱因之一。最关键的是,文身几乎是不可逆的,洗不干净。

这些盲目选择文身的孩子并不知道,文身将影响自己今后的职业选择。一些职业对文身有特殊要求,比如警察、军人、公务员等。一旦无法清除,那么将面临职业禁入的尴尬。比如有个文身少年讲述了他的亲身经历,上初中时图好玩给自己两只手臂文身。毕业以后他去饭店当服务员，有顾客反映蛮吓人的，不敢再来消费。当小区保安，又有业主说保安让自己没有安全感。报名征兵，也因为体检不合格，当不了兵。最后花了两年时间激光清洗，不仅痛苦，还留下伤疤。

所以有人总结：未成年人文身酷一时、痛一生。

不能让一时冲动伤了孩子。在上级检察机关的指导下，沭阳县检察院迅速成立公益诉讼检察办案组。调查发现，文身馆混乱无序和行业失管问题比较普遍。不少文身馆没有任何证照，购买的颜料、器械等来源不明；消毒意识不强，极易造成文身创口感染及传染病传播风险；有的文身馆违法开展洗文身业务，给未成年人的身心健康带来损害。

沭阳县检察院认为，沭阳县卫生健康局、市场监督管理局作为清洗文身、文身经营主体的主管部门，未履行监管职责，导致文身馆长期无证无照无序经营，侵害社会公共利益。

2020年10月30日，沭阳县检察院举行公开听证会，对县卫生健康局、市场监督管理局怠于履职是否进行行政公益诉讼立案，听取未成年人保护相关单位和代表委员们的意见。与会人员一致同意检察机关进行行政公益诉讼立案审查。第二天，沭阳县检察院向2家行政单位发出了公益诉讼诉前检察建议。

这份检察建议催生了对全县范围的专项整治。专项整治共排查文身馆20家，责令停业2家，对6家无证开展洗文身业务店铺进行调查。风险提示、身份审核等行业制度也建立了起来。

解说三：

本案发生在2020年，当时我们国家还没有明确的法律规定"禁止为未成年人文身"，依据当时的行政法规，对文身行业通过行政公益诉讼进行治理，面临着行业归属不明、监管主体不清、缺乏行业规范等困境,那么检察机关是如何能动司法,通过公益诉讼监督职能,最大限度保护未成年人合法权益的?

根据《未成年人保护法》第106条的规定,未成年人合法权益受到侵犯,相关组织和个人未代为提起诉讼的,人民检察院可以督促、支持其提起诉讼;涉及公共利益的,人民检察院有权提起公益诉讼。

面对行政监管不足导致履职障碍的情况,检察机关应用足用好现有法律规定,通过公益诉讼监督职能,最大限度地保护未成年人合法权益。

对于缺乏行业规范导致侵权行为难以被行政机关监管的,可以通过民事公益诉讼的方式维护未成年人合法权益。

这主要是从两个方面来考虑的。一方面,未成年人是无民事行为能力或限制民事行为能力人。我们也常说,"少不更事"。当他的社会经验和生理发育不成熟时,由个人做出判断或者承担责任,不合适。对他有益的事情,他有权接受。但是对他不利的事情,就算他同意,也是不行的。另一方面,联合国的《儿童权利公约》中有一条原则是"儿童权益最大化"。我国将这一条消化吸收,作出中国式的法律规定,即《未成年人保护法》第4条规定的最有利于未成年人原则。所谓最有利于未成年人原则,就是在保护未成年人的人身权利、财产权利及其他合法权益的过程中,要综合各方面因素进行权衡,选择最有利于未成年人的方案,采取最有利于未成年人的措施,实现未成年人利益的最大化。基于这两方面的考虑,当检察机关掌握有关证据时,就应当主动履职。

上级检察机关从"最有利于未成年人"原则以及未成年人特殊、优先保护的适用等方面提出了指导性意见,并提出要以个案办理引导行业规范。2020年12月25日，经省检察院批准，沭阳县检察院对文身店主章某启动民事公益诉讼立案。

2021年3月26日，最高检第九检察厅在沭阳召开全国未成年人检察公益诉讼研讨会，就未成年人文身民事侵权要件的认定及法律依据、公共利益的属性等深入论证，为办案提供理论支撑。

4月9日，该案移送至宿迁市检察院办理。5月6日，宿迁市检察院以章某为未成年人文身侵害未成年人的身体权、健康权向宿迁市中级法院提起民事公益诉讼。5月24日，此案公开开庭审理。

宿迁市人民检察院派员以公益诉讼起诉人的身份出席法庭阐明观点，主要有三点：第一，向未成年人提供文身服务侵害未成年人消费者权益。文身和去除文身侵害未成年人的身体权、健康权及发展权、参与权。章某在提供服务时未尽审慎注意、告知未成年人法定代理人等义务，主观上具有明显的过错。其行为属于《消费者权益保护法》等法律规定的具有危及人身、财产安全的缺陷服务，也侵害了《未成人保护法》规定的未成年人的健康权等权利，应认定为侵害未成年人消费者权益的行为。二是向不特定未成年人提供文身服务损害社会公共利益。章某提供文身服务的未成年人除了本案提到的小李，还有其他调查的40余名未成年人，文身经营活动具有开放性特征，面对文身消费时不筛选对象，对未成年人文身行为是放任的、无所谓的，导致文身行为可能在未成年人中随时、随机出现，侵害不特定未成年人利益。而侵害众多不特定消费者合法权益的行为属于可以提起民事公益诉讼的情形。三是章某应当承担民事责任。章某提供文身服务行为次数多、持续时间长、获利数额多、受害人覆盖面多，社会影响恶劣，破坏了正常、有序、安全的消费环境，损害了未成年人健康成长的公共利益。2021年6月1日，新修订的《未成年人保护法》正式施行当天，宿迁市中级人民法院判决被告章某立即停止向未成年人提供文身服务行为，并在国家级公开媒体向社会公众赔礼道歉。

源头治理最有效的方式，是推动完善相关立法。针对文身行业归属不明、监管主体不清、为未成年人文身行政执法依据不足等问题，2021年7月14日，沭阳县第十七届人民代表大会常务委员会通过《关于加强未成年人文身治理工作的决议》。《决议》明确规定：文身场所不得容纳未成年人进入；任何人不得为未成年人提供文身服务，不得强迫、劝诱未成年人文身。20余家文身经营者发表不为未成年人文身的公开承诺。

推动对未成年人文身问题的治理，对于如何理解适用最有利于未成年人原则，以及如何通过个案办理推动健全制度、完善监管、促进社会治理具有指导意义。2021年10月，最高人民检察院向国务院未成年人保护工作领导小组报送了《关于未成年人文身问题有关情况的分析报告》，得到了高度重视。2022年3月7日，最高人民检察院发布第三十五批指导性案例，此案也入选其中。

最有利于未成年人原则是未成年人检察工作应当始终坚持和贯彻践行的基本原则和工作理念，也是深入推进诉源治理的基本遵循和"活的灵魂"。坚持最有利于未成年人原则，要求司法机关在履职办案中综合考虑未成年人身心特点和健康发展需要，注重维护未成年人的根本利益和长远利益，选择最有利于未成年人的方案，采取最有利于未成年人的措施，给予未成年人特殊、优先保护。坚持最有利于未成年人原则，要求办案、监督、预防、教育并重，持续推进未成年人双向、综合、全面司法保护。

2022年3月8日上午，十三届全国人大五次会议在北京人民大会堂举行第二次全体会议，听取和审议最高检工作报告。报告指出，未成年人文身易感染、难复原，就业受限、家长无奈，肯定了江苏检察机关以公益诉讼监督推动禁止为未成年人文身。

回到最初的问题，未成年人文身，是不是可看作个人的选择？针对这个话题，最高检表示，未成年人文身不仅仅是私事，也不仅仅是家事，而是关系未成年人健康成长的大事。孩子们心智尚不成熟，文身后容易被标签化，甚至走入歧途。

最高检的态度，引发各界关注。未成年人文身不是私事和家事的话题登上微博热搜榜首，阅读量达到2.8亿次。大部分网民看法较为统一。有网民表示："未成年人身体和心智发展都不成熟，文身一旦上身，可能会让他们未来选择参军、就业时遭遇障碍，不利于未成年人未来的发展。"

2022年6月6日，国务院未成年人保护工作领导小组办公室印发《未成年人文身治理工作办法》，规定任何企业、组织和个人不得向未成年人提供文身服务，不得胁迫、引诱、教唆未成年人文身。

从发现捋袖子的线索到提起民事公益诉讼，再到推动地方人大出台决议、引起最高检关注，最终推动国务院出台专门法规，宿迁检察机关不仅向社会传达了未成年人特殊、优先保护的司法理念和价值导向，也为顶层设计提供了实践参考和案例样本，最终促成了文身行业社会治理现代化。

文身不是贴纸，文身也不是私事。在这里，我们呼吁：孩子们，不要盲目跟风，请远离文身。家长们，请对未成年人文身情况给予重视，如果孩子提出文身的要求，请做好引导规劝。对文身经营者，我们也呼吁，请"持证上岗"，主动对未成年人文身说"不"。而我们检察机关，将通过以"我管"促"都管"，践行能动司法理念，共护未成年人健康成长。

主流媒体报道

2021年检方办理新类型未成年人保护公益诉讼案件占比超七成涉密室剧本杀等[*]

最高人民检察院第九检察厅厅长那艳芳7日在北京指出，2021年，全国检察机关办理新类型未成年人保护公益诉讼案件4676件，占比70.5%，涉及向未成年人销售烟酒、网络游戏、未成年人活动场所和设施安全、校园周边安全以及点播影院、电竞酒店、密室剧本杀等新兴业态治理。

当天，最高检举行"积极履行公益诉讼检察职责 依法保护未成年人合法权益"新闻发布会，发布最高检第三十五批指导性案例，介绍检察机关开展未成年人保护公益诉讼工作情况。

那艳芳在发布会上说，2021年，全国检察机关未成年人保护公益诉讼立案6633件，是2020年的4.2倍，是2018年、2019年两年总和的3.3倍。其中，办理食品药品安全等传统领域公益诉讼案件1957件，占比29.5%；办理新类型公益诉讼案件4676件，占比70.5%。

"我们在履职中发现，未成年人保护工作在许多方面仍有待加强。"那艳芳举例说道，比如，涉及未成年人的食品药品安全问题时有发生，校园安全隐患没有根治，宾馆、酒店、网吧、酒

---

[*] 中国新闻网2022年3月7日报道。

吧等违规接纳未成年人问题屡禁不止，侵犯未成年人个人信息权益现象比较突出，一些商家向未成年人销售烟酒、以没有明令禁止为由为未成年人文身等。

当天发布的指导性案例涉及网络保护、文身治理、不适宜未成年人活动场所治理、无证幼儿园及校园周边治理等，均为未成年人保护领域的社会痛点、舆论焦点和治理难点。

"通过这批案例，进行必要的规则提炼与方法总结，有助于统一认识和细化标准，指导类案办理，解决实务难题，促进未成年人保护检察公益诉讼业务更加规范有序发展。"那艳芳说。

谈及下一步工作考虑，她透露，最高检将研究制定未成年人公益诉讼检察工作相关规范性文件和指导性意见，指导各地检察机关提升履职办案的精准性、规范性和实效性。与此同时，最高检将加大案例指导力度，持续深入总结各地的办案经验，提炼体现未成年人保护特点特色的办案规则和有益经验。

最高检：2021年未成年人保护公益诉讼立案6633件[*]

记者从今天（7日）最高人民检察院召开的新闻发布会上了解到，2021年，全国检察机关未成年人保护公益诉讼立案6633件，是2020年的4.2倍，是2018年、2019年两年总和的3.3倍。其中，办理食品药品安全等传统领域公益诉讼案件1957件，占比29.5%；办理新类型公益诉讼案件4676件，占比70.5%，涉及向未成年人销售烟酒、网络游戏、未成年人活动场所和设施安全、校园周边安全以及点播影院、电竞酒店、密室剧本杀等新兴业态治理。

---

[*] 央视新闻客户端2022年3月7日报道。

在案件办理中，检察机关不断探索办案规律，深化未成年人全面综合司法保护。未成年人检察业务统一集中办理工作是最高检党组落实党中央部署要求，加强新时代未成年人检察工作的创新举措，目的是强化对未成年人的全面综合司法保护，防止保护未成年人权益各管一段、顾此失彼。这样的制度创设为开展未成年人保护检察公益诉讼提供了强有力支撑。近年来，检察机关在集中办理涉未成年人刑事、民事、行政案件的同时，注重发挥"四大检察"统筹一体、融合式监督的优势，主动、及时发现个案背后侵犯未成年人公共利益的突出问题，提升公益诉讼在线索发现、证据获取方面的质效。

未成年人保护检察公益诉讼是维护未成年人公共利益的新型诉讼机制，检察机关在加大办案力度的同时，要严格把握办案程序和实体规范。近年来，最高检充分发挥检察一体化优势，建立重大敏感案件报告、诉前公告审查、跨行政区划案件联动等工作机制，对于疑难、复杂、影响大的案件，通过加强督办指导，帮助办案单位找准症结，选准角度，严谨规范办理。

接下来，检察机关将持续加大办案力度，重点围绕家庭、学校、社会、网络、政府等领域侵犯未成年人公共利益问题，开展公益诉讼工作，提升工作质效。同时，最高检还将研究制定未成年人公益诉讼检察工作相关规范性文件和指导性意见，指导各地检察机关提升履职办案的精准性、规范性和实效性。

未成年人利益作为首要考量　最高检发布一批未成年人保护公益诉讼案例[*]

今天（7日），最高人民检察院发布了五起未成年人保护公益诉讼典型案例，其中包括App侵犯儿童个人信息权益、网吧违规接纳未成年人等行政、民事公益诉讼案，涵盖未成年人个人信息安全、食品安全等多个方面。

最高检有关负责人表示，检察机关办理未成年人保护公益诉讼案件，注重维护未成年人的长远利益和根本利益，综合考虑未成年人身心特点和健康发展需要，选择最有利于未成年人的方案和措施，给予未成年人特殊、优先保护。尤其是当未成年人的利益与其他相关因素交织甚至发生冲突，而法律规定不够明确具体时，坚持以保护未成年人利益作为首要考量。

其中的一起典型案例显示：北京某公司开发运营的一款知名短视频应用类软件某App在未征得儿童监护人明示同意的情况下，允许儿童注册账号，并收集、存储儿童网络账户、位置、联系方式，以及儿童面部识别特征、声音识别特征等个人敏感信息，并运用后台算法，向具有浏览儿童内容视频喜好的用户直接推送含有儿童个人信息的短视频。该App未对儿童账号采取区分管理措施，默认用户点击"关注"后即可与儿童账号私信联系，并能获取其地理位置、面部特征等个人信息。2018年1月至2019年5月，徐某收到该App后台推送的含有儿童个人信息的短视频，通过其私信功能联系多名儿童，并对其中3名儿童实施猥亵犯罪。

---

[*] 央视新闻客户端2022年3月7日报道。

该案为涉互联网案件，北京、浙江等地相关检察机关均具有管辖权。余杭区为徐某猥亵儿童案发生地，杭州市为杭州互联网法院所在地。经浙江省检察机关层报最高人民检察院指定管辖，2020年9月，余杭区人民检察院对该线索以民事公益诉讼案件立案。10月22日，北京市人民检察院对该案以行政公益诉讼立案，经调查向北京市互联网信息办公室提出依法履行监管职责的要求。最终，该公司进行整改，公开赔礼道歉，并赔偿损失。根据检察机关工作建议，北京市网信办制定了《关于开展未成年人信息安全保护专项整治的工作方案》，对属地重点直播和短视频平台逐一梳理，压实网站主体责任。2021年12月31日，国家网信办、工信部、公安部、市场监管总局联合发布《互联网信息服务算法推荐管理规定》，对应用算法推荐技术提供互联网信息服务的治理和相关监督管理工作作出了进一步规范。

最高检在阐释该案意义时表示，App侵权行为与实害后果具有因果关系，该App的行为致使众多儿童个人信息权益被侵犯，相关信息面临被泄露、违法使用的风险，给儿童人身、财产安全造成威胁，严重损害了社会公共利益。案件审理中，检察机关通过对网络运营者提起民事公益诉讼，使其承担违法行为的民事责任，实现对公共利益的有效救济；通过行政公益诉讼，督促行政主管部门依法充分履行监管职责，实现最大限度保护未成年人。

最高检：2021年未成年人保护公益诉讼立案6633件[*]

"当未成年人的利益与其他相关因素交织甚至发生冲突，而法律规定不够明确具体时，坚持以保护未成年人利益作为首要考

---

[*] 中国长安网2022年3月7日报道。

量。"3月7日,最高人民检察院发布5件未成年人保护检察公益诉讼指导性案例,以实际案例明确了检察机关这一未成年人办案理念。

本次发布会上,最高检公布了一系列重磅数据:2021年,全国检察机关未成年人保护公益诉讼立案6633件,是2020年的4.2倍,是2018年、2019年两年总和的3.3倍。其中,新类型公益诉讼案件4676件,占比70.5%,涉及向未成年人销售烟酒、网络游戏、未成年人活动场所和设施安全、校园周边安全以及点播影院、电竞酒店、密室剧本杀等新兴业态治理等。

最高人民检察院第九检察厅厅长那艳芳在会上表示,本次公布的案例是从各省级院报送的40余件优秀案例中精选出来的,体现了最有利于未成年人原则、综合司法保护理念、主动融入"五大保护"理念、督导不替代理念、标本兼治理念等几大特点。

"作为国家法律监督机关,检察履职贯穿未成年人司法保护全过程,在未成年人保护大格局中肩负重要使命。"那艳芳介绍说,"最高检专设负责未成年人检察工作的第九检察厅,将涉及未成年人的刑事、民事、行政、公益诉讼'四大检察'职能交由未成年人检察部门统一集中行使,着力加强未成年人全面综合司法保护。"

那艳芳透露,今年将召开全国检察机关未成年人检察业务统一集中办理暨综合司法保护工作推进会,进一步总结成效经验,解决工作中存在的问题,推动未成年人公益诉讼检察工作高质量发展。

最高检：提升未成年人公益诉讼精准性 保护未成年人网络权益[*]

未成年人是祖国的未来。作为国家法律监督机关，检察履职贯穿未成年人司法保护全过程，在未成年人保护大格局中肩负着重要使命。

最高人民检察院3月7日举行新闻发布会，发布最高检第三十五批指导性案例，介绍检察机关开展未成年人保护公益诉讼工作情况。

最高人民检察院第九检察厅厅长那艳芳介绍，2021年，全国检察机关未成年人保护公益诉讼立案6633件，是2020年的4.2倍，是2018年、2019年两年总和的3.3倍。其中涉及点播影院、电竞酒店、密室剧本杀等新兴业态治理。

未成年人网络保护一直是社会关注热点，此次发布的指导性案例也包括相关案件，体现出对未成年人个人信息权益应予以特殊、优先保护。

从刑案中发现公益诉讼线索

最高检发布的指导性案例案情显示，某App是北京某公司开发运营的一款知名短视频应用类软件。

该App在未以显著、清晰的方式告知并征得儿童监护人明示同意的情况下，允许儿童注册账号，并收集、存储儿童网络账户、位置、联系方式，以及儿童面部识别特征、声音识别特征等个人敏感信息。在未再次征得儿童监护人明示同意的情况下，运用后台算法，向具有浏览儿童内容视频喜好的用户直接推送含有

---

[*] 21世纪经济报道2022年3月7日报道。

儿童个人信息的短视频。

该App未对儿童账号采取区分管理措施，默认用户点击"关注"后即可与儿童账号私信联系，并能获取其地理位置、面部特征等个人信息。

2018年1月至2019年5月，徐某某收到该App后台推送的含有儿童个人信息的短视频，通过其私信功能联系多名儿童，并对其中3名儿童实施猥亵犯罪。

据该公司提供数据显示，2020年，平台14岁以下实名注册用户数量约为7.8万，14至18岁实名注册用户数量约为62万，18岁以下未实名注册未成年人用户数量以头像、简介、背景等基础维度模型测算约为1000余万。

2020年7月，浙江省杭州市余杭区人民检察院在办理徐某某猥亵儿童案时发现北京某公司侵犯儿童个人信息民事公益诉讼案件线索。

此后，浙江、北京两地检察机关分别提起了民事、行政公益诉讼，取得了良好的法律和社会效果。

保护未成年人网络权益

当前，对未成年人的网络保护受到全社会高度关注，在未成年人网络保护方面，检察机关都开展了哪些工作？

最高检第九检察厅副厅长陈晓在发布会上介绍，检察机关一直高度重视未成年人网络保护，立足法律监督职能，通过多种途径，保障未成年人网络空间安全，保护未成年人网络权益。

一是严厉惩治侵害未成年人权益的网络犯罪。针对侵害未成年人网络犯罪手段复杂多样，作案方式不断翻新，更加带有隐蔽性等特点，最高检通过制发案例，对一些"大灰狼"通过网络聊天进行"隔空猥亵"行为，确立了与接触儿童身体猥亵行为同罪追诉原则，形成了对"隔空猥亵"的有力打击震慑。

二是依法惩戒和精准帮教涉网络犯罪未成年人。受网络使用的低龄化和不良信息等因素影响，一些网络诈骗、侵犯公民信息等犯罪案件中也有未成年人参与。2021年，检察机关起诉未成年人利用电信网络实施犯罪3555人，同比上升21.2%。

检察机关坚持依法惩戒和精准帮教，对于主观恶性不大、罪行较轻、属于初犯、偶犯的未成年人，在依法从轻处理的同时，对他们进行针对性的帮教，帮助他们尽快重新回归社会。

三是积极推动网络领域未成年人公益保护。针对未成年人沉迷网络、受到不良信息侵蚀甚至遭受侵害等涉及未成年人公共利益的普遍性问题，以办理涉毒音视频传播、侵犯未成年人个人信息权益等典型个案作为突破口，通过公益诉讼、检察建议、情况通报等多种形式推动网络平台、社会、政府等多方协同、齐抓共管，促进相关问题解决。

比如该案中，检察机关发现该App的信息推送存在使儿童受侵害的风险后，依法提起民事公益诉讼，使该公司立即停止侵害行为并进行整改，同时，带动了互联网企业完善行业规则，通过小案推动了网络大环境的治理。

四是主动加强未成年人网络法治和安全教育。有效的预防是最好的保护。检察机关通过开展法治进校园、检察官担任法治副校长、检察开放日和制发"督促监护令"等多种方式，对广大青少年及家长进行法治宣讲和普法教育，引导未成年人了解网络犯罪危害，增强抵御网络不良信息能力。

提升工作质效

2021年，全国检察机关未成年人保护公益诉讼立案6633件。其中，办理食品药品安全等传统领域公益诉讼案件1957件，占比29.5%；办理新类型公益诉讼案件4676件，占比70.5%，涉及向未成年人销售烟酒、网络游戏、未成年人活动场所和设施安全、校园周边安全以及点播影院、电竞酒店、密室剧本杀等新兴业态治理。

最高检第九检察厅厅长那艳芳在发布会上介绍，最高检将研究制定未成年人公益诉讼检察工作相关规范性文件和指导性意见，指导各地检察机关提升履职办案的精准性、规范性和实效性。

那艳芳还介绍，今年将召开全国检察机关未成年人检察业务统一集中办理暨综合司法保护工作推进会，进一步总结成效经验，解决工作中存在的问题，推动未成年人公益诉讼检察工作高质量发展。

最高检目前正在收集、总结涉未成年人"四大检察"综合司法保护的案例，将通过持续制发指导性案例、典型案例等方式，给各地更多的参照借鉴和示范引领。

首例未成年人网络保护公益诉讼案：知名短视频App整改道歉[*]

近年来，检察机关加强了对未成年人的司法保护。3月7日，最高人民检察院召开新闻发布会，首次发布以"未成年人保护检察公益诉讼"为主题的指导性案例，介绍一起某知名短视频App侵犯儿童个人信息权益的案件。南都记者获悉，这是检察机关办理的全国首例未成年人网络保护民事公益诉讼案。

据最高检介绍，2020年7月，杭州市检察机关在办理一起徐某猥亵儿童案时，发现北京某公司侵犯儿童个人信息民事公益

---

[*] 《南方都市报》2022年3月7日报道。

诉讼案件线索，遂开展初步调查。检察机关经查明后认为，该公司存在违法违规收集、使用儿童个人信息、侵犯儿童个人信息的行为。

南都记者从最高检获取的数据显示，2020年，该平台14岁以下实名注册用户数量约为7.8万，14至18岁实名注册用户数量约为62万，18岁以下未实名注册未成年人用户数量以头像、简介、背景等基础维度模型测算约为1000余万。

最高检认为，该App的行为致使众多儿童个人信息权益被侵犯，相关信息面临被泄露、违法使用的风险，给儿童人身、财产安全造成威胁，严重损害社会公共利益。2020年9月，杭州检察机关对该线索以民事公益诉讼案件立案。2021年2月，双方达成调解协议：北京某公司对涉案App进行整改，并在《法治日报》及涉案App首页公开赔礼道歉。

此外，南都记者还从最高检获悉，2021年4月16日，最高检向国家互联网信息办公室通报该案有关情况，提出开展短视频行业侵犯儿童个人信息权益问题专项治理，促进互联网企业对算法等相关技术规则改进提升，推动行业源头治理等工作建议。12月31日，国家网信办、工信部、公安部、市场监管总局联合发布《互联网信息服务算法推荐管理规定》，对应用算法推荐技术提供互联网信息服务的治理和相关监督管理工作做出进一步规范。

近年来，检察机关大力推进未成年人司法保护，最高检第九检察厅厅长那艳芳介绍，2021年，全国检察机关未成年人保护公益诉讼立案6633件，是2020年的4.2倍，是2018年、2019年两年总和的3.3倍。其中，办理食品药品安全等传统领域公益诉讼案件1957件，占比29.5%；办理新类型公益诉讼案件4676

件，占比70.5%，涉及向未成年人销售烟酒、网络游戏、未成年人活动场所和设施安全、校园周边安全以及点播影院、电竞酒店、密室剧本杀等新兴业态治理。